权威·前沿·原创

皮书系列为
"十二五""十三五""十四五"时期国家重点出版物出版专项规划项目

BLUE BOOK

智 库 成 果 出 版 与 传 播 平 台

体育蓝皮书

BLUE BOOK OF SPORTS

上海体育产业发展报告

（2023~2024）

ANNUAL REPORT ON THE DEVELOPMENT OF
SPORTS INDUSTRY IN SHANGHAI (2023-2024)

主　编／李　鋆　许　琦

副主编／徐开娟　余诗平

社会科学文献出版社
SOCIAL SCIENCES ACADEMIC PRESS (CHINA)

图书在版编目(CIP)数据

上海体育产业发展报告 . 2023-2024 / 李釜，许琦主编 . --北京：社会科学文献出版社，2025.5. --（体育蓝皮书）. --ISBN 978-7-5228-5168-6

Ⅰ. G812.751

中国国家版本馆 CIP 数据核字第 2025HV4396 号

体育蓝皮书
上海体育产业发展报告（2023~2024）

主　　编／李　釜　许　琦
副 主 编／徐开娟　余诗平

出 版 人／冀祥德
责任编辑／刘同辉
文稿编辑／刘　燕
责任印制／岳　阳

出　　版／社会科学文献出版社·马克思主义分社（010）59367126
　　　　　地址：北京市北三环中路甲 29 号院华龙大厦　邮编：100029
　　　　　网址：www.ssap.com.cn
发　　行／社会科学文献出版社（010）59367028
印　　装／天津千鹤文化传播有限公司

规　　格／开　本：787mm×1092mm　1/16
　　　　　印　张：15.5　字　数：228 千字
版　　次／2025 年 5 月第 1 版　2025 年 5 月第 1 次印刷
书　　号／ISBN 978-7-5228-5168-6
定　　价／158.00 元

读者服务电话：4008918866

主要编撰者简介

李　崟　法学博士，副研究员，上海体育大学党委书记，兼任上海体育总会副主席，中国体育科学学会第九届常务理事、体育产业分会主任委员。主要从事党政管理、思想政治教育、体育政策研究、对外文化交流等研究工作。近年来，主持国家社会科学基金重点项目1项、国家社会科学重大项目子课题1项、省部级课题多项，在《体育科学》《上海体育学院学报》《思想理论教育》《光明日报》《解放日报》《中国体育报》《中国教育报》等核心刊物和主流媒体发表学术论文、理论文章等10余篇。受国家体育总局委托，组织开展《深入学习习近平关于体育的重要论述》和国家"十四五"体育发展规划总体研究及文本起草工作。主持开发并主讲系列"思政+"课程，其中"国乒荣耀"2020年入选首批国家级一流本科课程（社会实践类），2021年入选教育部课程思政示范课程，教学团队入选课程思政教学名师和团队，2022年获得上海市课程思政教学名师称号，教学团队入选上海市课程思政示范团队，课程入选上海市课程思政示范课程。

许　琦　上海市体育局副局长，分管体育产业、基本建设、政策法规等工作。

摘　要

　　近年来，上海市体育局全面贯彻落实党中央、国务院和市委、市政府部署，将体育作为城市软实力和健康上海建设的重要内容。2020年10月，上海印发了《上海全球著名体育城市建设纲要》（以下简称《纲要》），提出到2025年基本建成全球著名体育城市，2035年迈向更高水平全球著名体育城市，2050年全面建成全球著名体育城市，形成"一城一都四中心"发展格局。

　　自《纲要》发布以来，上海全力推进全球著名体育城市建设。在建设人人运动、人人健康的活力之城方面，全市经常参加体育锻炼的人数比例达50.5%，健康文明的现代生活方式已基本形成。在建设世界一流的国际体育赛事之都方面，上海ATP1000大师赛、F1中国大奖赛、奥运会资格系列赛·上海等国际顶级赛事顺利举办，上海"3+3+3+X"自主品牌赛事发展矩阵持续提质升级，赛事管理体系不断完善。在打造辐射全球的体育资源配置中心方面，上海市不仅创新打造了体育产业联合会，还联合产权交易所设立文体旅资源交易平台和长三角体育资源交易平台。在建设全球领先的体育科技创新中心方面，物联网、大数据、数字化等先进技术在体育领域深度应用，上海拥有7家上市体育企业、5家国家级体育"专精特新"企业。在建设国际知名的体育消费中心方面，2023年上海市居民人均体育消费金额达到4100.6元，在全国各城市中保持领先地位。在建设更具全球影响力的体育文化中心方面，本土自主品牌赛事成为传递海派体育文化的重要载体。上海体育博物馆、国际乒联博物馆等地标性体育文化设施不断涌现，"体荟魔

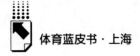

都"等上海体育文化品牌不断发展。

此外,《上海市体育发展条例》自2024年1月1日起正式实施。作为上海市体育领域第一部综合性、基础性的地方性法规,其内容既衔接《中华人民共和国体育法》,又体现上海特点,为加快推进全球著名体育城市建设提供了坚实的法治保障。

《上海体育产业发展报告(2023~2024)》是由上海市体育局和上海体育大学长三角体育一体化研究中心共同编写的上海体育产业发展情况的年度报告。本书主要分为三个部分。第一部分是总报告,围绕体育在上海推动高质量发展中新的增长点和在创造高品质生活中重要风向标的定位,全面梳理了近年来上海体育产业发展的综合成绩效益。重点分析了上海都市体育项目、都市体育赛事、都市体育产业、都市体育公共服务和都市体育文化的发展亮点和成效,并提出了加快形成与全球著名体育城市相匹配的产业发展格局的主要任务。第二部分是分报告,针对健身休闲产业、体育赛事、体育消费、体育企业等重点领域进行了深入探究,并对上海体育公园、体卫融合、数字体育产业链等多个热点领域的现状、特点、经验、问题和路径进行了总结和分析。第三部分是区报告,分别就杨浦区体育健康产业、徐汇区居民体育消费、黄浦区体育数字化等典型案例、重点举措和成果进行深度剖析,以更好地把握上海体育产业发展现实,进一步推动上海加快建成全球著名体育城市。

关键词: 体育产业 体育赛事 体育城市 全球著名体育城市

目 录 ⌐⅂

Ⅰ 总报告

Ⅱ 分报告

Ⅲ 区报告

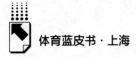

皮书数据库阅读**使用指南**

总 报 告

B.1

2023~2024年上海体育产业发展
研究报告

徐开娟　余诗平*

摘　要： 体育产业发展是上海建设"五个中心"和具有世界影响力的社会主义现代化国际大都市的重要助力。本报告立足上海体育产业发展实践，从都市体育发展体系建设的角度分析了上海都市体育项目、都市体育赛事、都市体育产业、都市体育公共服务和都市体育文化的发展亮点和成效。为加快形成与全球著名体育城市相匹配的产业发展格局，上海须大力促进商旅文体展联动，加快构建现代体育产业体系，协同促进长三角体育产业一体化高质量发展，进一步优化体育产业空间布局，持续深入探讨上海体育产业的加速升级路径，为上海建设"五个中心"和具有世界影响力的社会主义现代化国际大都市做出积极贡献。

----

* 徐开娟，上海体育大学副教授，博士生导师，主要研究方向为体育赛事、体育产业管理；余诗平，上海市体育局规划产业（法规）处处长，主要研究方向为体育产业、体育政策。

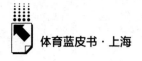

关键词： 体育产业 都市体育 新质生产力 商旅文体展

近年来，上海纵深推进体育产业"十四五"规划各项任务，全力支持赛事经济发展，搭建体育产业资源配置平台，培育壮大体育创新主体，拓展优质体育产品和服务供给，在提升上海城市综合实力和国际地位、创造新城发展机遇和提高居民生活品质等方面提供了强劲助力。

一 上海体育产业总体概况

上海体育产业经过近几年的发展，正逐步形成稳定增长的良好态势，无论是在产业总量、市场主体，还是在体育消费等方面，均取得较好成绩。

（一）体育产业总量规模总体向好

2020~2022年，上海市体育产业总体呈现快速增长态势。2022年上海体育产业总产值为1862.58亿元，体育产业增加值为640.45亿元，较2021年均实现正向增长。2022年体育产业增加值占GDP的比重为1.43%（见表1），略高于2022年全国体育产业增加值占GDP的比重（1.08%）。[1] 从全国范围来看，2022年上海市体育产业总产值虽低于广州市（2147.93亿元）[2]，但高

---

[1] 《2022年度上海市体育产业统计公告》，上海市人民政府网站，2023年12月18日，https://www.shanghai.gov.cn/gwk/search/content/6c0ae6ecfbbb4eb4b2203f5a1950c5a7；《中华人民共和国2022年国民经济和社会发展统计公报》，国家统计局网站，2023年2月28日，https://www.stats.gov.cn/sj/zxfb/202302/t20230228_1919011.html；《2022年全国体育产业总规模与增加值数据公告》，中国政府网，2023年12月30日，https://www.gov.cn/lianbo/bumen/202312/content_6923494.htm。

[2] 《2023年广州市体育工作总结》，广州市体育局网站，2024年4月1日，https://tyj.gz.gov.cn/xxgk/zfxxgkml/zfxxgkml/qt/ghjh/content/post_9571366.html。

于深圳市（1354.02亿元）①、杭州市（1217.85亿元）②、南京市（1206.64亿元）③、成都市（1005.34亿元）④、重庆市（694.34亿元）⑤，上海市体育产业规模在全国城市层面保持领先地位。

表1 2020~2022年上海市体育产业发展情况

单位：亿元，%

指标	2020年	2021年	2022年
体育产业总产值	1621.62	1737.80	1862.58
体育产业总产值增长率	-8.94	7.16	7.18
体育产业增加值	560.19	596.31	640.45
体育产业增加值增长率	0.22	6.45	7.40
体育产业增加值占GDP的比重	1.45	1.38	1.43

资料来源：上海市体育局。

从产业整体结构来看，上海市体育产业结构日益优化。2022年体育服务业总产值为1539.19亿元，增幅为10.5%；增加值为577.18亿元，增幅为8.6%，占上海市体育产业总产值和增加值的比重分别为82.6%和90.1%（见表2）。⑥

对比全国，上海体育服务业在体育产业总体中的占比高于其他体育产业发展领先的省份，以体育服务业总产值和增加值占比为例，2022年江苏省

---

① 《2022年深圳市体育产业统计调查报告发布》，国家体育总局网站，2023年9月19日，https：//www.sport.gov.cn/n20001280/n20001265/n20067533/c26032848/content.html。

② 《杭州市体育局2023年工作总结》，杭州市体育局网站，2024年3月4日，https：//ty.hangzhou.gov.cn/art/2024/3/4/art_1229292425_4243521.html。

③ 《江苏体育亮点·城市巡礼——南京：体育增添城市活力》，江苏省体育局网站，2024年1月11日，https：//jsstyj.jiangsu.gov.cn/art/2024/1/11/art_90064_11122587.html。

④ 《2022年成都市体育产业专项统计调查报告摘要》，成都市体育局网站，2023年8月28日，https：//cdsport.chengdu.gov.cn/cdstyj/c135486/2023-08/28/content_286c3095bc4344f9a7439723f2ec3fa3.shtml。

⑤ 《2022年重庆市体育产业总规模及增加值数据公告（渝体公告〔2023〕2号）》，重庆市体育局网站，2023年11月8日，http：//tyj.cq.gov.cn/zwgk_253/fdzdgknr/tjxx/202311/t20231108_12534523_wap.html。

⑥ 本报告中增加值增幅均按现价计算。

分别为51.2%和67.2%①、浙江省分别为33.1%和50.3%②、山东省分别为44.9%和63.3%，而上海市分别达82.6%和90.1%，体现了上海市体育产业以服务业为核心的发展方向，这也与上海市经济转型和产业结构调整的宏观背景相一致。

表2　2021~2022年上海体育产业总产值、增加值结构及增幅

单位：亿元，%

指标	2021年		2022年		增幅	
	总产值	增加值	总产值	增加值	总产值	增加值
总计	1737.80	596.31	1862.58	640.45	7.2	7.4
体育服务业	1393.54	531.63	1539.19	577.18	10.5	8.6
体育制造业	319.61	59.03	296.39	59.51	-7.3	0.8
体育建筑业	24.65	5.67	27.00	3.75	9.5	-33.9

注：表中增加值增幅按现价计算。

资料来源：《2021年度上海市体育产业统计公告》，上海市人民政府网站，2022年12月2日，https://www.shanghai.gov.cn/gwk/search/content/7b1dafda0dd9475f9e2d197e882c3be3；《2022年度上海市体育产业统计公告》，上海市人民政府网站，2023年12月5日，https://www.shanghai.gov.cn/gwk/search/content/6c0ae6ecfbbb4eb4b2203f5a1950c5a7。

从重点业态来看，一是上海市体育竞赛表演业产生较好的综合效应。2023年，全年共有118项国际国内重大赛事在沪安全顺利举办，国际体育赛事的回归和多元化发展的体育赛事格局对上海经济社会产生了巨大的综合效应。根据《2023年上海市体育赛事影响力评估报告》，118项赛事带动19万人次参赛、129万人次现场观赛，产生117.4万篇次媒体报道，提及"上海"关键词的媒体报道达76.2万篇次。从赛事消费拉动情况来看，118项赛事带动体育消费市场37.13亿元，其中核心消费7.99亿元，相关消费29.14亿元；从赛事经济影响总体情况来看，118项赛事带来49.38亿元的

① 《江苏省体育局关于发布2022年全省体育产业规模及增加值数据的公告》，江苏省体育局网站，2023年11月22日，https://jsstyj.jiangsu.gov.cn/art/2023/11/22/art_79626_11077952.html。
② 《2022年浙江省体育产业公报》，浙江省体育局网站，2023年11月29日，https://tyj.zj.gov.cn/art/2023/11/29/art_1229251252_5212767.html。

直接经济影响，同时间接经济影响显著，其中产出效应128.64亿元，税收效应4.25亿元，就业效应超3万个。体育赛事也为旅游业发展注入活力，118项赛事对旅游产业（包括吃、住、行、游、购、娱等要素）的拉动总效应达47.53亿元，上海市体育赛事关注度、专业度、贡献度都有新的提升。

二是体育健身休闲业整体经历了重大的调整与重塑，特别是健身行业原有经营扩张模式难以为继，一兆韦德、舒适堡等全国健身连锁头部品牌陆续闭店。根据《2023年上海健身休闲业数据报告》，截至2023年底上海市体育健身休闲类场馆总数为9628家，其中商业健身机构（含健身俱乐部和健身工作室）共3058家，泛健身类场馆（包括瑜伽馆、普拉提馆、武术馆等）为2151家，其他体育健身休闲相关的场馆、场地共4419家（包括游泳馆、篮球馆等）。与2022年相比，上海市体育健身休闲与运动健身类场馆数量环比下降0.55%，其中，健身俱乐部数量下降幅度最大，达到了14.35%，健身工作室数量环比下降10.17%，泛健身类场馆数量环比下降4.31%。同时，2023年上海健身市场的增长率和闭店率都高于2022年，增长率为5.1%，闭店率为19.4%（主要由于一兆韦德和舒适堡闭店）。但与传统健身俱乐部发展情况相比，上海健身工作室头部品牌仍然增长较快。根据三体云动数据，2023年上海中田健身的全国品牌门店数量居所有健身工作室首位，达1417家，多于智慧健身品牌乐刻（第二位）。2023年上海市健身人口下降至223.4万人，环比下降8%，约占全国的3.2%，但上海市依然是全国健身人口数量最多的城市；上海市的健身人口渗透率达到8.98%，高于国内一线城市平均水平；健身俱乐部与健身工作室会员的人均年度消费金额分别为4202元和8679元，相较于2022年分别下降了14.73%和12.45%，处于下滑态势。

（二）体育产业市场主体发展平稳

积极培育和壮大市场主体是激发体育产业发展活力、增强体育产业内生动力的重要途径。2020~2022年，上海市体育产业市场主体持续发展，龙头企业不断壮大。一是市场主体规模不断扩大。2022年上海市主营体育产业机构数为 30092 家，实现营业收入 2309.15 亿元。分业态来看，体育服务业机构数为 29166 家，实现营业收入 2041.26 亿元；体育制造业机构数为 515家，实现营业收入 253.68 亿元；体育建筑业机构数为 411 家，实现营业收入 14.21 亿元（见表3）。二是头部体育企业竞争力明显提升。根据上海体育产业统计数据，2022 年上海市竞争力排前 500 名的企业营业收入为2097.67 亿元，年均增长率为 11.33%；利润总额为 221.58 亿元，年均增长率为 16.23%。2022 年上海市竞争力排前 500 名的企业的营业收入入围门槛已超过 1500 万元，而 2018 年为 1268.23 万元。2022 年，500 强企业中体育服务业企业数量为 407 家，实现营业收入 1848.75 亿元，年均增长率为12.47%；利润总额为 205.46 亿元，年均增长率为 16.44%，表现出较明显的增长势头。三是优质载体不断丰富，截至 2023 年，上海市拥有上市体育企业7 家、国家级体育"专精特新"企业 5 家（见表4）。2023 年度评定市级体育产业示范单位 5 个、示范项目 3 个。具体来看，力盛赛车、巅峰健康、洛合体育等企业先后获得国家体育产业示范单位称号，跃动、杰的马术等企业深耕跳绳、马术等运动项目细分赛道，已经发展成为各细分领域的行业领头羊企业。①

表3　2020～2022 年上海市主营体育产业机构发展状况

单位：家，亿元

指标	2020 年		2021 年		2022 年	
	机构数	营业收入	机构数	营业收入	机构数	营业收入
总计	28426	2107.85	29936	2390.95	30092	2309.15
体育服务业	27362	1882.8	28985	2105.51	29166	2041.26
体育制造业	633	210.78	539	269.56	515	253.68
体育建筑业	431	14.28	412	15.89	411	14.21

资料来源：上海市体育局。

---

① 参见本书《2023 年上海市体育企业发展报告》一文。

表4　截至 2023 年上海市国家级体育"专精特新"企业名单

企业名称	体育业务领域	成立年份
上海傅利叶智能科技有限公司	智能康复设备的技术研发与生产制造	2015
上海荣泰健康科技股份有限公司	运动康复设备研发、按摩健身器材开发与制造	2002
安乃达驱动技术(上海)股份有限公司	运动自行车电机	2011
上海德福伦新材料科技有限公司	智能纤维和织物	2003
上海人本集团有限公司	健身器材、摩托车零部件	2004

资料来源：国家体育总局。

（三）体育消费市场展现出较强韧性

体育消费是高质量发展背景下培育消费新增长点的重要领域。在一系列促消费政策推动下，2023 年上海市居民人均体育消费金额达到 4100.6 元，相较于 2022 年（3435.6 元）增长 19.4%，消费金额创 2016 年以来新高（见图1）。2023 年上海人均体育消费支出占当年人均可支配收入的 4.8%，占当年人均消费支出的 7.8%，[1] 与 2022 年、2021 年对应占比基本持平。据此测算，2023 年上海市体育消费总规模约为 1020 亿元，较 2022 年（850.62 亿元）增长 19.9%，[2] 较 2021 年（914.39 亿元）增长 11.5%。从消费内容来看，实物型体育消费的"运动服装和鞋帽"人均消费金额最高（1257.8 元，占总消费比重为 30.7%），其次是"健身会费及指导"（733.3元，占总消费比重为 17.9%）。[3]

从年龄结构来看，2023 年度未成年人和成年人的消费发生率都稳定保持在 80% 以上，越年轻的居民群体，体育消费发生率越高，人均体育消费金额越高。3~17 岁未成年人消费力最高，人均体育消费金额达 8293.1 元。成年人群体中，35~44 岁群体人均体育消费金额最多（4702.5 元），其次为

---

[1] 《2023 年居民人均可支配收入及消费支出》，上海市统计局网站，2024 年 1 月 28 日，https：//tjj. sh. gov. cn/ydsj71/20240123/a2aa981aa9f548479d23eabaf8d247ac. html。

[2] 《〈2022 年上海市居民体育消费调查报告〉出炉》，上海市人民政府网站，2023 年 7 月 23 日，https：//www. shanghai. gov. cn/nw31406/20230712/ba7580b21a484287bb0ce3e50501e2bd. html。

[3] 参见本书《2023 年上海市体育消费发展报告》一文。

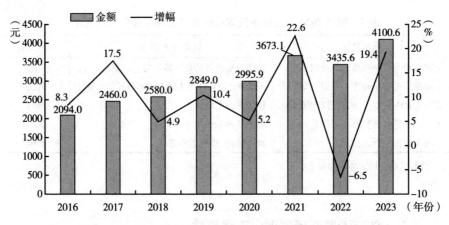

图1　2016~2023年上海市居民人均体育消费金额及增幅

资料来源：上海市体育局。

18~34岁群体（4622.0元），60岁及以上群体人均体育消费金额相对较低，为1569.9元。同时，上海市居民体育消费结构较2022年产生显著变化：一是服务型体育消费比重（48.8%）大幅上升，较2022年（40.5%）上涨8.3个百分点，相对而言，实物型体育消费比重（51.2%）有所下降，这与上海市产业结构进一步优化的发展方向基本吻合；二是体育旅游消费需求进一步释放，2023年上海市居民体育旅游消费发生率高达30.4%，人均体育旅游消费金额高达753.1元，相比2022年呈现大幅增长态势；三是居民对新兴运动的参与和消费有所增长，2023年近三成居民参与过新兴运动（含虚拟体育运动、山地户外运动、冰雪运动、水上运动、极限运动），其中参与极限运动和冰雪运动人群的人均消费金额分别达到7800元和5500元以上。①

二　上海都市体育发展体系建设

面对加快建成具有世界影响力的社会主义现代化国际大都市的目标任务，

① 参见本书《2023年上海市体育消费发展报告》一文。

体育之于城市"软实力"和"硬实力"亦发生改变。上海作为经济、金融和贸易中心，围绕体育项目、体育赛事、体育产业、体育公共服务和体育文化等，不断探索完善都市体育发展体系，提升城市体育产业竞争力。

（一）创新发展都市体育项目，释放新兴运动项目消费潜力

结合上海国际化发展定位、运动项目发展基础及市民多样化体育需求，上海不断加快发展都市新兴运动项目，释放新兴运动项目消费潜力，扩大上海体育参与规模，在发展中呈现一定的差异化特征。

第一，积极探索推动多类新兴运动项目在沪蓬勃开展。新兴运动项目是指出现时间较晚、在国内外参与规模和影响力快速扩大、刚刚纳入我国体育项目目录或有较大潜力被纳入目录的运动项目。随着市民对体育运动需求的不断增长，桨板、飞盘、腰旗橄榄球、滑冰、轮滑、小轮车、攀岩等新兴运动项目得到更多关注，正在成为运动项目中不可忽视的力量。例如，飞盘、腰旗橄榄球等项目具有非冲撞性特质，使男女共同参与的可行性大大提升，也为家庭共同参与户外运动提供了良好基础；滑雪、冲浪、滑板、飞盘等项目追求性别平等、尊重个性表达的特质使其具有独特的文化吸引力，能够有力推动以"Z世代"为代表的群体逐步形成户外运动参与和消费习惯。2023年以来，上海市委书记陈吉宁在会见国际奥委会主席巴赫和国际奥委会副主席萨马兰奇时指出，要"积极探索推动更多深受各类人群特别是青少年喜爱的体育运动在沪蓬勃开展"。[1] 2024年，上海已举办奥运资格系列赛·上海、FISE世界巡回赛，充分表明上海具有良好的新兴运动项目发展基础。

第二，新兴运动项目的产业融合能力和消费带动效应得到不断释放。飞盘、桨板、陆冲等新兴运动项目代表了积极健康的生活方式，这一特征使其受到运动装备、旅游、餐饮、文化艺术、户外露营、化妆品等各行业的青睐。在赞助支持、举办嘉年华活动、研发针对性产品等手段的加持下，新兴

---

[1] 《上海市委书记陈吉宁会见国际奥委会主席巴赫》，"中国新闻网"百家号，2024年5月19日，https：//baijiahao.baidu.com/s？id=1799414191805246616&wfr=spider&for=pc。

运动项目为相关行业和品牌拓展了更加广阔的发展空间。2024 年奥运资格系列赛·上海与城市文化相融合，将体育赛事办成了一场"城市体育派对"，搭建了集体育、艺术、音乐和文化于一体的沉浸式奥运体验平台，成为推动商旅文体展融合发展的成功样板。据测算，2024 年奥运资格系列赛·上海共计拉动消费 4.58 亿元，其中核心消费 6575.96 万元，相关消费3.92 亿元，核心消费与相关消费比值为 1∶5.96，充分验证了新兴运动项目对相关产业具有较强的带动效应。

第三，年轻群体在都市运动项目的参与和消费方面表现尤为突出。近年来，"年轻化"成为国际奥委会改革的主流方向，为保持奥运会的持久活力，国际奥委会陆续将棒垒球、攀岩、冲浪、霹雳舞等新兴运动项目纳入奥运大家庭，促使奥运会更加年轻化、潮流化。上海通过举办上海 ATP1000大师赛、世界斯诺克上海大师赛、上海超级杯、上海明日之星冠军杯、奥运会资格系列赛·上海、世界一级方程式锦标赛中国大奖赛等比赛，吸引了大量年轻观众，凸显了新兴运动项目与全球年轻群体消费偏好的契合（见表 5）。同时亲子家庭成为观赛主流，为新兴运动项目培育了更年轻的"Z世代"爱好者群体。发展新兴运动项目也为上海持续深化青年发展型城市建设增添动力，通过创造新兴消费场景，丰富青年群体休闲娱乐生活，提升上海对年轻群体的吸引力，也通过扩大新兴消费，释放重点领域消费潜力。

表 5　上海部分体育赛事观赛群体主要年龄分布及占比情况

单位：%

赛事名称	观赛群体主要年龄分布	占比
2023 上海 ATP1000 大师赛	35 岁以下	58.6
2023 世界斯诺克上海大师赛	35 岁以下	82.7
2023 上海超级杯	35 岁以下	79.2
2023 上海明日之星冠军杯	35 岁以下	82.6
2024 奥运会资格系列赛·上海	15~35 岁	55.8
2024 世界一级方程式锦标赛中国大奖赛	21~30 岁	52.9

资料来源：《2023 年上海市体育赛事影响力评估报告》《2024 年奥运会资格系列赛·上海评估报告》《2024 年国际汽联 Formula E 电动方程式世界锦标赛（上海站）评估报告》。

（二）搭建体育赛事体系，创造都市体育赛事良好效益

体育赛事是都市体育发展的关键内容。为充分发挥体育赛事在推动城市经济发展、提升城市形象、增强市民凝聚力等方面的积极作用，上海以顶级国际赛事和自主品牌赛事为抓手，不断提升体育赛事管理能级，推动都市体育发展、塑造都市形象、提升都市国际影响力和竞争力。

第一，重大赛事举办与筹备顺利进行。当前，上海全力推进国际体育赛事之都建设，成功举办奥运会资格系列赛·上海、FISE 世界巡回赛；并积极推进 2024 年国际滑联四大洲花样滑冰锦标赛、2025 年世界赛艇锦标赛、2026 年国际自盟场地自行车世界锦标赛筹备工作。此外，上海全力推动国际赛事举办，上海 ATP1000 大师赛和 LPGA 锦标赛重磅回归。其中，2023年，上海 ATP1000 大师赛吸引近 20 万人次观赛，经济拉动效应（产出效应）达 37.8 亿元；LPGA 锦标赛吸引 2 万多名观众现场观赛，国际卫星信号触达近 5 亿户全球家庭，覆盖 20 多个国家和地区。[①] 同时，上海致力于打造"一区一品"赛事，浦东新区射箭世界杯、黄浦区世界体育舞蹈大奖赛总决赛、静安区国际剑联花剑大奖赛、崇明区环崇明岛国际自盟女子公路世界巡回赛等广受关注的品牌赛事也陆续回归，景观赛事成为彰显城市形象、传递城市精神的重要抓手。

第二，打造自主品牌赛事矩阵。对标全球著名体育城市赛事布局，自主品牌赛事培育成为上海赛事体系建设的重要内容。上海致力于打造"三上"品牌，2023 年，上海马拉松参赛规模达 38000 人，打破沉寂 8 年的上马赛会纪录，创造中国境内马拉松男子组最好成绩。赛事相关报道超过 9.1 万条，获得阅读量约 4.5 亿次；赛事直接经济效益达 7.01 亿元，产出效应达 20.12 亿元。2023 年上海赛艇公开赛邀请国际顶尖队伍参赛，吸引现场观众累计 5 万人次，拉动消费 4557 万元。2024 上海帆船公开赛参与人数共计 300 人左右，除帆船赛事外还设置"上帆"赛事村，邀请广大市民前来参与

---

① 上海市体育局等：《2023 年上海市体育赛事影响力评估报告》，2024。

航海文化、航海互动、海洋公益、休闲娱乐、拍照互动等板块活动，并与中国航海博物馆联动，助力市民了解航海文化与帆船赛事。此外，2023 上海超级杯上座率创下赛事举办 4 届以来的新高，拉动消费总额达 3507 万元；第三届上海杯象棋大师公开赛以象棋为媒介，促进多元文化交流，上海自主品牌赛事首次走出国门。同时，上海大力扶持市场主体原创赛事，举办包括中国坐标·上海城市定向赛、高百接力赛总决赛、"桨下江南"水上马拉松赛等在内的一系列原创赛事，持续完善自主品牌赛事体系。

专栏 1 上海 "3+3+3+X" 自主品牌赛事发展矩阵

上海专注发力打造自主品牌赛事，确立了 "3+3+3+X" 自主品牌赛事发展框架。第一个 "3"，即 3 个依托城市景观培育的头部赛事——上海马拉松、上海赛艇公开赛和上海帆船公开赛；第二个 "3"，即聚焦足球、篮球与排球的 "三大球" 发展的明日之星系列赛；第三个 "3"，即 3 个各具特色的赛事——上海超级杯、上海杯象棋大师公开赛和环上海新城自行车赛；"X" 是各区和协会、企业等创办的各具特色的赛事，包括各区的半马赛事，企业举办的路跑、水上、自行车等赛事。

资料来源：上海市体育局。

第三，创新赛事体系管理，发挥赛事经济 "乘数效应"。一是形成 "上海赛事" 品牌认定体系。上海在总结多年办赛经验的基础上，形成了完整的国际一流赛事之都建设技术引导标准—— "上海赛事" 品牌认定体系，将赛事分为 "PHD" 三档定位，即顶级赛事（Premium Events）、标志性赛事（Hallmark Events）和培育性赛事（Developing Events），截至 2024 年，已有 26 项赛事获得 "上海赛事" 品牌认定。二是对赛事的经济效益进行评估。上海依据赛事影响力评估指标体系，委托第三方对上年度在沪举办的国际国内赛事进行评估，参照品牌认定和赛事评估数据，为赛事提供资金支持，形成赛前认定、赛中评估、赛后扶持的赛事监管与服务闭环，实现提升赛事品质、释放综合效益、完善管理服务三大目标，整体推动上海体育赛事高质量发展。三是深化赛事对旅游等产业的拉动作用。2024年4月出台的《上海市进一步促进商旅文体展联动吸引扩大消费的若干措施》从活动安全管理、特色商业活动管理、配套服务支持等方面提出了部门协同的构想。近年来，上海已在体育赛事商旅文体展设计方面进行探索，2023年呈现了加快赛事（上海赛艇公开赛等）与节庆活动联动、依托赛事（上海马拉松、电竞上海大师赛等）举办会展会议活动等多种设计思路。上海ATP1000大师赛、上海马拉松等影响力排前20名的赛事在赛事拉动消费方面充分发挥了示范引领作用，这些赛事对旅游产业的拉动效应达到31.94亿元。[①]

此外，围绕建设国际体育赛事之都的战略目标，上海在办赛中也呈现一系列新特征。一是顺应国际赛事趋势，探索绿色办赛理念。国际汽联电动方程式世界锦标赛（FE）、世界F1H2O摩托艇锦标赛中国上海大奖赛、上海ATP1000大师赛等知名赛事，在能源使用、废弃物处理、绿色环保理念培育、水质保护等方面已做出先行示范。二是引入数字技术，创新线上办赛模式。2023年上海马拉松设置了"上马线上跑"赛事，100位线上参赛者可获得2024年上海马拉松的直通资格，形成了线上与线下赛事的联动。三是深耕景观体育赛事，推动体育赛事景观化。上海长期着力打造城市景观，在《上海市体育赛事体系建设方案（2021—2025年）》中明确要求合理利用上海水文环境等沿岸资源，结合地标建筑、天际线景观，培育与引进符合城市特质的景观体育赛事。四是顺应消费场景变化新趋势，促进商旅文体展联动。2024年上海国际大众体育节推出众多比赛项目，并以赛事为重点，首次推出"体育+住宿+游玩"相结合的组合产品包，实现商旅文体展的联动。五是匹配海派特色文化，串联办赛全流程。以石库门弄堂国际运动会、民俗运动会、苏州河龙舟赛、国际友人风筝会、海派秧歌赛等为代表的赛事，有效促进了海派文化的传承与发展。

[①] 上海市体育局等：《2023年上海市体育赛事影响力评估报告》，2024。

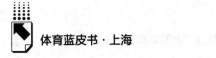

（三）夯实都市体育产业发展保障，助推体育产业高质量发展

上海利用自身得天独厚的经济优势、体育设施和体育资源，围绕高端要素配置、市场监管、政策标准制定等方面进行积极创新，助力上海都市体育产业体系发展。

第一，不断提高高端要素配置效率。要素配置作为生产过程中的重要环节内嵌于体育产业的经济活动中，发挥着重要的规模和结构贡献作用。一是创新打造体育产业协同发展平台。2022年7月上海市体育产业联合会成立，是上海历史上首个在体育领域由产业链上下游不同企业代表组成的联合性、非营利性社会组织，通过整合系统内外资源，实现资源的合理配置，消除各业态企业交流阻碍，为企业提供"搭平台、配资源、提建议、促交流"服务，促进上海市优势资源互补和产业良性发展。此外，上海市体育局联合上海联合产权交易所，合作建设文体旅资源交易平台，以优化长三角体育资源配置、创新交易产品、推动产融结合，并促进赛事举办权、场馆运营权、无形资产开发权等资源公开流转，有效提升上海市体育资源配置效率，进一步推动体育资源引流集聚，助力上海市全球著名体育城市建设。近年来，长三角体育资源交易平台各类体育项目挂牌近130宗，交易量超过10亿元，其中上海市的市民运动会、上海半程马拉松、黄兴体育公园等50宗项目挂牌交易，挂牌交易总量约为5.5亿元，竞价增值率达10%。二是搭建体育产业高能级展会平台。2022年在上海举办的第五届中国国际进口博览会中再次设立体育用品及赛事专区，展区规模持续扩大，展览面积达10000平方米，同时市体育局协助进博会体育产业专业委员会围绕"体育科技赋能健康可持续生活"的主题，首次设立创新孵化体验区，为境内外优质初创科技企业提供孵化平台，推动体育科技资源集聚。

第二，提高市场监管水平，推动体育产业健康发展。市场监管是克服市场经济固有缺陷、促进体育产业健康发展的必要手段。一是为规范校外体育培训市场，上海不断推进体育类校外培训机构设置标准制定，先后印发第二批、第三批《上海市体育类校外培训项目目录》，三批次项目目录共涵盖52

个体育项目，并持续推进校外培训机构审批。二是加强健身休闲行业规范。认真做好一兆韦德等健身行业主体经营风险防范处置工作，化解传统健身行业重点企业经营风险，研制行业预付式消费管理政策，规范健身行业发展，恢复健身消费信心。会同市场监管部门提升健身行业会员服务合同示范文本能级，联合长三角体育、市场监管部门共同发布《长三角区域体育健身行业会员服务合同示范文本（2023 版）》。三是做好高危体育项目管理。上海不断优化高危险性体育项目的管理机制，加大对高危体育项目的执法力度。2022 年市、区两级体育行政部门检查 598 次，覆盖场所 3772 家次；会同相关部门开展联合检查 7 次，覆盖场所 24 家次。[①] 制定《关于开展 2023 年上海市高危险性体育（游泳）场所管理数字化转型试点工作的通知》，推动监管数字化转型，提升对高危体育项目的监管效率。

专栏 2　长三角地区健身机构统一合同范本

为引导和规范体育健身行业经营者依法签约、规范履约，维护消费者的合法权益，由上海市、江苏省、浙江省、安徽省体育局和市场监督管理局共同制定的《长三角区域体育健身服务合同示范文本（2023 版）》正式发布。自 2023 年 9 月 1 日起，长三角区域内的体育健身行业经营者和消费者可以参照该示范文本订立合同。

近年来，以预付式为主要消费模式的健身行业已经成为消费纠纷的高发区，消费者的直观感受是"退卡难、退费难"。此次长三角区域的健身消费合同迎来"一体化"，将为健身人群多增加一份保障。

《长三角区域体育健身服务合同示范文本（2023 版）》实现"三个一"升级。一是统一"冷静期"做法，设置七天冷静期全额退款条款，为长三角区域体育健身领域的冲动型消费者提供保障。二是倡导"一卡通用"，针对长三角区域人员流动频繁、健身企业跨省市连锁经营的特点，合同明确会

---

① 《上海市体育局 2023 年法治政府建设年度报告》，上海市体育局网站，2023 年 12 月 5 日，https://tyj.sh.gov.cn/fzzfjs/20231212/985210ef1d6b4854a05048d9d33ab0b7.html。

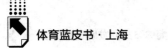

籍、办卡、解约、退费等体育健身核心要素的约定，尝试持同一张卡在长三角区域同品牌门店通用。三是统一"计费公式"，确定余额计算方式，明确约定退费期限，力求使长三角区域消费者的退费标准一致。

资料来源：《解决健身行业退卡难退费难问题——上海发布〈长三角区域体育健身服务合同示范文本（2023 版）〉》，国家体育总局网站，2023 年 8 月 8 日。

第三，完善体育产业发展法律、政策与标准，体育发展开创新局面。一是全面贯彻新修订的《中华人民共和国体育法》，完成《上海市体育发展条例》立法。条例设体育赛事、体育产业专章，既衔接《中华人民共和国体育法》，又体现上海特点，内容明确深挖产业价值，加快推进都市特色体育产业体系建设，从法律层面为体育产业发展提供遵循。二是加大体育政策建设和宣传力度。2023 年，完成体育领域 2 部政府规章、8 部规范性文件清理，以及本市体育领域"十四五"规划中期评估。针对体育产业发展的重要领域，印发《关于创新体育供给进一步促进和扩大消费的实施方案》《上海市社区市民健身中心建设转移支付管理办法》《关于加快推进体育标准化助力上海全球著名体育城市建设的意见》等。三是持续完善体育标准体系建设。完成《公共体育场馆运营管理服务规范》（DB 31/T 1442—2023）地方标准，组织编纂《航空运动标准化》《水上运动标准化》等 6 项体育标准化前沿研究成果。在区域标准制定方面，支持推动长三角体育地方标准《公共体育场馆应急救护管理规范》的研制，固化管理中的有效经验做法。支持市电竞协会签署长三角电子竞技一体化发展战略，指导探索电竞裁判员和电竞场馆标准在长三角地区互认。

（四）动态优化都市体育公共服务供给，激发大众体育活力

上海始终践行人民城市重要理念，在建设全球著名体育城市和健康上海的目标指引下，致力于构建更高水平的全民健身公共服务体系，积极推动全民健身公共服务标准化、均等化、融合化、数字化，营造"处处可健身、天天想健身、人人会健身"的城市环境。

第一，体育场地设施供给进一步提升。一是体育健身设施增量显著。截至2023年底，全市人均体育场地面积达到2.61m²，① 提前完成"十四五"规划目标，2023年度全市新增体育场地面积251.68万m²，各区共完成健身设施重点项目1888个，健身设施建设补短板取得积极成效；同时认定Young's新东里都市运动中心、新业坊·源创运动中心、嘉定大融城运动中心、长阳创谷体育中心等8个项目为2023年度都市运动中心试点项目。二是市区两级重大体育设施陆续落地，徐家汇体育公园、上海自行车馆、上海久事国际马术中心等一批市级体育重大工程建成开放；临港水上运动中心、市体育宫、划船俱乐部等重大项目有序推进；浦东新区周浦体育中心、黄浦区外滩金融都市运动中心、长宁区虹桥体育公园、普陀冰上运动中心、闵行区乐动力闵行体育中心、青浦区徐泾北城都市运动中心等一批区级体育新空间在2023年开启运营。

第二，运动促进健康服务不断完善。为解决居民健康问题、缓解医疗资源压力，上海围绕体卫融合服务进行了积极探索，形成了机构嵌入模式、协议合作模式与网络辐射模式三种主要服务模式。机构嵌入模式是体育服务机构和医疗服务机构相互补充的模式。依托华山运动医学康复中心，建立了上海市医体融合运动促进健康创新中心，致力于为不同年龄段的人群提供相应的运动与健康科学指导，全面普及运动健康知识。协议合作模式指2个及以上体育机构与医疗机构在互利互惠的基础上，通过签订协议建立合作关系，实现优势互补和资源共享的服务形态。中国太保与上海体育大学就通过产教融合的方式共同建设成立了上海运动健康促进现代产业学院和上海青少年健康促进中心，双方在人才培养、科技创新、成果转化等方面开展深度合作，开启"运动+健康+保险"方面的协同合作。网络辐射模式是以社区为支撑，吸纳周边多个机构向其延伸，形成主体共谋、资源共用、服务共创、成果共享的协同合作关系。上海市杨浦区已经成为体卫融合网络辐射模式发展的范

---

① 《关于印发〈2024年上海市体育局工作要点〉和〈2023年上海市体育局工作总结〉的通知》，上海市体育局网站，2024年2月20日，https://tyj.sh.gov.cn/mlbgsyw/20240226/abf4e8fb51014433a9332ad5f6ca1ffe.html。

本，其下辖的殷行、长海、五角场、新江湾城、四平路等多个街道卫生服务中心展开了与医疗机构的长期合作，为市民提供"运动干预门诊"服务，开具科学的运动处方。此外，上海组织国家级社会体育指导员和运动健康师培训，开展"体医交叉培训"。全市16个区全部开展了"运动干预"项目，就老年人功能性体适能、高血压、糖尿病、体质改善等进行运动干预，有效干预人数达4209人，[①] 已有的体育指导服务在一定程度上帮助市民提升了科学健身的能力和水平。《2023年上海市全民健身发展报告》显示，全市经常参加体育锻炼的人数占比达50.5%，[②] 体育运动对市民的吸引力不断提升。从城市体育指导服务供给来看，截至2023年底，全市共有在册社会体育指导员63198名，达到常住人口的2.5‰，全年开展体育服务配送进社区、进企业、进学校、进农村、进单位、进军营共计36503场。其中体育服务配送进社区17800场，服务市民155万人次，[③] 运动促进健康服务逐渐发展为体育产业实践的重要组成部分。

第三，加快体育公共服务数字化转型。数字技术赋能体育公共服务对于提升服务效率、增强居民体验、促进资源合理分配和推动体育产业发展具有重要意义。《上海体育数字化转型"十四五"规划》提出创新体育公共服务模式，推动体育数字化转型。在此框架下，上海市体育公共服务数字化取得了一系列工作成果。在打造数字体育综合体上，2023年徐家汇体育公园的功能升级已取得显著进展，通过数字化基础设施的建设，利用物联网、大数据等先进技术，实现了场馆导航、餐饮服务、观赛体验、设备管理、安防系统和能源优化等应用的升级，显著提升了用户体验和场馆的运营能力，推出

① 《上海实现区级体质监测指导中心全覆盖》，国家体育总局网站，2023年7月19日，https：//www.sport.gov.cn/n20001280/n20001265/n20066978/c25804489/content.html。
② 《上海发布〈2023年上海市全民健身发展报告〉——经常参加体育锻炼人数比例达50.5%》，国家体育总局网站，2024年8月9日，https：//www.sport.gov.cn/n20001280/n20001265/n20067664/c27996106/content.html。
③ 《上海市经常参加体育锻炼人数比例达50.5%全民健身与奥运同行 打造市民门口的数字体育乐园》，上海市体育局网站，2024年8月9日，https：//www.shanghai.gov.cn/nw31406/20240809/f3c8800d4815454d8bf73a3c942a23d4.html。

的数字营销平台集成了场馆服务、票务服务、赛事服务、体育培训和虚拟体育等多方资源，吸引超过48万注册会员，并累计处理订单近23万笔；[①] 在推进"运动健身随身伴"场景建设上，截至2023年10月底，"来沪动丨健身地图"通过优化原有线下场馆入驻签约流程，实现入驻审核流程与入驻协议签署的全程网办，服务已覆盖全市16个区各类体育场所近2万处，新增用户110万人。[②] 在推动场馆设施智能化方面，上海把全民健身数字服务纳入"一网通办"，努力构建覆盖全市的体育场馆线上查询、预约服务体系，提升场馆的运营管理水平和服务质量。通过优化"一网通办"平台体育场馆预订公共服务，2023年全市公共体育场馆全年节假日累计服务群众约150万人次。[③] 目前，上海市已基本建成包含上海市体育场馆管理系统、上海市公共体育设施管理系统、体育赛事与培训系统、体育服务人员管理系统、智慧健身管理系统等在内的智慧体育公共服务平台。

（五）培育"海派"都市体育文化，打造上海体育文化品牌

从近代体育运动在中国的传播和扩散地到新时代打造"人人运动、人人健康"的活力之城，体育承载着上海城市发展的梦想，并融入"海纳百川、追求卓越、开明睿智、大气谦和"的上海城市精神品格，不断发展和丰富着海派体育文化的内涵和外延，成为"上海文化"品牌建设的重要内容、城市综合软实力的"金名片"。

体育是提高人民健康水平、促进经济社会发展的重要动力，更是展示城市文化软实力的重要平台。上海市规划和自然资源局组织编制《黄浦江沿岸地区功能融合发展和空间品质提升专项规划（2024—2035年）》，提出沿江打造极限潮玩、都市健身、专业竞技3大体育强核，进一步推动体育与城

---

① 《对市政协十四届二次会议第0595号提案的答复》，上海市体育局网站，2024年6月3日，https：//tyj. sh. gov. cn/jtbljg/20240712/02acd44f51864a9cada85eb55d557d67. html。

② 《对市政协十四届二次会议第0595号提案的答复》，上海市体育局网站，2024年6月3日，https：//tyj. sh. gov. cn/jtbljg/20240712/02acd44f51864a9cada85eb55d557d67. html。

③ 《踔厉奋发的2023——谱写申城体育发展新篇章》，人民网，2024年1月2日，http：//sh. people. com. cn/n2/2024/0102/c134768-40700496. html。

市文化软实力的互促共进。依托上海白玉兰国际冰雪节、国际雪联城市越野滑雪赛等赛事节庆基础，世博雪野运动中心、东江体育俱乐部等运动空间，东方体育中心、久事国际马术中心等综合体育设施，推动特色运动、融合产业和品牌赛事发展，打造高品质体育文化体验。立足区域核心功能，将体育作为重要抓手之一打造两岸联动的世界级文化产业集聚区，进一步完善滨江亲民惠民公共服务设施，打造文化内涵丰富的"城市公共客厅"，打造上海的体育时尚活力名片。

体育赛事是上海建设全球著名体育城市的核心要素之一，具有独特城市文化特征的赛事在传播中华优秀传统文化和推动城市经济社会发展等方面具有关键作用。海派体育文化的一大特色是不断开拓创新。近年来，上海体育赛事快速发展，在路跑、赛艇、象棋、足球、篮球等领域都打造了上海本土自主品牌赛事。2023年6月，首届上海帆船公开赛在上海的地标水域黄浦江上举行。上海帆船公开赛对标美洲杯帆船赛、国际帆船大奖赛等国际知名帆船赛事，努力打造成一项具有国际影响力的上海自主品牌赛事，与上海马拉松和上海赛艇公开赛并肩，携"三上"品牌之力为建设全球著名体育城市添砖加瓦。上海帆船公开赛不仅能够推广普及帆船运动，传递乘风破浪、激流勇进的拼搏精神，更生动展示了浦江两岸的人文脉络和滨水空间的魅力，以体带景、以景促赛，使人们沉浸式感受上海城市风貌，传承弘扬体育精神，促进人与自然和谐共生。

此外，地标性体育文化设施不断涌现，也是打造上海体育文化品牌的重要成果。通过功能再开发、景观修复、文化元素融入等措施，开发了江湾体育场、国际乒联博物馆（中国乒乓球博物馆）、旗忠网球中心、上海国际赛车场等多个地标性体育文化设施，充分挖掘了上海体育设施历史文化的内涵。体育文化精品项目更是海派体育文化呈现的重要途径，借助"体荟魔都""新体育·心分享"等上海体育文化品牌、上海体育博物馆"大思政课"教育基地和政府开放日（月）活动，上海体育文化前沿项目频繁呈现，体育赛事、体育健身、体育旅游、体育文化等领域IP品牌频出，体育精神和体育文化也在此过程中得到不断传播。

三　上海体育产业发展的主要任务

下一阶段，上海要立足现代化国际大都市发展实际，遵循都市型体育产业发展特征和规律，更高质量推动体育产业发展。

（一）大力发展赛事经济，以赛事促进商旅文体展联动

赛事经济是以赛事为轴心发展起来的具有强牵引力、推动力的现代服务业经济。大力发展赛事经济，对完善基础服务能力、加速城市产业集聚、优化城市产业结构都具有十分重要的意义。目前，上海体育赛事体系逐渐走向成熟，呈现赛事供给不断丰富、赛事能级不断提升、办赛主体不断壮大、赛事市场不断繁荣的发展态势，但各大赛事的城市特色仍有进一步挖掘的空间。一方面，要持续提升已有赛事的品牌影响力。应当加快完善"3+3+3+X"自主品牌赛事发展框架，进一步挖掘上海马拉松、上海赛艇公开赛、上海帆船公开赛、上海杯象棋大师公开赛、上海超级杯、环上海·新城自行车公开赛等自主品牌赛事的城市内涵特质，构建形成更具"海派特色"的上海自主品牌赛事矩阵。依托重点自主品牌赛事，加强对重点产业链的培育和布局，推动体育赛事更好地融入上海经济社会发展大局。另一方面，要有针对性地引进培育与上海城市气质相匹配的赛事。秉持"以经营城市的理念发展赛事"，从人、事、物、场、境等维度对上海现有商旅文体展资源进行盘点，将赛事发展与提升城市能级、核心竞争力与城市软实力紧密衔接。积极引进新兴项目高水平国际体育赛事等符合上海城市发展需求的赛事，以赛事带动产业集聚和产业链发展，深入落实产业联动发展理念，为打造集观赛服务、文化宣传、旅游推广、纪念产品发布、住宿餐饮、运动社交、主题活动等于一体的复合型消费场景提供有利条件。

（二）加快培育体育产业新质生产力，赋能体育产业高质量发展

2024年3月5日，《政府工作报告》明确提出，因地制宜发展新质生产

力，加快建设现代化产业体系。当前，在上海建设全球领先的体育科技创新中心的背景下，聚焦创新要素，提升新质生产力对体育产业的贡献程度是上海体育产业高质量发展的必由之路。一是加强体育产业科技创新，通过机制共建、项目合作、联合攻关等多种方式加速实现关键技术突破，解决科技成果转化中存在的制度性和技术性障碍，完善升级体育产业链供应链。二是强化要素配置，推动数字要素、科技要素、人才要素合理高效重组，赋能体育产业数字化、智能化转型。借助大数据、云计算、物联网等数字化智能化手段，加快上海体育产业模式创新、业态升级。三是依托数字技术与智能制造形成高端体育用品制造业。以高端化为升级导向、以智能化为技术路径、以绿色化为价值指引，提高体育制造业企业自主研发和科技创新水平，并持续培育体育领域"专精特新"企业和隐形冠军企业。四是推动高端制造业与现代服务业融合互动发展，形成新兴体育产业。支持体育用品企业向"产品+服务"，再向"智能产品+信息增值服务+生态链服务"模式转型，充分利用现代信息技术和新型组织模式，打破现有产业边界，实现高端体育用品制造业与现代体育服务业融合互动发展。

（三）创新都市体育产业发展模式，助力现代体育产业体系构建

现代体育产业体系是以满足人民群众日益增长的体育消费需求为目的，以创新为增长动力，基于新技术与新阶段优势而形成的具有高附加值、高效率的体育生产服务体系。第一，大力发展新兴都市运动项目。吸引国际单项新兴运动项目组织在上海成立总部或设立分支机构，提升上海对新兴运动项目发展资源的配置能力，争取更多新兴运动项目顶级赛事资源落地上海。第二，加快构建更高水平的都市体育公共服务体系。扩大全民健身场地设施增量，利用各类边角地、闲置用地、屋顶和地下空间、老旧厂房、高架桥下空间等建设嵌入式健身设施，支持打造都市运动中心新型体育服务综合体。同时，加大公共体育场馆开放管理力度，推进全民健身管理方式和公共服务数字化，完善"体医养融合"机制，切实提高体育对城市治理的参与度。第三，完善体育产业发展平台。做优做强上海市体育产业联合会、上海体育产

业投资基金等产业支撑平台，整合行业企业力量，充分发挥"搭平台、配资源、提建议、促交流"作用，推动产业内外实现互联互通、优势互补、合作共赢。第四，多措并举促进都市体育消费。办好"上海体育消费节""五五购物节""六六夜生活节"体育领域促消费活动；组织开展新一轮体育消费券配送，优化完善信息化配送平台，加强定点场馆招募和管理服务；推进徐汇区、杨浦区国家体育消费试点城市建设，推广体育绿色低碳消费新理念，打造有特色的体育消费集聚区。

（四）聚焦重点领域，加快建成全球著名体育城市

《上海全球著名体育城市建设纲要》提出"三步走"战略，即 2025 年基本建成全球著名体育城市，2035 年迈向更高水平全球著名体育城市，到 2050 年全面建成全球著名体育城市，形成"一城一都四中心"发展格局。当前阶段，更应重点考虑下一阶段的重点任务。"一城一都四中心"即"人人运动、人人健康"的活力之城、国际体育赛事之都、体育资源配置中心、体育科技创新中心、体育消费中心和体育文化中心，六方面共同构成全球著名体育城市的"四梁八柱"。按照 2035 年、2050 年的阶段目标，需进一步理清体育产业在上海城市发展中的作用，探究上海体育产业的发展方向和重点工程。其中，"全民健身"环节，着重考虑全球著名体育城市在"健康上海 2030"建设中的作用发挥路径及嵌入方式；"赛事之都"环节，考虑国际重大赛事和自主品牌赛事的布局、赛事的综合效应、对经济社会发展的拉动效应；"资源配置"环节，考虑人才、资本等要素的集聚、辐射、流动情况，考虑上海在长三角体育一体化战略中的站位，以及国际话语权提升问题；"科技创新"环节，考虑在具有全球影响力的科技创新中心建设中占有一席之地；"消费"环节，考虑对国际消费中心城市建设的助力作用，考虑使体育成为经济发展的强大引擎；"文化"环节，考虑体育融入城市文化血脉，在国际文化大都市建设中彰显体育元素，以重点工程加快推进全球著名体育城市建设。

（五）提升引领区域一体化的水平，推动长三角体育产业一体化

长三角地区是我国体育产业发展的重要战略基地，推进长三角体育产业一体化发展是全力实施长三角区域一体化国家战略、促进我国体育产业高质量发展的重要举措。作为长三角城市群的核心城市，上海应主动在这一战略中承担起引领和示范的重任，引领长三角体育产业一体化发展。一是探索拓展长三角体育赛事联动机制。发挥上海在长三角区域的龙头带动作用，鼓励打造具有较大影响力的长三角特色体育赛事，探索申办国际重大赛事活动，建立体育资源共享、赛事联办、信息互通、项目合作和人才交流培养机制，带动长三角城市群协同发展。二是突出区域引领，强化政策标准协同。2023年，三省一市共同发布了《运动促健康长三角宣言》《长三角区域体育健身服务合同示范文本（2023版）》等，下一阶段应继续创新协作模式，打造长三角区域体育行业标准体系，并持续搭建交流平台，促进区域行业资源交流。

（六）优化体育产业空间布局，引导体育产业发展与城市发展相协调

一是优化上海体育产业空间布局。推动徐汇区徐家汇片区、杨浦区五角场片区、虹口区北外滩片区、浦东新区前滩片区打造体育头部企业集聚区，打造与全球著名体育城市相匹配的领军企业集团。做优做强马桥镇、陈家镇、海湾镇、安亭镇等体育产业示范基地和珠江创意中心等体育产业集聚区，发挥好其在推动体育产业高质量发展中的示范引领作用。同时，践行"五个新城"发展战略，积极向嘉定、青浦、松江、奉贤、南汇"五个新城"导入体育资源，增加场馆设施、赛事活动等优质体育产品供给，助力"五个新城"综合性节点城市的建设。深度融入长三角地区发展。加强与苏浙皖体育部门的联动合作，共同举办长三角体育节、长三角全民健身嘉年华、中国长三角国际体育休闲博览会、长三角运动休闲体验季、长三角体育产业交流大会等赛事、展会、活动，有力推动长三角体育一体化和体育产业高质量发展。二是完善上海体育产业功能布局。立足区域核心功能，努力推

进上海体育产业发展与区域功能、形态、环境相互促进，以极限潮玩、都市健身、专业竞技为强核，依托差异化赛事节庆、运动空间、体育设施等资源，推动黄浦江沿岸地区功能融合发展和空间品质提升。通过市场研判，从差异性、互补性和特色化等维度加强上海体育产业的整体设计，提升体育产业发展品质。

参考文献

康露等：《新质生产力赋能现代体育产业体系构建的理论逻辑与实现路径》，《体育学研究》2024 年第 3 期。

蔡朋龙、汪毅：《新发展阶段中国现代体育产业体系构建研究》，《天津体育学院学报》2023 年第 4 期。

范尧、康博舒：《我国体育产业高质量发展要素配置的价值遵循、现实困境与实践指向》，《北京体育大学学报》2023 年第 9 期。

米中伟、张盛：《新兴体育赛事助力上海全球著名体育城市建设的历程、经验及启示——以上海赛艇公开赛为例》，《成都体育学院学报》2024 年第 1 期。

分 报 告

B.2

2023~2024年上海健身休闲产业
发展报告

杨倩 李海*

摘 要: 大力发展健身休闲产业,既是扩大上海体育产业总体规模的重要举措,也是提升城市活力和满足上海市民美好生活需要的重要方式。本报告全面分析了上海市健身休闲产业发展的总体情况和发展成就,上海市健身休闲产业在产业规模、产业比重、产业基础、市场主体以及产业政策环境等方面的发展前景良好。通过对产业现状的深入调研,归纳出其在参与人数、消费状况、场所分布、项目布局等方面的实际发展水平。目前,上海市健身休闲产业得益于经济的持续增长、新动能的加速培育、居民消费基础的稳固支撑以及体育赛事的推动,拥有良好的社会经济环境。然而,产业发展也面临一些问题,如行业内部竞争加剧、企业转型困难、场所区域分布不均等。基于此,本报告从管理机制、项目培育、环境营造等方面提出了有针对性的发

---

* 杨倩,上海体育大学教授,博士,主要研究方向为体育产业;李海,上海体育大学经济管理学院院长,主要研究方向为体育产业、体育彩票、体育旅游等。

展建议，以期助力上海市健身休闲产业实现更健康、可持续的发展。

关键词： 健身休闲 运动休闲 健身行业

健身休闲产业是以体育运动为载体、以参与体验为主要形式、以促进身心健康为目的，向大众提供相关产品和服务的一系列经济活动。随着健康中国和全民健身战略的推广，我国健身休闲产业与国民健康、国家力量、国家形象紧密相联。其产业外部环境受到国家政策助推、消费升级下的内需激增、全民健身和全民健康高度融合的利好影响，发展势头持续向好。健身休闲作为现代人都市生活的重要组成部分，在 2023 年的上海迎来了新的发展机遇与挑战。中国健美协会指导，三体云动数据中心携手上海体育大学和万博宣传共同发布了《上海市健身休闲业数据报告（2023）》，报告聚焦上海市健身休闲产业发展的经济社会环境、行业发展现状、场所空间布局以及消费者行为特征等方面，着重分析了上海市健身休闲产业发展的隐忧与弊病，共同展望行业的未来发展趋势，不仅为上海市健身休闲产业企业带来直观的行业发展认知与清晰的行业发展态势，也为全国其他省份健身休闲产业发展提供上海经验。

一 上海市健身休闲产业发展总体情况

（一）产业发展进入深度调整期

近年来，随着上海市市民健康观念的日益增强，城市体育人文环境的不断建设，健身休闲活动日渐成为市民生活的重要休闲方式之一。广大市民健身休闲消费需求极大地促进了上海市健身休闲产业的发展。2023 年 12 月，上海市体育局与上海市统计局联合公布了 2022 年上海市体育产业总产值和增加值。在体育服务业中，体育健身休闲活动的总产值紧随体育用品及相关产品销售、出租与贸易代理业以及体育与传媒信息服务业之后，其总产值和增加值分别为 149.48 亿元和 83.09 亿元，占上海市体育产业总产值和增加值的比重分别为8.0%和13.0%（见表1）。由此可见，健身休闲产业所占市场份额较大，是驱动上海市体育产业高质量发展的关键力量之一。

表1 2022年上海市体育产业总产值和增加值及其占比

单位：亿元，%

体育产业类别名称	总量		占比	
	总产值	增加值	总产值	增加值
上海市体育产业	1862.58	640.45	100.0	100.0
体育服务业	1539.19	577.18	82.6	90.2
体育管理活动	42.29	28.85	2.3	4.5
体育竞赛表演活动	25.71	13.38	1.4	2.1
体育健身休闲活动	149.48	83.09	8.0	13.0
体育场地和设施管理	15.23	6.79	0.8	1.1
体育经纪与代理、广告与会展、表演与设计服务	76.58	11.63	4.1	1.8
体育教育与培训	29.18	10.07	1.6	1.6
体育传媒与信息服务	235.48	29.02	12.6	4.5
体育用品及相关产品销售、出租与贸易代理	836.14	362.00	44.9	56.5
其他体育服务	129.10	32.35	6.9	5.1
体育用品及相关产品制造	296.39	59.51	15.9	9.3
体育场地设施建设	27.00	3.75	1.4	0.6

注：若总量与分量合计尾数不等，是由数值修约误差所致，未做机械调整。

资料来源：《2022年度上海市体育产业统计公告》，上海市体育局网站，2023年12月6日，https：//tyj.sh.gov.cn/ggtz/20231206/2a9586d476cb410bae50b6196e95b00d.html。

2022年，上海市体育健身休闲活动增加值比上年增加了38.01亿元，增幅高达84.32%，健身休闲产业的新机遇与新生态不断涌现。然而从统计数据来看，2022年上海市健身休闲产业总产值虽已与2019年的145.62亿元基本持平，但是较2021年降低了24.14亿元（见图1）。多方面的因素共同导致了这一结果。一方面，全球经济形势的不确定性和国内消费市场的波动对健身休闲产业产生了不小的冲击，导致消费者在购买健身服务和产品时变得更加审慎，从而加剧了行业的下滑趋势。另一方面，行业内部竞争激烈，市场饱和度较高，健身场所的运营成本不断上升，致使部分企业在激烈的市场竞争中难以为继，企业营收始终处于负增长状态，进而影响整个行业的规模和发展。

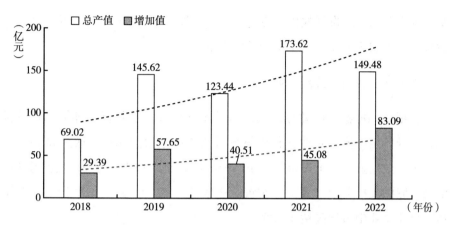

图1　2018~2022年上海健身休闲产业总产值与增加值

资料来源：《2022年上海市全民健身发展报告》，上海市体育局网站，2024年4月9日，
https：//tyj.sh.gov.cn/ysqzzdgkzfxx/20240409/9f26c2c659b74039949339cf8f95b555.html。

（二）行业正在加速洗牌与分化

2023年，全球经济与国内市场的外部环境依然面临诸多挑战，经济发展在不同产业领域中呈现不均衡的态势，这也是消费结构升级的基本规律。当前健身休闲行业正遭遇一系列复杂困境，这些挑战既有源自宏观经济周期性调整的普遍影响，还有该行业自身预付费经营模式的制约。上海作为中国健身行业改革与创新的前沿阵地，其健身行业正在经历加速洗牌与分化。受舒适堡、一兆韦德等头部传统连锁健身企业缩减、倒闭的影响，上海市健身市场舆论及消费波动一时处于全国健身市场的风口浪尖之上，上海市的健身市场迎来了近十几年来最为激烈的一波震荡与洗牌，健身会员的消费信心受到一定程度的周期影响。

值得注意的是，在经历了上半年的动荡之后，上海市的健身消费秩序与氛围在下半年迅速恢复，展现出强大的恢复力与韧性。新兴健身模式的涌现，不仅丰富了市场供给，也推动了行业朝更加精细化、个性化的方向发展，上海市在健身消费领域的活力与创新能力依旧在全国保持领先地位，为行业带来了新的增长点。《上海市体育发展条例》的正式施行，为上海市健

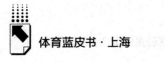

身休闲产业的未来发展提供了更为坚实的政策支撑与法律保障，预示着该产业将迎来更加规范化、高质量的发展阶段。

（三）企业面临转型困境

近年来，随着市民健身休闲需求的不断释放，以及营商环境的持续优化，健身休闲类体育企业在整个体育行业中占据较大比重。截至 2024 年 6 月的统计数据显示，上海市作为中国经济最为发达的城市之一，其健身休闲活动领域的规模以上（规上）纳统企业数量达到了 45 家（见表 2），在整个体育行业企业中占比高达 52.3%。

表 2　2024 年 6 月上海市健身休闲活动领域规上纳统企业名单

企业名称	企业名称
威康健身管理咨询(上海)有限公司	协和高尔夫(上海)有限公司
上海猩羡健身管理有限公司	尊巴健康咨询(上海)有限公司
东庄海岸(上海)体育发展有限公司	上海思麦森健身服务有限公司
上海天马乡村俱乐部有限公司	沈泰地夫(上海)体育俱乐部有限公司
淘健乐企业管理咨询(上海)有限公司	上海舒适堡健身美容中心有限公司
上海国际汽车城颖奕高尔夫俱乐部有限公司	上海美格菲健身中心有限公司
上海佘山国际高尔夫管理有限公司	上海索罗克斯健身服务有限公司
上海旗忠高尔夫俱乐部有限公司	上海锦梵健身有限公司
上海美兰湖康体文化发展有限公司	上海禅蕴体育发展有限公司
上海林克司乡村俱乐部有限公司	利惠健体育设施管理(上海)有限公司
武格体育文化发展(上海)有限公司	上海金高体育健身有限公司
上海东江体育俱乐部有限公司	上海寺崎健身服务有限公司
上海巅峰体育发展有限公司	上海斯宽雅健身服务有限公司
上海乐刻网络技术有限公司	上海杰的马术俱乐部有限公司
上海巅峰健康科技股份有限公司	上海必曼斯特健身有限公司
上海揽海乡村俱乐部有限公司	上海烈火一族健身服务有限公司
上海星之健身俱乐部有限公司	上海鸿彤企业管理咨询有限公司
上海潜能挖掘健康咨询有限公司	上海梅森休闲健身俱乐部有限公司
上海稻池网络科技有限公司	上海创作商贸有限公司
上海棕榈滩海景高尔夫俱乐部有限公司	上海平金投资管理有限公司
上海美再晨体育管理咨询有限公司	上海玖尚商业管理有限公司
上海翼立体育俱乐部经营管理有限公司	上海基创体育管理有限公司
上海虹桥高尔夫俱乐部有限公司	

资料来源：上海市体育局。

与此同时，从整个健身休闲产业主营机构的营收构成来看，规上纳统企业的营收占比逐年攀升，相对于其他规模较小或未纳入统计范畴的企业而言，规上纳统企业在行业中的地位和作用越来越重要。然而相关报告显示，2018~2022年上海市健身休闲产业规上纳统企业营收等数据呈现快速增长后急剧下降的趋势。健身行业原有的扩张经营模式难以为继，企业间同质化竞争严重以及服务品质参差不齐等问题开始浮现，整个行业呈现硬着陆转型。2022年健身休闲产业规上纳统企业营收同比增速下滑至-25.91%（见表3）。这一趋势是当前行业困境的一个最直观的体现，时刻提醒着企业需重新审视自身的商业盈利模式，以探索更适应市场需求的发展路径。

表3　2018~2022年上海市健身休闲产业规上纳统企业与健身休闲产业主营机构数据

单位：亿元，%

指标	2018年	2019年	2020年	2021年	2022年
健身休闲产业规上纳统企业营收	29.45	46.21	41.22	48.27	35.76
健身休闲产业规上纳统企业营收同比增速	—	56.91	-10.80	17.10	-25.92
健身休闲产业主营机构营收	88.45	99.49	86.38	98.59	71.93
健身休闲产业规上纳统企业营收占健身休闲产业主营机构营收的比重	33.29	46.45	47.71	48.96	49.72

资料来源：《2018年度上海市体育产业统计公告》，上海市体育局网站，2019年10月25日，https://www.sport.gov.cn/n14471/n14480/n14517/c931320/content.html；《2019年度上海市体育产业统计公告》，上海市体育局网站，2020年12月11日，https://tyj.sh.gov.cn/ggtz/20201211/0ccc7a75a7e747fbb19848aca326120b.html；《2020年度上海市体育产业统计公告》，上海市体育局网站，2021年11月15日，https://www.shanghai.gov.cn/gwk/search/content/1a5f928cbcdc4b839e4be34f367e61ee；《2021年度上海市体育产业统计公告》，上海市体育局网站，2022年12月2日，https://www.shanghai.gov.cn/gwk/search/content/7b1dafda0dd9475f9e2d197e882c3be3；《2022年度上海市体育产业统计公告》，上海市体育局网站，2023年12月6日，https://tyj.sh.gov.cn/mlghcyfg/20231226/6c0ae6ecfbbb4eb4b2203f5a1950c5a7.html。

（四）基础健身设施日益丰富

随着上海市民众对健康生活方式的追求和对健身活动的需求不断增加，体育场地及设施的供给与质量已成为衡量上海市居民幸福感的重要标尺。《2023年上海市全民健身发展报告》显示，2023年，上海市各行政区继续深化健身设施建设补短板五年行动计划，新增体育场地面积251.68万平方米，各区共完成健身设施重点项目1888个，[①] 为群众创造了更加优越的健身环境和条件，上海市民身边的体育健身设施得到进一步完善。截至2023年底，全市共建有体育公园57个、都市运动中心25个，不仅极大地丰富了上海市民的健身选择，还满足了其对高品质、多元化运动场所的需求，标志着上海市在提升公共体育服务水平方面正在稳步迈进。

与此同时，随着智能化与数字化技术的普及，实现体育健身设施的智慧化发展已经成为体育健身设施完善的重要方向。截至2023年底，上海市累计建成智慧健康驿站238家，共建有社区体质监测站、标准化体质测试队以及试点开展体质监测的智慧健康驿站或长者运动健康之家等136个，社区体质监测街镇覆盖率为80.9%。此外，在体育场馆数字化转型发展方面，上海市进一步推进全民健身公共服务"一网通办"，持续深化"一码健身"，为市民提供便捷的场馆预订、信息查询等服务。截至2023年，已完成40多家公共体育场馆客流接入国家全民健身信息服务平台，打造了市级体育场馆信息化平台，切实改善了市民群众的健身休闲环境。

（五）产业政策环境持续向好

上海市在2022年接连发布《2022年上海市全民健身工作要点》、《2022年上海市体育产业工作要点》以及《关于支持体育企业抗击疫情加快恢复发展的实施细则》等相关政策的基础上，于2023年陆续出台了相关的实施意见和方案等文件（见表4），政策导向由鼓励大发展逐渐过渡到规范化发展。从创新体育服务供给、培育体育消费新场景、加强体育资源整合、规范预付费服务等方面入手，进一步优化了产业发展的政策环境，推动构建更高水平的全民健身公共服务体系，以促进上海市健身休闲产业持续发展壮大。

[①] 《2023上海市全民健身发展报告》，上海市体育局网站，2024年9月24日，https://tyj.sh.gov.cn/ysqzzdgkzfxx/20240924/c12659ee62764102850bc77b8f19780c.html。

表4　2023年上海市体育健身休闲产业相关政策

日期	文件名称	发文部门	主要内容
2023年2月16日	《2023年上海市全民健身工作要点》	上海市体育局	推进健身设施补短板,办好全民健身赛事活动,加强科学健身指导服务,提高全民健身治理效能,构建更高水平的全民健身公共服务体系
2023年4月6日	《关于创新体育供给进一步促进和扩大消费的实施方案》	上海市体育局	从办好体育消费节、引导运动社交新趋势和宣传体育运动新风尚等十个方面进行布局,创新体育服务供给,扩大体育消费规模
2023年4月24日	《上海市体育局关于组织开展本市体育领域促消费活动的通知》	上海市体育局	全面落实市委、市政府有关促消费工作的部署要求,创新筹备各类商旅文体联动促消费活动,整合资源加强信息交互,市区联动做好服务保障
2023年6月9日	《上海市关于构建更高水平全民健身公共服务体系的实施意见》	上海市全民健身(足球改革发展)工作联席会议办公室	推动体育健身设施提档升级,增加赛事活动供给,促进全民健身服务均等化,构建更高水平的全民健身公共服务体系
2023年11月23日	《上海市体育发展条例》	上海市人民代表大会常务委员会	在落实全民健身战略、优先发展青少年和学校体育等方面做出了具体的制度安排,并制修订了体育健身行业预付费经营活动监督管理等规范性文件

资料来源：上海市体育局。

二　上海市健身休闲产业调查现状分析

在本次针对上海市健身休闲产业的全面调查中，主要关注点涵盖了多个关键领域，具体包括健身休闲活动的参与人口数量及渗透率、健身俱乐部与各类健身工作室的市场分布情况以及不同健身休闲项目差异化的市场需求。这些类别共同构成了上海市健身休闲产业多元化发展的核心部分，为深入理解该行业的现状与发展趋势提供了宝贵的数据支持与行业洞察。

（一）健身休闲参与人数稳步上升

随着"全民健身"和"健康中国"战略的陆续实施，居民对自身健康的关注度日渐提升，参加健身休闲项目的热情与日俱增。《2022 年上海市全民健身发展报告》显示，上海市 2022 年经常参与体育锻炼的人数占比达到 50.1%，较 2021 年增加了 1.1 个百分点，首次超过五成。[①] 此外，《2023 上海市全民健身发展报告》显示，2023 年上海全民健身发展指数为 486.7，较 2022 年增长了 29.5，[②] 其中"体质健康"指数最高，"健身设施"指数最低。相比于 2022 年，上海市推动构建更高水平的全民健身公共服务体系，六项指数均稳步提升，"健身指导"指数较上一年度有明显提升（见图 2），经常参与体育锻炼的人数占比持续上升。

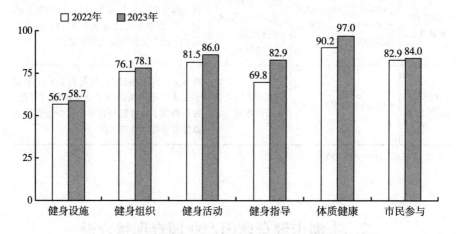

图 2 2022 年与 2023 年上海市全民健身发展指数对比

资料来源：《2022 年上海市全民健身发展报告》，上海市体育局网站，2024 年 4 月 9 日，https：//tyj. sh. gov. cn/ysqzzdgkzfxx/20240409/9f26c2c659b74039949339cf8f95b555. html；《2023 上海市全民健身发展报告》，上海市体育局网站，2024 年 9 月 24 日，https：//tyj. sh. gov. cn/ysqzzdgkzfxx/20240924/c12659ee62764102850bc77b8f19780c. html。

---

① 《2022 年上海市全民健身发展报告》，上海市体育局网站，2024 年 4 月 9 日，https：//tyj. sh. gov. cn/ysqzzdgkzfxx/20240409/9f26c2c659b74039949339cf8f95b555. html。
② 《2023 上海市全民健身发展报告》，上海市体育局网站，2024 年 9 月 24 日，https：//tyj. sh. gov. cn/ysqzzdgkzfxx/20240924/c12659ee62764102850bc77b8f19780c. html。

与此同时，上海始终在推动中国健身行业蓬勃发展方面发挥着举足轻重的作用。截至2023年12月，尽管上海市健身人口数量有所下滑，环比下降了8%，减少至223.4万人，但依然是全国健身人口数量最多的城市，占比约达全国的3.2%。① 2023年，上海市的健身人口渗透率高达8.98%，大幅超越除北京以外的其他一线城市（见表5），彰显出其在健身休闲领域的领先地位。

表5　2023年全国及部分城市健身俱乐部数量、总人口、健身人口数量
及健身人口渗透率

城市	健身俱乐部数量(家)	总人口(万人)	健身人口数量(万人)	健身人口渗透率(%)
全国	36447	140967.0	6975.0	4.95
一线城市	2648	8298.9	684.9	8.25
新一线城市	4494	20042.4	1057.7	5.28
上海市	806	2487.5	223.4	8.98
北京市	838	2185.8	211.0	9.65
广州市	492	1873.41	123.3	6.58
深圳市	511	1756.01	127.2	7.24

资料来源：《2023上海市全民健身发展报告》，上海市体育局网站，2024年9月24日，https：//tyj. sh. gov. cn/ysqzzdgkzfxx/20240924/c12659ee62764102850bc77b8f19780c. html。

（二）健身休闲场所区域现状分析

上海市健身休闲场所的布局与人口分布结构大体相当，实现了场地设施与体育健身服务需求之间的基本平衡。2023年上海市健身行业调查主要关注了健身俱乐部与健身工作室、瑜伽与普拉提馆和跆拳道馆/武术馆/格斗馆/拳馆等3类健身休闲场所。截至2023年12月，上海市上述3类健身场所共5086家，其中健身俱乐部门店数量为806家，占全国的2.21%。从健身休闲场所的分布情况来看，浦东新区健身休闲场所的数量位列上海市之首，共计966家（见图3）。按城郊划分，上海可分为三大区域，即中心城区、

---

① 《2023上海市全民健身发展报告》，上海市体育局网站，2024年9月24日，https：//tyj. sh. gov. cn/ysqzzdgkzfxx/20240924/c12659ee62764102850bc77b8f19780c. html。

浦东新区以及郊区，从数据上看，区域人口密度对健身休闲场所在三大区域
的分布影响巨大。人口密度作为衡量区域人口分布的关键指标，不仅反映了
区域经济的发达程度和基础设施的完善度，更是区域消费活跃度的风向标。

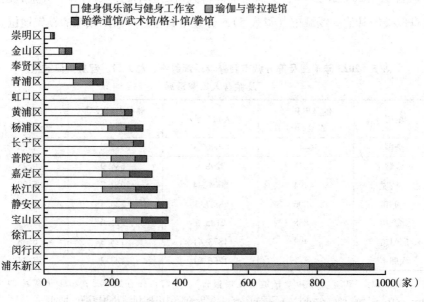

图3 2023年12月上海市各区健身休闲场所数量

可以看出，健身休闲场所在上海市16个市辖区均有所分布，能够满足
居民基本健身需求，但仍存在两个短板。一是各市辖区分布不均，分布密度
相差较大。除浦东新区及闵行区外，其余14个市辖区健身休闲场所均不足
400家。可以看出，人口数量多且消费能力强为浦东新区健身行业提供了巨
大的发展空间，促进其市场规模不断扩大。从分布密度上来看，中心城区健
身休闲场所的分布密度远高于郊区，黄浦区健身休闲场所的分布密度最大，
约为12.64家/km²，反观郊区健身休闲场所的分布密度，最大的是闵行区，
仅约为1.69家/km²。从南北两区健身休闲场所发展差距来看，宝山区健身
休闲场所数量、人均场所数量、场所种类均远远高于金山区，如何促进南
北两区健身休闲运动的平衡发展也是上海市体育发展需解决的问题之一。
二是总量差距较大。目前，上海市健身俱乐部与健身工作室共计3058家，

但跆拳道馆/武术馆/格斗馆/拳馆市场需求不足，其数量不足1000家，和健身俱乐部与健身工作室、瑜伽与普拉提馆的数量相比差距较大。随着经济的不断发展和体育人口的增长，健身休闲场所分布不均、总量不足、差距较大等问题将得到很好的解决。

（三）健身休闲产业项目发展情况分析

随着社会的发展，健身运动发展成为人们生活中一项必不可少的活动，通过健身运动发展兴趣、提高健康水平、培养健康行为是现代社会流行的生活方式之一。运动项目多种多样，选择合适、有效的运动项目是居民参与体育锻炼的重要前提。目前，上海市大众、小众健身休闲运动项目正在蓬勃发展，但不同市辖区在大众和小众健身休闲运动场所数量方面具有明显的差异性。

首先，大众健身休闲运动场所的数量分布与整体健身休闲场所区域分布具有一定的相似性。在篮球、足球、乒乓球、羽毛球、游泳、瑜伽、普拉提等大众健身运动场所数量方面，浦东新区仍以绝对优势位居榜首，闵行区位列第二。然而，运动项目特点的不同造成了当前不同种类场所数量差距大的现状。其中上海市瑜伽类场所共计633家，但乒乓球、羽毛球和足球类运动场所数量均不足400家。很重要的原因在于瑜伽作为一种有氧运动，运动强度较低，安全性较高，适于任何年龄段的人练习，同时瑜伽对场地的要求相对较低，这些特点促进了瑜伽类场所规模的扩大。相反，乒乓球、羽毛球和足球等运动强度较高，对于身体素质较差的人群来说，危险性相对较高，这在一定程度上限制了体育参与的人群，进而限制了其场地规模的扩大。其次，小众健身休闲运动场所总体数量较少，各市辖区间的差距不大。射箭、击剑、滑雪、滑冰、攀岩、棒球等受众相对较小、对硬件要求较高、花费较高的运动，其场所数量与大众健身休闲运动场所数量相比差距巨大，整体发展相对滞后。小众健身休闲运动所需要的器材、装备等价格较高且不易购买，适合经济实力较强的人群参与，同时上手难度高、危险系数大，参与人群少，受众面小，是小众健身休闲运动场所总量少的重要原因。

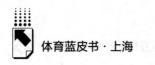

三　上海市居民健身休闲消费现状分析

为了全面深入了解中国健身休闲产业中消费相关的现状和特征，本报告通过抽样调查的方式对中国国内健身休闲场所的付费消费者进行了问卷调查，其中上海市样本 663 个。调查结果显示，2023 年上海市健身俱乐部与健身工作室的会员总数分别为 166.0 万人和 57.4 万人，粗略估算 2023 年上海商业健身房的消费总规模约为 120 亿元，占中国健身行业消费市场总规模的 5.29%，消费人群构成与消费特征呈现个性化、多样化趋势。

（一）消费人群构成日趋多元

在人群构成方面，性别、年龄与收入水平均在不同程度上影响着消费水平。首先，女性仍是消费主力军，高层次消费男性反超女性。从性别结构来看，2023 年上海市女性健身消费者占比为 58.82%，总体消费支出占比高于男性。男性仅在 10000 元以上的消费区间占比高于女性，占比为 76.92%（见图 4）。这反映出男性更倾向于为高端健身休闲服务或产品投入更多资金，追求高品质、专业的健身休闲体验。除此之外，在中等消费区间，女性消费者占比均较高，可见女性消费者对健身休闲行业消费有更大范围的影响，需要多关注女性消费者的需求和选择。而在低消费区间，男女消费者占比相同，这表明在低价位产品上，男性和女性的选择较为相似，均更注重基础健身需求。

其次，80 后、90 后领跑，50 岁以上群体健身休闲消费有巨大潜力。据统计，2023 年 26~35 岁消费者占比最多，高达 40.57%，而 19~25 岁消费者占比为 23.38%，较上年增量最大。从消费支出来看，19~50 岁年龄段消费者主要分布在中高消费区间，这部分群体具有相似的消费特征，通常有较为稳定的经济来源，消费支出相对比较自由，有多样化的健身休闲消费需求。50 岁以上的群体消费支出在 10000 元以上的占比为 10.53%（见图 5），与 2022 年相比大幅提升（见图 6），50 岁以上群体的健身休闲消费观发生

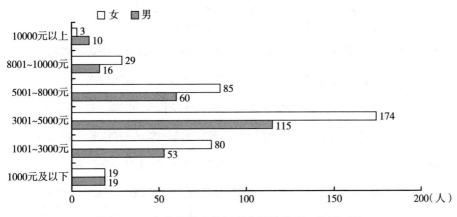

图4　2023年上海健身休闲行业消费情况—性别对比

了质的改变，蕴藏着巨大的消费潜力。纵向来看，除去50岁以上群体和
13~18岁青少年群体，其他各年龄段在10000元以上的高消费区间的占比均
有所下降；多数年龄段在5001~8000元、8001~10000元的中高消费区间的
占比也有不同程度的下降，而在中低消费区间的占比与往年相比有所提升，
反映出消费者在健身休闲产业的消费趋于保守，更加注重追求高性价比的消
费支出。

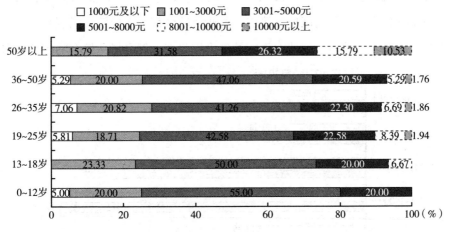

图5　2023年上海健身休闲行业各年龄段消费者支出情况

注：若总量与分量合计尾数不等，是数值修约误差所致。

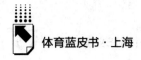

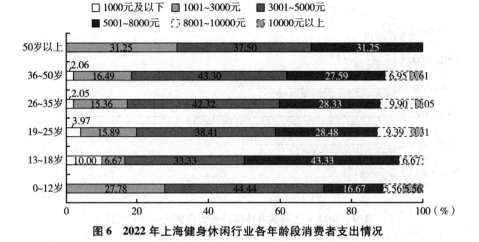

图6　2022年上海健身休闲行业各年龄段消费者支出情况

最后，越来越多的低收入消费者开始重视健身休闲。从收入构成来看，绝大多数受访者收入集中在5001~10000元和10001~20000元，2023年合计占比达到69.08%（见图7）。与2022年相比，5000元及以下和5001~10000元收入区间的消费者占比有所增加，这一增长反映出健身休闲活动逐渐摆脱"高端消费"的标签，健身休闲全民化趋势更加显著。在消费者地区分布方面，横向来看，2023年上海市健身休闲行业中，浦东新区的消费者数量排名第一，黄浦区位列第二，这些市辖区都具有经济活跃度高、人口密集，居民收入较高、消费力强，基础设施完善、健身场所较多的特征，因

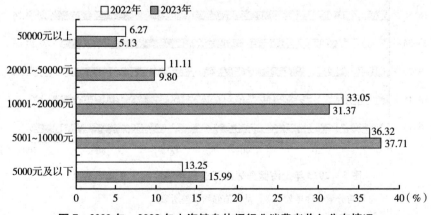

图7　2022年、2023年上海健身休闲行业消费者收入分布情况

此健身休闲行业消费者较为集聚，对健身休闲的消费投入较高。纵向来看，上海市各市辖区的健身休闲市场总体格局较为稳定，在健身休闲行业消费者数量和市场需求上没有出现大的波动，健身休闲市场已经相对成熟。

（二）消费特征呈现多样化趋势

在消费特征方面，用户消费更加注重体验感、多样化和普及性。首先，中端消费增加，消费者重视性价比。2023 年，在上海市健身休闲行业消费者对健身休闲周边产品的消费中，花费 1001～3000 元的占比最多，为 49.92%，3000 元及以下的占比共计 84.91%（见图 8）。与 2022 年相似，消费者健身休闲周边产品花费也呈现最高消费和最低消费占比降低、中间层次的消费占比相应上升的趋势，这意味着一方面大众对健身休闲周边产品的投入增加，另一方面大众花费趋于理性，更加看重产品与服务的性价比。

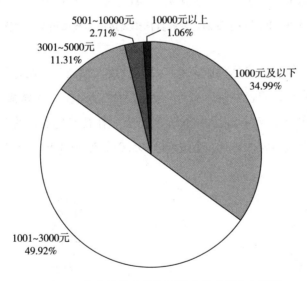

图 8　2023 年上海健身休闲周边产品花费分布情况

其次，消费市场结构不平衡，深度用户消费产品种类丰富。在健身休闲周边产品的具体消费类型中，健身服饰依旧是消费者投入最多的健身休闲周边产品，占比 31.30%，其次是辅助工具（包括体脂秤、运动手表等）

（见图9）。与2022年相比，在健身代餐、器械装备、营养补剂、知识付费方面的选择频次占比依旧偏低，总体健身休闲周边产品消费市场结构不平衡，仍有较大的发展空间。仅有深度用户对健身休闲周边产品的多个消费类型均有涉及，合理花费和利用多种不同类型的周边产品来辅助自己进行健身休闲。

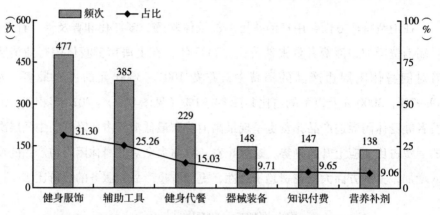

图9　2023年上海消费者健身休闲周边产品选择频次及占比

最后，智能化健身休闲服务及产品普及度大幅提升。调查数据显示，随着智能化健身房的建设完善，有近八成的消费者会优先选择智能化健身房，这一占比相比2022年提高了4.09个百分点。在智能化器械的选择中，智能健身器械和有氧器材的占比分别达到了65.01%和61.84%（见图10），而其

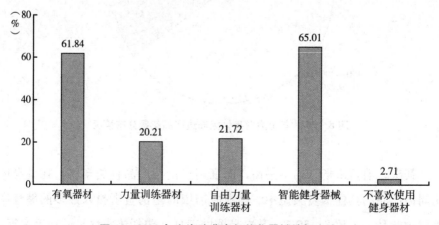

图10　2023年上海消费者智能化器械选择占比

他智能化器械的普及率较低。如何更好地将创新技术融入智能化健身房及智能健身设备，是未来需要解决的问题。

四　上海市健身休闲产业面临的环境变化

（一）经济总体延续增长态势，带动健身休闲市场发展

2023年，上海经济呈稳步恢复态势，全年实现地区生产总值47218.66亿元，同比增长5.0%，与全国5.2%的增速相当。[①] 在三次产业中，第三产业表现优异，同比增长6.0%，占上海地区生产总值的比重达到75.2%。从行业层面来看，上海市纳统体育健身企业数量和营收总量最多，但行业规模和企业营收仍处于负增长状态，健身行业整体处于转型阵痛期。从企业层面来看，大型健身企业逐渐从连锁健身运营模式向"小而美"健身工作室转型，但健身工作室的市场集中度较低，在运营模式、产品创新等方面仍处于探索期，导致整体营收能力较弱。随着上海宏观经济环境的不断优化和社会事业的稳步发展，各类节展赛事如国际电影节、国际艺术节、上海旅游节以及网球大师赛等焕新举办，为健身休闲市场注入了新的活力，同时带来了更多的商机和发展空间。

（二）加速培育发展新动能，助推健身休闲产业数字化转型

新质生产力以技术革命性突破、生产要素创新性配置、产业深度转型升级为动力支撑，正在塑造不同以往的生产力新样态，为健身休闲产业的数字化转型提供不竭动力。[②] 当前，健身休闲产业正面临一个至关重要的转折点，其传统的经营模式因固有的局限性和日益激烈的市场竞争而变得难以为继。与此同时，一系列新兴业态，包括以科技为驱动的新兴健身房、便捷高

① 《2023年上海市国民经济和社会发展统计公报》，上海市统计局网站，2024年3月21日，https：//tjj.sh.gov.cn/tjgb/20240321/f66c5b25ce604a1f9af755941d5f454a.html。
② 邹新娴、万斌、苏立德：《新质生产力赋能全民健身高质量发展的内在逻辑与实践构想》，《北京体育大学学报》2024年第7期。

效的家庭健身方案，以及融合了大数据、人工智能等前沿技术的互联网健身平台，不仅丰富了消费者的选择，也极大地推动了健身行业的创新与变革。在全社会普遍倡导并大力发展新质生产力，即那些基于信息技术、创新理念和高效运营模式的现代生产力的共识之下，健身休闲产业转型与发展的步伐势必将进一步加速。这一过程不仅意味着行业内部结构的深刻调整与优化，更预示着健身休闲产业将迈向一个更加多元化、智能化、个性化的全新发展阶段。

（三）居民消费基础要素稳固，支撑健身休闲产业服务消费

2023年，上海市的居民人均可支配收入和人均消费水平均保持了显著且快速的增长，在反映城市经济强劲复苏的同时，彰显了市场活力的逐步增强与释放。伴随着经济的回暖，各类促消费活动精彩纷呈，以内容丰富、形式多样、个性十足的特点，极大地激发了市民的消费热情。在这一背景下，消费领域的新客群、新供给和新场景打造初显成效，满足了消费者日益增长的品质化、多样化需求，更为消费者提供了沉浸式的消费体验，进一步推动了消费市场的繁荣与发展。从更深的层次来看，就业市场稳定、收入增长迅速、物价水平保持在合理区间以及政策的持续优化与落地是影响居民消费能力的核心要素。在这些因素的共同作用下，健身休闲消费的基础并未发生明显变化，反而因整体经济环境的改善而更加稳固。随着市场预期的逐步稳定以及消费者信心的不断修复，上海市的健身休闲产业展现出了前所未有的活力与魅力，在全国范围内表现突出，成为引领其他城市健身休闲产业发展的新标杆。

（四）体育赛事驱动健身休闲产业加速回暖

2023年2月，上海市政府召开体育工作会议，将"创新举办国际性、都市型赛事，促进竞赛表演业态升级"作为重点推进落实的六方面工作之一。回顾全年，上海成功举办了包括上海马拉松、上海ATP1000大师赛、LPGA锦标赛、上海超级杯、上海赛艇公开赛等在内的118项国际国内重大

赛事，赛事数量之多、规格之高、影响力之广，均达到了前所未有的水平。线下赛事的全面重启，有效驱散了长期以来笼罩在体育产业上空的阴霾，同时大型体育赛事的举办对包含健身休闲消费在内的体育消费带动作用显著。根据上海市体育局等发布的《2023 年上海市体育赛事影响力评估报告》的数据，2023 年上海举办的 118 项重大赛事，共吸引 19 万人次参赛、129 万人次现场观赛，带动直接消费 37.13 亿元，拉动相关产业效应达 128.64 亿元，充分展示了体育赛事作为经济增长新引擎的巨大潜力。展望未来，随着全球体育大环境的迅速回暖，以及上海市政府对体育产业的持续投入与政策扶持，可以预见健身休闲产业将步入一个更加稳健、常态化且充满机遇的发展阶段。

五　上海市健身休闲产业发展推进策略

（一）全面规范并优化健身行业的管理机制

面对日新月异的市场环境与消费者需求的深刻变化，传统的预付费卡销售模式已逐渐显露出其局限性，不再完全适应当前行业的发展需求。同时，要素市场化配置体制机制不够完善，缺乏规范的行业标准，致使经营主体活力疲软，行业发展相对滞后。因此，亟须积极探索并实施更为先进、合理的管理机制。首先，亟须大力推进健身卡冷静期的制度创新。这一创新举措，作为健身休闲领域的一个重要突破，其灵感源自消费者冷静期制度对于缺陷销售行为的有效纠正。具体而言，一方面，应当通过明确健身卡冷静期的适用边界来增强经营者的适用意愿，确保这一制度能够在行业内得到广泛而有效的实施。另一方面，应适当扩大冷静期适用的条件，鼓励更多的健身服务提供者主动采用这一制度，从而推动健身行业的新一轮改革，实现行业的整体升级与转型。其次，政府需加强行业监管，夯实制度保障。通过深化健身休闲产业"放管服"改革，为健身休闲产业发展提供良好的营商环境。一是对健身休闲产业领域实施简政放权，充分发挥市场和社会的自身活力和造血能力。具体包括削减健身休闲活动相关审批事项、实施负面清单管理等，这有助于降低健身休闲企业和俱乐部市场风险，并激发市场主体的创新意识。二是对健身休闲产业领域实施放管结合。具体包括推进体育行业协会改革、加强事中事后监管、完善相关安保服务标准、加强行业信用体系建设等。三是对健身休闲产业领域实施优化服务。需要完善政务发布平台、信息交互平台、展览展示平台和资源交易平台，充分利用现有科技和数据资源服务健身休闲产业发展，加强政府、社会和市场间的信息互动。

（二）培育推广消费者喜闻乐见的健身休闲运动项目

在健身休闲领域，在关注大众健身休闲运动项目普及与发展的同时，还应重视小众健身休闲运动项目的挖掘与培育，以此来全面响应并满足广大消费者日益增长的专业化、个性化需求。大众健身休闲运动项目，如瑜伽、篮球、羽毛球等，凭借其广泛的群众基础、相对简单易行的特点以及显著的健身效果，长期以来赢得了广大市民的青睐。为了持续巩固并扩大这一良好态势，应当通过提升运动场馆的硬件设施水平、优化服务质量与体验细节，以及举办丰富多样的赛事活动，继续加大对这些大众健身休闲运动项目的投入力度与支持范围。与此同时，必须敏锐地捕捉到小众健身休闲运动项目所蕴含的无限潜力与独特价值。如攀岩、滑板、滑雪等项目往往具有鲜明的个性特征、较高的挑战性以及独特的魅力，能够吸引特定群体关注和参与。因此，精准定位、科学规划以及有力推广小众健身休闲运动项目，不仅能够极大地丰富健身休闲市场的产品供给，满足不同消费者的差异化需求，还能有效激发消费者的探索欲与参与热情，进一步推动健身休闲产业朝更加多元化、专业化的方向发展。此外，为了弥补各市辖区之间在健身休闲运动项目发展上的差距，应采取有针对性的措施，加强区域间的交流与合作。通过政策引导和资源倾斜，鼓励和支持发展相对滞后的地区加快健身休闲运动项目的发展和完善，实现全市范围内的均衡发展，进而推动整个健身休闲产业的持续繁荣与发展。

（三）营造便捷智慧的健身休闲环境

为了营造良好的健身休闲氛围，需从多个维度出发，综合考虑地理布局、内容创新以及技术融合等方面，以营造全方位、多层次的健身休闲环境。在地理布局上，应当注重健身设施的均衡分布与便捷可达性。在城市的不同区域合理规划并建设各类健身休闲场所，如公园内的健身区、社区健身中心、户外跑步道等，确保市民无论身处何地，都能轻松找到适合自己的健身休闲地点。同时，考虑到自然环境对健身休闲体验的影响，要充分利用城市绿地、山川湖泊等自然资源，打造绿色生态的健身休闲空间，旨在使市民在享受运动的同时，能亲近自然，放松心情。在内容创新方面，要注重线上与线下健身内容的融合与互补。抓住互联网发展浪潮，开发多样化的健身课程与互动平台，如直播健身课、个性化训练计划、健身挑战赛等，利用互联网技术的便捷性，打破时间与空间的限制，让更多人能够随时随地健身。与此同时，线下则可以通过举办健身讲座、体验营等活动，加强健身知识的普及与技能的实践，并结合不同的运动场景，如健身房、户外探险等，提供丰富多样的健身休闲选择，满足不同人群的兴趣与需求。在技术融合方面，智能设施与装备的应用也是营造良好的健身休闲氛围的关键一环。随着科技的进步，越来越多的智能健身设备被引入市场，如智能跑步机、健身镜、可穿戴设备等，它们不仅能够提供精准的运动数据监测与分析，还能根据用户的身体状况与健身目标，提供个性化的训练建议。因此，应大力鼓励并支持健身休闲场所引入此类智能设施，同时加强智能健身 App 的开发与推广，让科技成为提升健身休闲效率与增加乐趣的重要工具，帮助人们更加科学、高效地实现健身休闲目标。

参考文献

王学彬、李刚：《上海市全民健身数字化转型实践经验与启示》，《体育文化导刊》

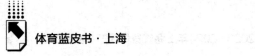

2023 年第 11 期。

骆同、邵雪梅：《场景时代健身休闲产业市场供需适配的理论逻辑、现实审视与推进转向》，《体育科学》2022 年第 10 期。

吴铁勇、王松、刘波：《"十四五"时期我国健身休闲产业高质量发展机遇、挑战及推进策略》，《体育文化导刊》2022 年第 6 期。

邹昀瑾、姚芳虹、王东敏：《新时代体育健身休闲业供需协调与高质量发展研究》，《北京体育大学学报》2020 年第 7 期。

黄海燕主编《长三角地区体育产业发展报告（2022~2023）》，社会科学文献出版社，2023。

B.3

2023年上海体育赛事发展报告

黄海燕*

摘　要： 体育赛事作为促进城市转型升级的重要力量，对塑造城市形象与拉动经济产出具有独特作用，举办高能级赛事成为建成全球著名体育城市的重要标志。本报告从关注度、专业度和贡献度三个方面对2023年上海市举办的国际国内体育赛事进行了影响力评估，当前上海办赛具有绿色办赛理念引领、线上办赛模式兴起、重视景观体育赛事打造、注重商旅文体展联动发力与弘扬海派特色文化的特征。结合上海建成全球著名体育城市的目标提出完善体育赛事布局、打造赛事消费优质场景、打造具有上海海派文化特点的体育赛事以及完善赛事相关配套服务等对策建议。

关键词： 体育赛事　赛事综合效益　自主品牌赛事

体育赛事作为体育产业发展的关键引擎，对城市综合竞争力提升与品牌塑造具有重要作用，已成为现代城市展开城市营销的战略选择。国家体育总局在《"十四五"体育发展规划》中要求，加快构建自主品牌体育赛事活动体系，打造100个具有自主知识产权的体育竞赛表演品牌，支持引进并培育100项具有较高知名度的国际体育精品赛事。① 上海围绕建设国际体育赛事之都的战略目标，形成与全球著名体育城市定位相匹配的赛事发展格局，因

---

* 黄海燕，博士，教授，博士生导师，北京体育大学管理学院院长，主要研究方向为体育产业、体育赛事、体育政策等。

① 《"十四五"体育发展规划》，国家体育总局网站，https：//www.sport.gov.cn/zfs/n4977/c23655706/part/23656158.pdf。

地制宜配置体育赛事相关资源、引进培育特色体育赛事、创新应用体育赛事管理工具，提升城市体育赛事发展能级。本报告基于2023年上海市体育赛事影响力评估报告，对举办的118项体育赛事的举办成效进行评估分析，对上海推进建成全球著名体育城市、打造世界一流的国际体育赛事之都目标的经验予以呈现和解读。

一 上海体育赛事发展现状

2023年上海市共举办118项体育赛事，其中举办国际级赛事36项，举办7届及以上的赛事共40项，覆盖运动项目47项，整体呈现数量多、级别高、项目多样化的态势，赛事布局优化与赛事能级提升工作取得成效，赛事溢出效应得到充分释放。上海市2023年产生117.4万篇次媒体报道，实现借由赛事举办契机推介上海城市名片，同时吸引受众148万人次，带动消费37.13亿元，拉动相关产业效应达128.64亿元，以赛营城激活经济"乘数效应"，为上海建设国际化大都市带来新动能。

（一）顺利举办高能级重大赛事

赛事能级体现在赛事的知名度、赛事的级别、申办赛事的标准、参赛运动员的水平等方面。举办高能级赛事是全球著名体育城市地位的集中体现和主要标志。上海处于基本建成全球著名体育城市的关键节点，形成以单项顶级赛事为抓手，持续引进兼具商业性与观赏性的国际知名赛事的赛事体系，通过促进"引""培"两侧发力，稳步提升自主赛事的赛事能级。一方面，上海在2023年成功举办了36项国际级体育赛事，包括上海ATP1000大师赛、上海马拉松等顶级体育赛事，并在2024年成功举办国际奥委会新兴赛事——奥运会资格系列赛·上海。上海是首站奥运会资格系列赛的举办地，赛事为上海带来16.12亿元的赛事媒体传播价值，推动上海成为巴黎奥运会预热的焦点。再如，2024国际汽联电动方程式世界锦标赛（FE）首次引进上海，与 CTCC 中国汽车场地职业联赛、世界一级方程式锦标赛等赛车赛事，共同健全完善上海赛车赛事体系。从培育侧来看，以上海马拉松为代表的自主品牌赛事在赛事能级提升方面取得重大突破。2020 年上海马拉松成为中国国内首个荣膺世界田联白金标荣誉的马拉松赛事，并于 2024 年正式成为雅培世界马拉松大满贯候选赛事，这标志着上海马拉松晋级为世界顶级马拉松赛事。通过引进和培育并重，上海顺利举办各项国际重大赛事，统筹谋划构建赛事发展格局，为国际赛事之都建设的基本战略提供重要保障和行动指南。

（二）形成"3+3+3+X"自主品牌赛事发展框架

为建成与国际赛事之都相匹配的赛事体系，上海经过多年培育，在自主品牌赛事培育中形成"3+3+3+X"自主品牌赛事发展框架。其中第一个"3"指的是包括上海马拉松、上海赛艇公开赛与上海帆船公开赛在内的 3 项城市景观培育的头部赛事。第二个"3"指的是聚焦足球、篮球、排球"三大球"发展的明日之星系列赛。第三个"3"指的是花样滑冰上海超级杯、上海杯象棋大师公开赛和环上海新城自行车赛 3 项特色赛事。"X"指的是各区和协会、企业等创办的各具特色的赛事，包括各区的半马赛事，企业举办的路跑、水上运动、自行车等赛事，通过引入社会力量办赛，激活办赛主体市场，丰富体育赛事的供给。

"3+3+3+X"自主品牌赛事发展框架明确上海培育自主品牌赛事的布局方向，通过赛事推广城市行动发展理念，实现赛事转型与品牌竞争力提升。其一，以景观赛事促进环境治理。例如，上海赛艇公开赛作为上海头部景观赛事，以赛为媒对外传递上海环保理念。在上海赛艇公开赛举办期间，上海市开展"大清扫、大冲洗"行动，清除道路垃圾约 708 吨，[1] 集中展示苏州河水域治理保护的成果。同时通过"艇过无痕"等行动，推广环保理念，

---

① 《本市环卫开展道路"大清扫、大冲洗"行动　为上海旅游节、上海赛艇公开赛保驾护航》，上海市绿化和市容管理局网站，2023 年 9 月 20 日，https：//lhsr.sh.gov.cn/ywdt/20230920/c828780a-763a-43ad-952f-3e78b5e7bc9c.html。

形成绿色低碳的生活方式。其二，以青少年赛事带动人才培养。明日之星冠军杯足球赛是上海市重点发展的青少年足球自主品牌赛事，对标欧美足球发达国家，旨在打造亚洲最高水平的青少年精英足球赛事，为国家发展足球运动夯实人才基础，带动足球运动产业的高质量发展。其三，以特色赛事引领文化交流。上海杯象棋大师公开赛以象棋为媒介，通过邀请国内顶尖棋手、开启海外线下赛、开展业余组"千人赛"等方式，从竞技水平、国际影响力、全民参与度三个维度提升上海杯的赛事品牌效应，促进多元文化互融互鉴，带领上海自主品牌赛事首次走出国门。

（三）青少年赛事有序开展

聚焦青少年赛事发展，上海建成以明日之星"三大球"品牌赛事为核心，包含MAGIC3上海市青少年三对三超级篮球赛、跃马少年时·上海马术菁英赛等赛事在内的青少年赛事布局。2023年，上海市全年共举办48个项目的137项市级青少年高水平赛事，高质量组织完成年度青少年体育精英系列赛、锦标赛、冠军赛，聚焦动员广泛参与、人才选拔、以体育人三大特征，有序引导赛事开展。

在组织青少年赛事开展、推广青少年体育运动方面，上海市采取以下两种措施引导办赛。其一，在青少年大型赛事的开展中，上海通过打造青少年专业赛事品牌与开展青少年表演赛两种方式相结合，促进赛事能级的提升。明日之星系列赛作为全新打造的上海自主品牌赛事，于2022年首次举办足球赛事，并在2023年将赛道拓展至篮球领域，在2024年开展排球赛事。截至2024年10月，明日之星冠军杯足球赛作为明日之星系列赛中唯一通过"上海赛事"品牌认证体系的赛事，通过助力足球后备人才培育、拓宽赛事信息媒体传播渠道、以球会友弘扬海派足球文化，在模式创新、专业办赛、体育文化传播等方面展现出潜力。据统计，2023上海明日之星冠军杯足球赛共计产生直接经济影响5399.95万元，对旅游六要素的拉动效应达到4857.7万元。此外，上海通过在顶级赛事中增设青少年表演赛，为青少年筑牢赛事文化根基。以上海赛艇公开赛为例，2023年赛事首次设立了青少年表演赛，特邀上海中学、上海市世外中学等 5 所中学的赛艇队参加赛事，带领学生体验国际正赛标准。2024 年推出聚焦青少年赛艇新势力的"上艇未来之星"计划，搭建起国际顶尖赛艇运动员与中国青少年赛艇队交流的平台。其二，在青少年中小型赛事的开展中，上海通过丰富青少年高水平赛事供给，形成区域联动、跨界联动的合作机制。以 MAGIC3 青少年三对三超级篮球赛为例，其作为上海市最大规模单项青少年品牌赛事，在东方明珠城市广场、外滩中央广场等多个知名广场和商业中心举办，集篮球赛事体验、篮球文化推广、体育景观线打造、青少年体育交流、社会化运营于一体，成为 2023 年杨浦区、奉贤区等 9 个行政区中最热门的赛事，有效带动各区的赛事影响力提升。

（四）引导社会力量参与办赛

上海市通过政府财政投入与社会资金支持相结合的方式，引导社会力量参与赛事筹办。在体育赛事政府资金扶持方面，形成由提升赛事能级类和促进赛事落地类构成的体育赛事资金扶持框架。2023 年上海共扶持资助提升赛事能级类赛事 12 项、促进赛事落地类赛事 9 项（见表1）。在引导社会资金支持方面，形成以体育彩票公益金为典型的办赛资金筹办方法。根据《关于 2023 年度上海市体育彩票公益金筹集、分配及使用情况报告》，2023 年上海市共发行销售体育彩票 79.40 亿元，筹集体育彩票公益金 19.29 亿元，直接用于扶持国际国内赛事、组织管理赛事工作的经费为 0.42 亿元，具体包括 2023 年国际滑联上海超级杯、2023 年全国跳水冠军赛、上海明日之星足球冠军杯筹办、上海明日之星篮球赛筹办、智力运动赛事服务经费等。[①]

---

① 《关于 2023 年度上海市体育彩票公益金筹集、分配及使用情况报告》，上海市体育局网站，2024 年 6 月 28 日，https：//tyj.sh.gov.cn/tycpgyj/20240617/3bc3c0bd0127481e9892515344f4f7b5.html。

表1 2023年度上海市体育赛事发展专项资金扶持计划

类型	项目名称	
提升赛事 能级类	2023上海ATP1000大师赛	2023高校百英里接力赛
	2023世界斯诺克·上海大师赛	2023中国坐标·上海城市定向户外挑战赛
	2023别克LPGA锦标赛	2023蒸蒸日上迎新跑
	2023环崇明岛国际自盟女子公路世界巡回赛	2023滴水湖大铁铁人三项赛
	2023 CTCC中国汽车场地职业联赛	第四届"桨下江南"水上马拉松
	2023上海10公里精英赛	2023上海中心垂直马拉松
促进赛事 落地类	2023年国际篮联三人篮球大师赛（上海崇明站）	"超萌武娃"2023武术文化传播小使者全国总决赛
	2023反恐精英亚洲邀请赛	2023上海邮轮港国际帆船赛
	2023年上海虚拟体育公开赛	2023和汇·上海摩托车越野公开赛
	2023年UFC精英之路第2季	2023中国好车手系列赛
	2023国际篮联三人篮球上海挑战赛	

资料来源：《2023年度上海市体育赛事发展专项资金扶持计划公示》，上海市体育局网站，2024年7月23日，https：//tyj.sh.gov.cn/ggtz/20240723/d5d8808dcabc4066bee6ba27502c8c0a.html。

二 上海体育赛事影响力评估对象、评估体系与评估结果

（一）评估对象

2023年上海共举办118项国际国内体育赛事，整体呈现数量多、级别高、项目多样化的态势。其中举办国际级赛事36项，举办7届及以上的赛事共40项，吸引受众148万人次，产出效应达128.64亿元，在赛事关注度、专业度、贡献度各方面都有新的提升。

从运动项目类型来看，118项体育赛事共覆盖47个运动项目，其中田径类赛事举办数量最多，全年共举办了包括上海马拉松、上海半程马拉松在内的14项田径赛事。篮球类全年共举办了9项赛事，马术类全年共举办了8项赛事，电子竞技、网球、足球类分别举办了6项赛事（见表2）。

表 2 2023 年上海体育赛事所属运动项目分类

单位：项，%

运动项目	赛事数量	数量占比	运动项目	赛事数量	数量占比
田径	14	11.86	保龄球	1	0.85
篮球	9	7.63	钓鱼	1	0.85
马术	8	6.78	定向运动	1	0.85
电子竞技	6	5.08	飞盘	1	0.85
网球	6	5.08	广场舞	1	0.85
足球	6	5.08	滑板	1	0.85
汽车	4	3.39	滑冰	1	0.85
围棋	4	3.39	花样滑冰	1	0.85
帆船帆板	4	3.39	击剑	1	0.85
高尔夫球	3	2.54	空手道	1	0.85
国际象棋	3	2.54	门球	1	0.85
龙舟	3	2.54	摩托车	1	0.85
乒乓球	3	2.54	桥牌	1	0.85
台球	3	2.54	拳击	1	0.85
航空运动	2	1.69	柔术	1	0.85
轮滑	2	1.69	射箭	1	0.85
排球	2	1.69	跳绳	1	0.85
赛艇	2	1.69	跳水	1	0.85
体育舞蹈	2	1.69	铁人三项	1	0.85
羽毛球	2	1.69	武术	1	0.85
自行车	2	1.69	象棋	1	0.85
桨板	2	1.69	业余无线电	1	0.85
皮划艇	2	1.69	综合格斗	1	0.85
拔河	1	0.85			

资料来源：上海市体育局等：《2023 年上海市体育赛事影响力评估报告》，2024。

从赛事落地区域看，118 项体育赛事涉及上海 16 个行政区，赛事数量排名前三的行政区域分别是浦东新区、嘉定区、黄浦区与崇明区，其中浦东新区赛事最多，达到了 23 项，黄浦区与崇明区并列第三，其余各区赛事的举办情况详见表 3。

表3　2023年上海体育赛事落地区域

单位：项，%

行政区域	赛事数量	数量占比	行政区域	赛事数量	数量占比
浦东新区	23	15.8	宝山区	9	6.2
嘉定区	14	9.6	青浦区	8	5.5
黄浦区	13	8.9	金山区	6	4.1
崇明区	13	8.9	普陀区	5	3.4
静安区	12	8.2	杨浦区	5	3.4
闵行区	11	7.5	松江区	3	2.1
奉贤区	10	6.8	虹口区	3	2.1
徐汇区	9	6.2	长宁区	2	1.4

注：部分赛事存在多区联合举办的情况，因此本表统计的赛事数量总和高于2023年实际举办的体育赛事数量，存在重复计数现象。

资料来源：上海市体育局等：《2023年上海市体育赛事影响力评估报告》，2024。

（二）评估体系

在结合国际国内大型体育赛事通用的评估标准和上海赛事管理创新体系下的体育赛事发展基础上，进一步优化了现有的评估框架，形成2023年上海市体育赛事影响力评估体系。

赛事影响力评估依据关注度（300分）、专业度（300分）、贡献度（400分）三个维度的评分指标（总分1000分），对赛事进行评估，具体指标详见表4。其中，关注度是指外界（媒体、受众）对赛事的关注程度、赛事引发的传播效应和赛事为"上海"创造的传播价值，包括2项二级指标。专业度是指上海市体育赛事在赛事策划、组织管理和运营服务各方面展现的专业程度，包括6项二级指标。贡献度是指体育赛事对上海经济增长与社会发展所产生的影响，包括3项二级指标。

赛事落地区域影响力评估依据赛事在各区域的举办情况，得出各落地区域赛事影响力的总得分与均值得分。总得分为落地区域赛在关注度、专业度和贡献度三个维度上得分的总和，均值得分为落地区域赛事在关注度、专业度和贡献度三个维度上得分的平均值。

表4　2023年上海体育赛事影响力评估体系

一级指标(总计1000分)	二级指标	一级指标(总计1000分)	二级指标
关注度(300分)	媒体报道	专业度(300分)	赞助营销
	赛事规模		赛事满意率
专业度(300分)	赛事规格	贡献度(400分)	消费拉动
	竞赛组织		经济效益
	赛事保障		社会效益
	赛事运营		

（三）评估结果

整体来看，在赛事影响力评估中排前20名的赛事能级较高，赛事运动项目的群众基础良好，具有成熟的办赛体系与运营经验，在赛事标准建立与深度受众群体培养方面取得了显著的成果。如上海马拉松，在参赛规模数量上突破38000人，在2020年荣膺世界田联白金标后首次邀请国际精英选手参赛，创造中国境内马拉松男子组最好成绩，参赛者对赛事的总体满意度达到98.3%，再次参赛意愿达到96.2%，反映出上海马拉松办赛标准与办赛水平均已达到国内顶尖层级。

"上海赛事"品牌认定体系有力推动赛事影响力的提升，为上海引领创新办赛，打造高标准、高质量赛事，打造了一条典型示范路径。20项赛事中有15项赛事是已获得"上海赛事"品牌认定的赛事。其中13项赛事为首批入选"上海赛事"品牌名录的赛事（品牌名录库见表5），如作为"P"赛事（顶级赛事）的上海ATP1000大师赛、上海马拉松，作为"H"赛事（标志性赛事）的上海半程马拉松、世界斯诺克上海大师赛等赛事。同时上海明日之星冠军杯与上海虚拟体育公开赛2项赛事分别于2022年与2023年通过"D"赛事（培育型赛事）的认证标准。仅全国跳水冠军赛暨奥运会、福冈世锦赛、亚运会、大运会选拔赛、CTCC中国汽车场地职业联赛、反恐精英亚洲邀请赛、电竞上海大师赛与上海明日之星篮球争冠赛5项赛事未进入"上海赛事"品牌认定体系。

表5　"上海赛事"品牌名录库

赛事等级	赛事项目	
"P"赛事	上海ATP1000大师赛	上海马拉松
	F1中国大奖赛	世锦赛-汇丰冠军赛
"H"赛事	钻石联赛-上海站	上海超级杯短道速滑及花样滑冰、队列滑大奖赛
	上海环球马术冠军赛	环崇明岛国际自盟女子公路世界巡回赛
	世界斯诺克上海大师赛	射箭世界杯赛-上海站
	上海半程马拉松	
"D"赛事	别克LPGA锦标赛	上海赛艇公开赛
	世界体育舞蹈大奖赛总决赛	上海10公里精英赛
	高校百英里接力赛	上海杯象棋大师公开赛
	中国坐标·上海城市定向户外挑战赛	上海明日之星冠军杯
	上海虚拟体育公开赛	

资料来源:《"上海赛事"品牌认定体系出台　首批18项赛事获颁"上海赛事"品牌认定证书》,上海市体育局网站,2021年12月29日,https://tyj.sh.gov.cn/gzdt2/20211229/df50408cea8441f88c5991addf36cf79.html;《"上海赛事"品牌认定结果公示》,上海市体育局网站,2022年12月12日,https://tyj.sh.gov.cn/ggtz/20221212/aaa1cd83a300446da129d088a0519eca.html;《"上海赛事"品牌认定结果公示》,上海市体育局网站,2023年12月5日,https://tyj.sh.gov.cn/ggtz/20231205/6761e30e823442409a0696a79bec95ad.html。

自主品牌赛事对标国际标准彰显上海办赛专业水平。排前20名的有11项为自主品牌赛事,上海自主品牌赛事进入快速发展期。上海马拉松、上海赛艇公开赛、上海明日之星冠军杯等赛事影响力位居前列,展现出上海自主品牌赛事培育工作的显著成效。上述情况反映出上海品牌赛事体系建设成效显著,同时需要持续完善品牌赛事的认定工作,更好地发挥上海品牌赛事在提升赛事能级、扩大赛事影响力领域的作用。

1. 关注度

国际体育赛事的陆续举办促进赛事格局多元发展,带动赛事关注度突破新高,为上海城市品牌推广创造显著的传播效应。118项赛事的现场受众达148万人次,其中现场观众129万人次,参赛者19万人次。118项赛事共产生117.4万篇次媒体报道,其中社交媒体报道100.5万篇次,传统媒体报道16.9万篇次。提及"上海"关键词的媒体报道达76.2万篇次。经评估,有

19 项赛事的关注度得分在 200 分及以上，其中上海 ATP1000 大师赛关注度得分排第 1 名，为 297 分，上海马拉松关注度得分排第 2 名，为 279 分，上海赛艇公开赛得分排第 3 名，为 270 分。

对比赛事影响力总得分前 20 名，在赛事影响力关注度前 20 名中，上海虚拟体育公开赛、CTCC 中国汽车场地职业联赛与电竞上海大师赛位次上升明显。原因在于，这三类赛事在运动项目受众定位与赛事形式创新上，更迎合年轻群体的喜好，吸引了大量年轻观众和参与者。以上海虚拟体育公开赛为例，赛事结合 AI、5G 等先进技术，将前沿科技元素融入体育领域，创新性地探索体育赛事新形式。赛事共计吸引 15499 人参与，其中 21~30 岁的参赛者占比高达 76.2%，成为参赛队伍中的主力军。

中国龙舟公开赛（上海普陀站）暨上海苏州河城市龙舟国际邀请赛、上海苏州河半程马拉松赛、UFC 精英之路第 2 季、上海女子半程马拉松与斯巴达勇士赛上海站 5 项赛事入围赛事影响力关注度前 20 名榜单（见表 6）。关注度得分前 20 名中，上海马拉松、上海 10 公里精英赛、上海赛艇公开赛、中国龙舟公开赛（上海普陀站）暨上海苏州河城市龙舟国际邀请赛等 7 项户外赛事，以苏州河沿岸风光作为赛事"背景板"，通过深度联结赛事品牌打造与城市景观建设，加强上海的国际推广效应，显著提升了景观赛事在关注度层面的得分。

表 6　2023 年上海市体育赛事影响力关注度得分排前 20 名的赛事

单位：分

排名	赛事名称	总分	排名	赛事名称	总分
1	上海 ATP1000 大师赛	297	7	CTCC 中国汽车场地职业联赛	257
2	上海马拉松	279	8	全国跳水冠军赛暨奥运会、福冈世锦赛、亚运会、大运会选拔赛	251
3	上海赛艇公开赛	270	9	上海明日之星冠军杯	233
4	别克 LPGA 锦标赛	264	10	电竞上海大师赛	231
5	上海虚拟体育公开赛	260	11	上海超级杯	229
6	上海半程马拉松	258	12	世界斯诺克上海大师赛	226

续表

排名	赛事名称	总分	排名	赛事名称	总分
13	上海 10 公里精英赛	224	17	射箭世界杯(上海站)	209
14	中国龙舟公开赛(上海普陀站)暨上海苏州河城市龙舟国际邀请赛	216	18	UFC 精英之路第 2 季	209
15	上海苏州河半程马拉松赛	214	19	上海女子半程马拉松	202
16	上海杯象棋大师公开赛	212	20	斯巴达勇士赛上海站	196

资料来源:上海市体育局等:《2023 年上海市体育赛事影响力评估报告》,2024。

2. 专业度

在专业度方面,118 项赛事中国际级赛事 36 项,占比 30.5%;赛事延续性强,举办 7 届及以上的赛事共 40 项,占比 33.9%;参赛者竞技水平较高,同级别/同年龄段世界排前 20 名的运动员/运动队参加的赛事达 31 项,占比 26.3%;裁判员执裁经验丰富、执裁水平高,73 项赛事有国际级裁判员执裁,占比 61.9%;赛事赞助商数量多、商业价值高,38 项赛事赞助商数量为 5 个及以上,占比 32.2%,47 项赛事赞助商中含有世界 500 强企业,占比 39.8%。

从 2021~2023 年上海体育赛事影响力专业度变化趋势来看(见图 1),上海体育赛事的专业办赛稳步发展,在赛事能级、执裁规范等方面取得较快进展。随着上海基本建成全球著名体育城市的工作推进,对标国际级赛事的办赛标准,完善与上海赛事能级相匹配的专业办赛标准,建立健全高水平的赞助体系,对推广上海体育城市形象尤为重要。经评估,有 16 项赛事的专业度得分在 200 分及以上,其中上海 ATP1000 大师赛关注度得分排第 1 名,为 282 分,上海马拉松专业度得分排第 2 名,为 262 分,上海半程马拉松得分排第 3 名,为 237 分。国际剑联花剑大奖赛(上海站)、上海邮轮港国际帆船赛、上海虚拟体育公开赛、浦东唐城 9 球中国公开赛、环意 RIDE LIKE A PRO 长三角公开赛与上海世界华人龙舟邀请赛 6 项赛事也入围体育赛事影响力专业度前 20 名榜单(见表 7)。

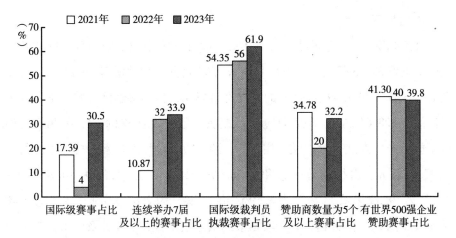

图1　2021~2023年上海体育赛事影响力专业度变化趋势

说明：由于统计指标发生变化，不记录同级别/同年龄段世界排前20名运动员/运动队参加的赛事占上海举办赛事数量之比的数据。

资料来源：《2021年上海市体育赛事影响力评估报告》《2022年上海市体育赛事影响力评估报告》《2023年上海市体育赛事影响力评估报告》。

表7　2023年上海市体育赛事影响力专业度得分排前20名的赛事

单位：分

排名	赛事名称	总分	排名	赛事名称	总分
1	上海ATP1000大师赛	282	11	WDSF世界体育舞蹈大奖赛总决赛暨中国体育舞蹈精英赛	211
2	上海马拉松	262	12	上海赛艇公开赛	208
3	上海半程马拉松	237	13	上海10公里精英赛	208
4	世界斯诺克上海大师赛	232	14	上海超级杯	207
5	环崇明岛国际自盟女子公路世界巡回赛	231	15	国际剑联花剑大奖赛（上海站）	204
6	LPGA锦标赛	224	16	上海邮轮港国际帆船赛	203
7	上海杯象棋大师公开赛	224	17	上海虚拟体育公开赛	196
8	高校百英里接力赛总决赛	219	18	浦东唐城9球中国公开赛	196
9	射箭世界杯（上海站）	216	19	环意RIDE LIKE A PRO长三角公开赛	196
10	上海明日之星冠军杯	211	20	上海世界华人龙舟邀请赛	191

3. 贡献度

在贡献度方面，以赛事举办为契机，带动消费规模提质扩容。118 项赛事共带动消费 37. 13 亿元，其中核心消费 7. 99 亿元、相关消费 29. 14 亿元（见图 2）。赛事共带来 49. 38 亿元的直接经济影响，且间接经济影响显著，其中产出效应 128. 64 亿元，税收效应 4. 25 亿元，就业效应 32268 个。赛事有力促进了旅游产业发展，对"吃、住、行、游、购、娱"六要素的拉动效应共达到 47. 53 亿元，占拉动效应总和的 36. 9%。其中"吃、住"为 10. 70 亿元；"行"为 19. 33 亿元；"游"为 8. 69 亿元；"购"为 2. 81 亿元；"娱"为 6. 00 亿元（见图 3）。经评估，有 7 项赛事的贡献度得分在 350 分及以上，其中上海马拉松贡献度得分排第 1 名，为 400 分，上海 ATP1000 大师赛贡献度得分排第 2 名，为 397 分，上海半程马拉松得分排第 3 名，为 386 分。斯巴达勇士赛上海站、上海长江半程马拉松赛、上海世界华人龙舟邀请赛、国际篮联三人篮球大师赛（上海崇明站）与浙沪乡村半程马拉松赛 5 项赛事也入围赛事影响力贡献度前 20 名榜单（见表 8）。在赛事影响力贡献度前 20 名中，反恐精英亚洲邀请赛、斯巴达勇士赛上海站与上海长江半程马拉松赛的位次上升明显。其中反恐精英亚洲邀请赛落沪，作为上海建设全球电竞之都的重要一环，通过赛事及演艺、文化等相关系列活动的多业态融合，对激活上海电竞市场、联动商旅文体展协同发展具有重要意义。

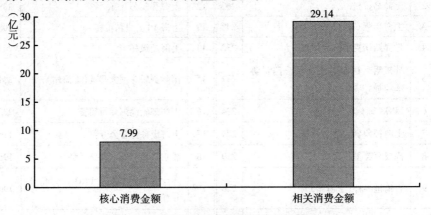

图 2 2023 年上海体育赛事消费拉动情况

资料来源：上海市体育局等：《2023 年上海市体育赛事影响力评估报告》，2024。

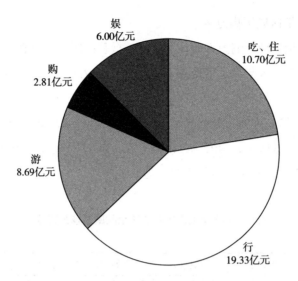

图3　2023年上海体育赛事对旅游六要素的拉动情况

资料来源：上海市体育局等：《2023年上海市体育赛事影响力评估报告》，2024。

表8　2023年上海市体育赛事影响力贡献度得分排前20名的赛事

单位：分

排名	赛事名称	总分	排名	赛事名称	总分
1	上海马拉松	400	11	斯巴达勇士赛上海站	325
2	上海ATP1000大师赛	397	12	上海长江半程马拉松赛	322
3	上海半程马拉松	386	13	全国跳水冠军赛暨奥运会、福冈世锦赛、亚运会、大运会选拔赛	321
4	上海赛艇公开赛	384	14	上海世界华人龙舟邀请赛	321
5	上海超级杯	377	15	国际篮联三人篮球大师赛（上海崇明站）	321
6	世界斯诺克上海大师赛	374	16	浙沪乡村半程马拉松赛	320
7	环崇明岛国际自盟女子公路世界巡回赛	370	17	LPGA锦标赛	312
8	射箭世界杯（上海站）	344	18	上海明日之星篮球争冠赛	311
9	高校百英里接力赛总决赛	339	19	上海明日之星冠军杯	307
10	反恐精英亚洲邀请赛	325	20	WDSF世界体育舞蹈大奖赛总决赛暨中国体育舞蹈精英赛	307

4. 赛事落地区域影响力

在赛事落地区域影响力方面，上海市各行政区域总得分在 1294~14217 分区间，其中浦东新区与徐汇区赛事落地区域影响力总得分并列排第 1 名，为 14217 分，黄浦区总得分排第 2 名，为 7617 分，嘉定区总得分排第 3 名，为 7114 分（见表 9）。上海市各行政区域均值得分处于 402~697 分区间，其中虹口区赛事落地区域影响力均值得分排第 1 名，为 697 分，长宁区排第 2 名，为 647 分，浦东新区与徐汇区排第 3 名，为 618 分。

表 9   2023 年上海市赛事落地区域影响力得分

单位：分

行政区域	总得分	均值得分	行政区域	总得分	均值得分
浦东新区	14217	618	嘉定区	7114	508
黄浦区	7617	586	崇明区	6386	491
静安区	6391	533	闵行区	5286	481
奉贤区	4018	402	徐汇区	14217	618
宝山区	4176	464	青浦区	4343	543
金山区	3264	544	普陀区	2936	587
杨浦区	2280	456	松江区	1786	596
虹口区	2091	697	长宁区	1294	647

资料来源：上海市体育局等：《2023 年上海市体育赛事影响力评估报告》，2024。

为更直观地分析各赛事落地行政区域的影响力得分因素，列出各区最具影响力赛事进行深入探讨（见表 10）。总体来看，赛事引领区域影响力提升呈现三种方式。第一，"一区一品"赛事丰富多彩，如浦东新区射箭世界杯赛（上海站）、崇明区环崇明岛国际自盟女子公路世界巡回赛，通过结合各区资源禀赋差异化办赛，形成具有各区特色的赛事项目分布格局，并以赛事为对外展示的窗口，推介上海国际化大都市的城市形象。第二，青少年品牌赛事热度持续走高。以 MAGIC3 上海市青少年三对三超级篮球赛为引领，吸引了来自 337 所学校和俱乐部的 3057 支青少年队伍共 12228 人报名参赛，带动杨浦区、奉贤区等 9 个区的赛事影响力。同时联动上海明日之星系列赛与跃马少年时·上海马术菁英赛，打造上海青少年品牌赛事体系，共同厚植上海青少年体育文化沃土，丰富上海海派体育文化。第三，路跑赛事跑热城市经济。以上海马拉松为代表的马拉松赛事，产生直接经济影响7.01亿元，产出效应突破20.12亿元，对旅游六要素的拉动效应达到7.69亿元。

表10　2023年上海市各行政区最具影响力赛事

行政区域	最具影响力赛事	行政区域	最具影响力赛事
浦东新区	上海半程马拉松 上海超级杯 射箭世界杯（上海站）	嘉定区	上海虚拟体育公开赛 上海杯象棋大师公开赛 CTCC中国汽车场地职业联赛
黄浦区	上海马拉松 上海赛艇公开赛 上海虚拟体育公开赛	崇明区	环崇明岛国际自盟女子公路世界巡回赛 MAGIC3上海市青少年三对三超级篮球赛 国际篮联三人篮球大师赛（上海崇明站）
静安区	上海马拉松 上海赛艇公开赛 电竞上海大师赛	闵行区	上海ATP1000大师赛 LPGA锦标赛 MAGIC3上海市青少年三对三超级篮球赛
奉贤区	MAGIC3上海市青少年三对三超级篮球赛 上海摩托车越野公开赛 中国国际女子赛艇精英赛	徐汇区	上海马拉松 世界斯诺克上海大师赛 高校百英里接力赛总决赛
宝山区	MAGIC3上海市青少年三对三超级篮球赛 上海邮轮港国际帆船赛 ITF国际网球大师赛MT200上海站	青浦区	上海世界华人龙舟邀请赛 MAGIC3上海市青少年三对三超级篮球赛 上海国际交互绳大奖赛
金山区	MAGIC3上海市青少年三对三超级篮球赛 浙沪乡村半程马拉松赛 跃马少年时·上海马术菁英赛	普陀区	上海10公里精英赛 上海苏州河半程马拉松赛 MAGIC3上海市青少年三对三超级篮球赛
杨浦区	MAGIC3上海市青少年三对三超级篮球赛 中国坐标·上海城市定向户外挑战赛 森林越野半程马拉松	松江区	MAGIC3上海市青少年三对三超级篮球赛
虹口区	上海赛艇公开赛	长宁区	上海女子半程马拉松赛

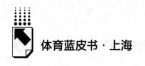

三 上海办赛特征分析

（一）探索绿色办赛新理念

一方面，通过赛事展示"无废城市"建设成果。随着生态环境的不断恶化，人类社会向生态友好型社会转型，绿色与环保议题的热度愈加上升。"无废城市"作为先进的城市环境管理理念，上海市于2023年公布《上海市"无废城市"建设工作方案》，要求结合上海实际，高标准推进"无废城市"建设，高度契合当前世界绿色环保的主旋律。体育赛事是城市对外展示的窗口，上海体育赛事参照《上海市大型活动生活垃圾分类减量指南》等相关规定，践行"无废赛事"的理念，探索绿色办赛模式，以契合城市发展脉络。并以2022上海赛艇公开赛在沪举办为契机对该指南开展试点工作，开展生活垃圾的分类、源头减量、资源化利用等工作，围绕生活垃圾分类标准、可回收物循环再利用流程、无痕运动理念进行宣传培训活动。

另一方面，顺应国际赛事趋势，引领绿色办赛潮流。随着《联合国气候变化框架公约》的颁布，以国际奥委会、国际足联等为代表的多个体育组织签约并遵循公约，协同会员协会及其利益相关者打造碳中和赛事，引领绿色低碳办赛大潮流。上海处在引领赛事建设的前沿阵地，在紧跟国际趋势、全面创新绿色办赛模式方面取得显著成果。据不完全统计，国际汽联电动方程式世界锦标赛、世界F1H2O摩托艇锦标赛中国上海大奖赛、上海ATP1000大师赛、上海明日之星冠军杯、上海赛艇公开赛等上海知名赛事，在能源使用、废弃物处理、绿色环保理念培育、水质保护等方面已做出先行示范。

专栏1　2024国际汽联电动方程式世界锦标赛上海站

2024年5月25日，ABB国际汽联电动方程式世锦赛上海站在上海国际赛车场正式开赛，在绿色办赛方面取得新的突破。作为顶级零排放的赛事，

FE 与大众熟知的 F1 赛车的关键区别在于动力来源。F1 赛车使用内燃发动机，由汽油驱动；FE 赛车则以电池取代油箱，动力总成"三件套"包括电机、逆变器和变速器，是以电能驱动的纯电动赛车。

在能源使用方面，FE 赛事兼顾可持续性与经济效益的平衡，为绿色办赛树立了新的标杆。从赛车能源使用的层面来看，FE 赛车使用再生制动系统为赛车提供了高达 40% 的能源，提升能源利用效率的同时，减少对传统能源的依赖。从场馆能源使用的层面来看，赛事优先利用当地的可再生能源，如 HVO 生物燃料供应或电网连接，为整个活动提供清洁电力。

在废弃物管理方面，FE 赛事已形成一套完整的管理体系。通过与本地供应商建立紧密合作关系，建立了高效的废物回收机制，确保各类废弃物得到妥善处理。如所有轮胎在赛事结束后都能得到专业回收，以实现资源最大化利用。

在绿色理念传播方面，赛事通过 Fan Village 设立"嘉定无废城"展台，通过开展垃圾分类、空瓶回收等多种活动，努力营造"无废嘉定"和"美丽嘉定"的良好氛围。

资料来源：《FE 电动方程式上海站落幕　看力盛体育如何诠释绿色可持续赛事》，中国日报网，2024 年 5 月 30 日。

（二）创新线上办赛模式

伴随数字技术的不断成熟，线上体育赛事迎来发展机遇，赛事种类、数量等迅速增加，具有低门槛、趣味性、参与性、智能化等特征，线上赛事走出一条区别于线下赛事活动的发展道路。同时，传统赛事借助互联网、AI、AR/VR 等技术，丰富了线上健身场景，有力地扩大了体育参与规模、降低了体育参与门槛，对构建更高水平全民健身公共服务体系具有重要战略意义。加之近年来，全球虚拟体育、电子竞技等类型的赛事快速兴起，线上赛事办赛模式能够紧跟全球体育发展潮流，更好地融入全球体育发展格局。当前，上海已将大量知名线下赛事同步举办线上赛事作为赛事筹备的重要工作。如 2023 年上海马拉松设置了"上马线上跑"赛事，100 位线上赛事参赛者可获得 2024 年上海马拉松的直通资格，形成了线上与线下赛事的联动。再如线上赛事已成为上海市民运动会和城市业余联赛的固定板块。2023 年，上海市共计举办城市业余联赛赛事活动 7895 场，其中线上赛事活动 626 场，约占赛事举办总数量的 7.93%，参与人次达到 323 万。对比 2021 年，上海城市业余联赛共举办赛事活动 6121 场，其中线上赛事活动 307 场，占5.02%，在线上赛事办赛数量与办赛比重上均取得显著的进步，上海在探索线上办赛模式方面走在全国前列。

（三）深耕景观体育赛事

《奥林匹克 2020+5 议程》明确提出"促进可持续的奥运会"的倡议，展现了体育赛事景观化的发展趋势。首先，景观赛事通过盘活城市景观这一优质存量资源来举办赛事，能够降低体育场馆改造建设成本，也免去了考虑场馆的赛后（或闲时）利用问题，有利于降低赛事运营总体成本。其次，景观赛事将城市风光与办赛逻辑相融合，在凸显赛事特色的同时，无形中增加了对城市的宣传推广。同时景观体育赛事因与城市器物、道路、建筑地标等具有天然联系，更容易推动参赛者、观赛者形成群体记忆与身份认同，促进运动项目文化特质与城市文化底蕴相交融，产生"1+1>2"的效果。上海长期着力打造城市景观，《上海市体育赛事体系建设方案（2021—2025年）》明确要求合理利用上海水文环境等沿岸资源，结合地标建筑、天际线景观，培育与引进符合城市特质的景观体育赛事。上海马拉松、上海赛艇公开赛与上海帆船公开赛 3 项城市景观头部赛事，是上海培育自主品牌赛事的依托。上海市政府大力治理水域环境，充分整合水域沿岸的各类商业、文化资源，将商业地标与体育赛事有机融合，通过举办赛事展示城市实力、自然景观和商业氛围的"体育+商贸"新业态新模式，更好地满足群众体旅、文旅等需求，增加体育赛事的娱乐化元素，提高体育赛事的整体活力。

专栏2 "三上"景观赛事打造城市"金名片"

"三上"赛事作为上海头部景观赛事，不仅带动上海户外运动赛事的发展，也推动上海打造高端竞技赛事引领文旅融合的"城市名片"。

上海马拉松作为上海建设全球著名体育城市的标杆赛事之一，比赛路线经外滩、南京路步行街、静安寺、淮海路、新天地等，涵盖了上海重要标志性景观，带领跑者领略上海独有的自然与人文景观。相较于2022年，2023年上海马拉松在赛道设置上增加约1公里的徐汇滨江绿道，线路所经桥梁数缩减为5座，取消狭窄的外马路折返，启用路幅更宽的半淞园路，在提升赛事景致的同时，展现办赛的高标准与专业化。

上海赛艇公开赛与上海帆船公开赛作为水上赛事，集中反映了上海市"一江一河"的治理成果。2023上海赛艇公开赛筹办期间，上海市通过加强保洁工作与管执合作，开展赛事市容环境专项保障工作，依据赛事航道图，就各观赛点位开展环卫专项检查，为观赛者欣赏赛道沿途的樱花谷、最美花园、飞鸟亭等苏州河黄浦段美景提供保障。

以最美的天际线作为背景，2024年首届上海帆船公开赛在上海地标水域黄浦江上举行，通过开展水域环境监管，保障水域市容环境，打造帆影与沿岸环境一体景观，实现以赛入景、融赛于景、以景促赛三者的和谐，并为打造水域环境管理的常态长效机制增效提质。

资料来源：《38000人参赛规模！2023上海马拉松11月26日鸣枪起跑，21日起接受报名》，上海市杨浦区人民政府网站，2023年9月25日；《中外跑者汇聚申城 精英选手再次集结 赛道更具体验性 上马本周日鸣枪起跑》，上海市人民政府网站，2023年11月25日；《艇靓申辉 点亮梦想——上海市市容环境质量监测中心开展2023上海赛艇公开赛市容环境专项保障工作》，上海市绿化和市容管理局网站，2023年9月12日；《首届上海帆船公开赛落幕 城市景观体育再添金名片》，上海热线网站，2024年4月1日。

（四）商旅文体展齐联动

为顺应消费场景变化新趋势，进一步培育和壮大消费新增长点，国家发展改革委印发《关于打造消费新场景培育消费新增长点的措施》，围绕文旅体育消费等消费新场景打造明确了一系列政策举措。在商旅文体展等业态深度融合的背景下，体育赛事活动已成为推动消费增长、激发市场活力的新引擎。上海积极贯彻扩大消费的重要精神，结合上海体育赛事发展情况，制定《关于创新体育供给进一步促进和扩大消费的实施方案》《上海市进一步促进商旅文体展联动吸引扩大消费的若干措施》。聚焦体育融合服务消费，构建"1+2+2+4+N"的活动框架，其中"N"为在各区推出 N 场体育特色赛事活动，并以赛事举办为契机，整合协会、企业、商圈、园区和场馆等资源，打造"尚嗨潮""尚嗨展""尚嗨趣""尚嗨赛"等 4 个主题系列体育促消费活动，突出深化商旅文体展联动的核心理念。目前，上海绝大部分赛事方案实施以此思路执行，如依托上海马拉松举办上海体博会，实现赛事与会展的双向赋能，又如电竞上海大师赛与电竞产业发展大会形成"一赛一会"电竞产业发展模式。

专栏3　上海国际大众体育节

2024 年上海国际大众体育节推出众多比赛项目，并以赛事为重点，实现商旅文体展的联动。

参考巴黎办奥的经验，本届体育节的比赛地点不再拘泥于体育场馆与封闭场地，而是结合临港区域特点，与符合比赛要求的商业、旅游、公共场所深入合作，实现体育与文旅资源的双向赋能。体育节期间，10 公里"逐日环湖跑"和 5 公里"健康欢乐跑"环绕滴水湖举行，全国青少年轮滑俱乐部联赛和上海市霹雳舞齐舞比赛将在滴水湖站地铁广场举行，第八届"跆协杯"上海市跆拳道联赛（临港站）将在酒店举办，上海国际交互绳大奖赛将在海昌海洋公园举行。

嘉年华集市也是本届体育节的一大亮点，主办方联合 40 多家体育社会组织和相关机构，打造多元化的运动集市和表演展示，实现集舞龙舞狮、旱地冰球等非遗体育运动与时尚体育运动于一体的体育文化大汇聚。为了更好地发挥各项赛事和体育嘉年华的集聚效应，为参赛者提供更好的"吃、住、行、游、购、娱"一站式参赛体验，打造体育消费新场景，本届体育节还将首次推出"体育+住宿+游玩"组合产品包，将参赛报名和周边酒店住宿、海昌海洋公园门票组合形成联动产品，给予参赛者更多的休闲选择和更大力度的优惠。

资料来源：《赛事活力值拉满　商旅文体展联动　第十六届上海国际大众体育节再约滴水湖畔》，上海市政府网站，2024年9月14日。

（五）弘扬海派特色文化

在城市发展推进的道路中，以传统文化为指引，深层次挖掘城市特色，串联起办赛全流程，有利于建立起匹配城市文化根系的自主赛事本土化培育体系。"十四五"时期更是强调积极打造具有海派特点的体育赛事，并在具体执行此目标时采用多种思路。一是鼓励民俗体育赛事举办。民俗体育赛事这类本身脱胎于海派文化或习俗的赛事，作为承载文化的容器，不仅是对海派文化传统的直接传承，更是文化活态展现的重要载体。以石库门弄堂运动会、民俗运动会、苏州河龙舟赛、国际友人风筝会、海派秧歌赛为代表，其让参赛者通过赛事体验民俗，亲身体验海派文化，加深对海派文化的理解和认同，有效促进了海派文化的传承与发展。二是将海派文化元素融入赛事，赋予赛事独特的文化标识和地域特色。如2024上海超级杯吉祥物小白虎"寅冰"，就以"沪—虎"谐音，赋予赛事独特的上海色彩。再如2024上海明日之星冠军杯足球赛，赛事组委会邀请各支参赛球队现场感受上海本地的足球文化，让世界通过体育赛事这一窗口，更加直观地了解和感受海派文化的独特魅力。

四　上海体育赛事发展建议

（一）创新办赛形式，树立国内绿色办赛标杆

赛事的绿色化、低碳化发展顺应当前生态环境保护大趋势，上海在做好

体育赛事战略规划的基础上，不断建立起绿色办赛的规范细则、评估制度与认证体系，引领国内绿色办赛的发展，逐渐形成具有上海印记的绿色体育赛事体系。一是形成针对绿色办赛的工作方案，从源头排放、供应链生产、物流运输、材料使用、废弃物回收管理等环节，进行全流程的减排降碳管理。特别是针对在苏州河沿岸举办的赛事，将景观赛事打造与绿色办赛工作结合起来，进一步实现绿色发展对赛事的赋能。同时实施碳抵消制度，敦促高排放赛事通过植树造林等措施，减轻赛事带来的环境影响。二是建立健全绿色办赛的相关法律法规，明确绿色办赛的权责归属，以刚性制度约束对高污染赛事进行生态保护追责，督促赛事主办方履行生态保护义务。三是建立起绿色办赛的评估制度与反馈机制，参考国内外有关绿色办赛的评估标准，结合上海赛事发展现状，每年定期形成并发布上海市重点赛事的绿色办赛成效报告，结合赛事专项资金扶持工作、品牌赛事认证工作，将绿色办赛理念融入赛事体系建设工作。

（二）促进商旅文体展联动，创造赛事消费优质场景

统筹管理赛事、会展、演唱会、高端会议等各类活动，突破部门间的协作壁垒，为提升商旅文体展资源配置效率奠定了基础。如伦敦以伦敦市长（Mayor of London）为支点，整合包括伦敦皇家公园、伊丽莎白二世奥林匹克公园等在内的城市资源，形成合力突破赛事发展难点。上海在当前赛事发展现状下，通过协同各部门，将东方明珠、虹口体育场等标志性建筑周边的资源进行整合并统筹，联动商城、歌剧院、博物馆等文化商业场所，形成商旅文体展多点发力，以此创造更多体育赛事消费新场景，最大化赛事活动的综合效益。在赛事消费场景的源头路径设计上，通过提升赛事活动与区域的匹配度、加强赛事受众人群的宣传工作，为赛事消费潜能的开发奠定良好的基础。在创新打造体育赛事消费新场景后，科学评价赛事活动的拉动效应具有较大的必要性。未来应继续深入把握全球统一发展趋势，跟进领域前沿赛事经济估算相关研究，为上海体育赛事的筹办运营提供更为科学的决策依据。

（三）挖掘海派文化，打造上海特色赛事品牌

打造特色赛事品牌是提升上海赛事品牌影响力与竞争力、打破赛事同质化发展局面的重要手段。通过深入挖掘文化内涵，促进文化与赛事的深度融合，为上海特色赛事注入多元文化内涵。依托"一江一河"滨水区独有的区位优势和资源禀赋，打通沿岸公共空间的壁垒，围绕海派文化与节日庆典，集中策划具有上海特色的景观赛事，常态化开展沿岸的水上运动与马拉松运动。支持鼓励都市民俗体育赛事开展，通过深挖海派文化，围绕传承海派民俗文化与精神的目标，大力开展民俗体育群众赛事。同时，利用互联网、云计算等科技手段，创新性地开展线上民俗体育赛事，打破海派文化体育赛事在传播、参与中面临的时空壁垒。以赛为媒，将城市地标与赛事开展结合起来，赋予赛事独特的城市气质，以赛塑城，充分发挥赛事"城市会客厅"功能，通过推介具有上海特色的赛事，传播上海城市新形象。

（四）完善赛事布局，打造上海特色赛事体系

发挥体育赛事在建设国际赛事之都中的引领作用，在完善赛事的时空布局、项目布局的基础上，不断优化竞赛表演体系，为承办更高水平的国际知名的综合性赛事奠定基础。一是把握国际体育城市建设方向，结合上海赛事发展特点，引进符合上海气质、具有良好受众基础的国际顶级赛事。同时以"3+3+3+X"自主品牌赛事发展框架为赛事培育的指南，通过专项资金扶持、文旅宣传等方式，大力扶持包括上海马拉松在内的品牌赛事的发展，推动赛事在"上海赛事"品牌认证标准中晋级。针对"X"类的各区特色赛事，通过构建社会力量参与办赛的长效机制，激发社会力量办赛积极性，健全多层次多样化的赛事活动体系。二是以上海市城市发展规划为指引，借由"五个新城"发展规划，市体育局办公室通过协同体育局规划产业处、竞赛处、财务处、群众体育处等相关部门以及区体育局相关部门对新城进行体育场馆建设与赛事资源导入，同时依托这些新建场馆，逐步对极限体育赛事、时尚新兴体育赛事项目进行引进和布局，在赛事空间布局与项目布局两方面

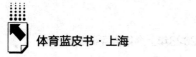

实现逐步完善。三是引导球迷文化规范化发展，提升上海体育赛事科学管理体系的"软件"。将规范球迷文化行动融入赛事组织、服务、监管的全过程，同时在球迷文明观赛的宣传引导与风险防控等环节多点发力，推动形成多部门协同配合、全系统聚焦发力的共治格局。

参考文献

张永韬、王明涛：《成都建设世界赛事名城评价指标体系构建与实证研究》，《成都体育学院学报》2022 年第 3 期。

邓星华等：《粤港澳全运会提升大湾区体育国际影响力研究》，《体育学刊》2024 年第 4 期。

戴健、焦长庚：《全球著名体育城市构建的内在逻辑与优化路径——基于上海体育名城建设的分析》，《体育学研究》2019 年第 3 期。

罗文桦、刘蔚宇、黄海燕：《为何及如何推动大型体育赛事管理创新？——基于多源流模型的视角》，《体育科学》2023 年第 3 期。

B.4
2023年上海市体育消费发展报告

罗喆慧　徐夕瑆　司业慧*

摘　要：　加快发展体育消费不仅是满足居民多层次、多样化需求的重要途径，也是上海市强化消费基础性作用、深入实施扩大内需战略的关键一环。本报告基于 2023 年上海市体育消费调查，梳理并分析上海市体育消费的发展现状及主要特点，认为当前上海市体育消费整体态势向好，呈现新兴运动消费潜力大、体育赛事消费拉动强、夜间体育消费新趋势、未成年人群体占主导地位等特征，但在体育消费需求潜力、体育消费供给、体育消费政策执行等方面存在矛盾和问题，应进一步聚焦体育消费政策体系、赛事消费潜力、重点消费人群、传统空间转化、消费模式创新、市场主体培育等。

关键词：　体育消费　消费结构　消费调查

消费是畅通国内大循环的关键环节和重要引擎，全面促进消费是扩大内需战略的重要落脚点。2024 年 8 月发布的《国务院关于促进服务消费高质量发展的意见》（国发〔2024〕18 号）明确提出，要激发体育消费等改善型消费活力。《上海市体育产业发展"十四五"规划》提到，力争到 2025 年人均体育消费占居民人均可支配收入的比重保持在 4%以上，提高体验性消费比例。当前，上海正深入贯彻落实中央扩大内需战略，加快建设国际消

---

*　罗喆慧，零点有数体育产业研究中心副总经理，主要研究方向为体育产业、全民健身、消费者、大健康领域政策；徐夕瑆，零点有数体育产业研究中心研究经理，主要研究方向为体育产业、全民健身、消费者、体育管理、体育政策；司业慧，零点有数体育产业研究中心项目经理，主要研究方向为体育消费、全民健身、消费者、大健康领域政策。

费中心城市，消费潜力稳步释放，消费供给不断创新，消费能级加快提升。体育消费作为典型的新型消费、健康消费和幸福消费，是上海打造社会消费新增长点的重要领域，为顺应新型消费发展趋势、丰富消费供给、拓展消费内涵等提供有效抓手。近年来，上海市体育局推出"上海体育消费节"、体育消费券配送等一系列政策举措，为打造体育消费新场景、优化体育消费新布局、激发体育消费新潜能等提供有力的政策支撑。

一　上海体育消费总体情况

深入开展居民体育消费调查与研究，分析上海市体育消费市场现状，对充分了解、进一步满足当前上海市民体育消费需求，进而扩大体育消费人口，推动体育消费创新升级、体育产业健康蓬勃发展具有重要作用，并为拓展体育消费体验、引领体育消费前沿热点、促进体育消费成为上海建设国际消费中心城市的重要组成提供重要信息参考。2023 年上海市体育消费调查问卷设置 30 个问题，调查区域覆盖上海市下辖 16 个区的全部 221 个街镇[①]，共得到调查实际有效问卷 9712 份。其中，3~17 岁人群共 925 份，18~34 岁人群共 2716 份，35~44 岁人群共 1652 份，45~59 岁人群共 2106 份，60 岁及以上人群共 2313 份。

（一）消费规模明显恢复

在多重利好因素影响下，2023 年上海市体育消费规模恢复增长态势，人均体育消费金额和体育消费总规模再创新高。调查显示，2023 年上海市居民人均体育消费金额为 4100.6 元，相较 2022 年（3435.6 元）增长 19.4%，有明显回升，消费金额创 2016 年以来新高（见图 1）。基于此测算，2023 年上海市体育消费总规模约为 1020 亿元，[②] 较 2022 年（850.62 亿元）增长 19.9%，较 2021 年（914.39 亿元）增长 11.5%。此外，体育消费在上海市居民消费结构中的地位更加稳固。2023 年上海人均体育消费支出

[①] 含管委会、工业区。

[②] 据《2023 年上海市国民经济和社会发展统计公报》，2023 年末上海市常住人口为 2487.45 万人。

占当年居民人均可支配收入的 4.8%，占当年人均消费支出的 7.8%，与 2022 年、2021 年对应占比基本持平。随着体育在上海国际化大都市建设中的作用持续提升，上海体育消费的潜力将得到进一步释放，推动体育参与的"流量"向体育消费的"能量"和体育产业的"增量"高效转化。

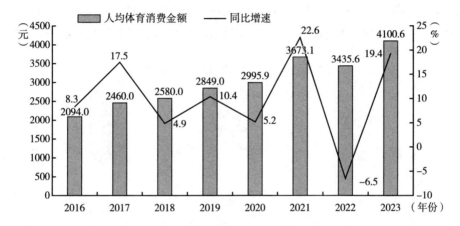

图 1　2016～2023 年上海市居民人均体育消费金额及同比增速

资料来源：《2023 年上海市居民体育消费调查报告》，下同。

（二）消费升级趋势延续

消费结构的变化是消费升级的重要体现，服务消费是经济高质量发展与人民群众美好生活需要的交汇点。当前上海正处在以服务消费为重点的体育消费结构升级阶段，消费形态逐渐由以实物型体育消费为主向实物型和服务型体育消费并重转变，服务型体育消费正成为体育消费增长的重要来源。基于上海以健身休闲业和竞赛表演业为核心业态的特点，2023 年服务型体育消费①占比快

---

① 实物型体育消费主要包含运动服装和鞋帽，运动装备器材，智能体育设备，户外运动装备，体育娱乐用品和运动代餐、补剂、饮品等体育用品类消费；服务型体育消费主要包含赛事现场门票购买，赛事节目订阅观看，体育赛事、体育明星或体育 IP 纪念商品、文创和数字藏品，健身会费及指导，线上健身指导和咨询，视频跟练、运动视频购买产生的视频会员费，体育培训和教育，参赛费和报名费，场地和相关器材用品租金，体育保健及运动康复，体育旅游，订阅线上电子竞技服务及虚拟电竞衍生品，体育彩票（不含未成年人），体育保险和其他体育相关的观赏型、参与型体育消费。

速回升至48.8%，较2022年的40.5%上涨8.3个百分点（见图2），恢复上升态势。尽管从细分项目来看实物型体育消费的"运动服装和鞋帽"消费金额依然最高，金额达到1257.8元，占总体育消费比重达30.7%，其次是"健身会费及指导"，金额为733.3元，占总体育消费比重达17.9%。2023年，上海服务型体育消费呈现企稳回升趋势，2021~2023年上海服务型体育消费金额表现为"V字形"曲线（见图3），仍有较大回补和拓展空间。整

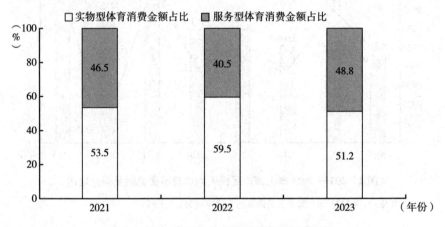

图2　2021~2023年上海市居民体育消费结构

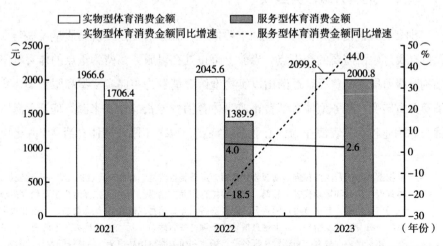

图3　2021~2023年上海市居民实物型体育消费金额、服务型体育消费金额及同比增速

体上，消费结构趋于合理，服务型体育消费的稳步上升充分体现了上海市体育产业新业态、新模式、新消费的深刻变化。

（三）区域增长态势呈现结构性差异

随着体育消费市场中产品和服务的供给日益多元，上海市各区域纷纷基于自身资源禀赋优势打造富有特色的消费场景，体育消费在市区、近郊、远郊①等区域表现出一定的结构性差异。从不同区域的体育消费水平来看，2023年近郊居民无论是人均体育消费金额还是体育消费发生率均为最高，分别为4370.4元、87.4%；其次为市区居民，人均体育消费金额和体育消费发生率分别为3955.3元、82.9%；最后为远郊居民，人均体育消费金额和体育消费发生率分别为3803.6元、82.6%（见图4）。相比于2022年，2023年近郊居民人均体育消费金额和消费发生率的增长速度均高于远郊居民和市区居民；远郊居民体育消费在2022年虽仍保持增长态势，但增长速度放缓；市区居民体育消费增长情况略高于远郊居民，但也低于

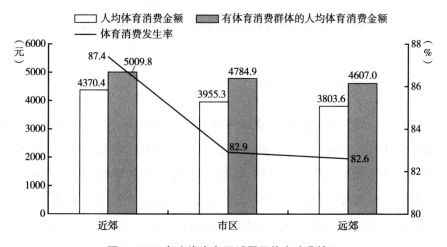

图4　2023年上海市各区域居民体育消费情况

---

① 与上年调查相同，"市区"界定为黄浦区、徐汇区、静安区、虹口区、杨浦区、长宁区、普陀区，"近郊"界定为闵行区、宝山区、嘉定区、青浦区、松江区、浦东新区，"远郊"界定为崇明区、金山区、奉贤区。

全市平均水平（见图5）。其原因可能是相对于市区居民，近郊居民面临的工作压力小，相对于远郊居民，近郊居民收入水平较高，他们有更多的时间和精力去追求健康的生活方式和休闲娱乐活动。同时，近郊地区往往拥有更为优越的生态环境和丰富的体育设施资源，如公园、绿地、健身中心等，这为居民提供了便捷的体育锻炼条件，进一步促进了体育消费的增长。

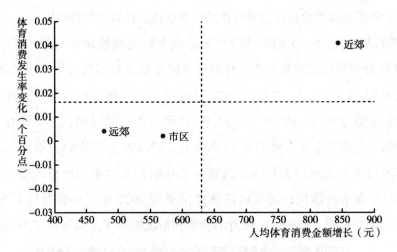

图5　2023年上海市各区域人均体育消费金额增长四分图

（四）消费市场日益活跃

2023年上海居民在体育消费多领域展现出高活跃度，这一特征不仅体现在传统体育消费项目上，更表现在多个新兴领域上（见图6）。从消费发生率这一关键指标来看，运动服装和鞋帽，运动装备器材，运动代餐、补剂、饮品，体育娱乐用品，健身会费及指导和体育彩票（不含未成年人）等传统体育消费项目依然保持强劲的市场需求，消费发生率均在20%以上。与2022年相比，消费发生率超20%的细项从4项增至6项，显示出上海市居民在体育消费上的多元化和个性化需求。与此同时，到外地或国外观看比赛或参加体育运动及产生的食住行、休闲娱乐，户外运动装备，智能体育设备，场地和相关器材用品租金，在上海本地观看比赛或参加体育运动及产生的食住行、休闲娱乐等领域展现出不俗的增长潜力，消费发生率在 10%~20%区间。特别是体育旅游发展势头强劲，2023 年的总体人均体育旅游消费金额高达 753.1 元，为近 3 年来的最高纪录。值得关注的是，外地或国外旅游消费金额和占比在 2023 年迅速攀升，金额为 639.1 元，占人均体育消费金额比重的 15.6%，高于 2021 年（8.2%）和 2022 年（9.1%）的消费比重。

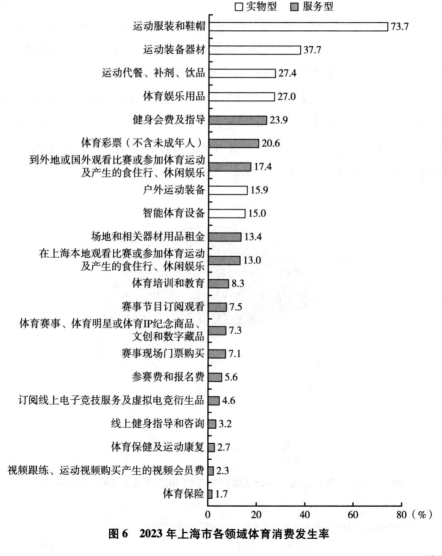

图6　2023年上海市各领域体育消费发生率

（五）消费意愿稳中有进

2023年上海市居民体育消费意愿整体上表现为"稳健而积极"，即在保持现有体育消费水平的基础上计划适度地增加投入。调查结果显示，近六成（58.4%）的受访者未来一年体育消费计划与2023年消费投入基本持平，显著高于上一年的比例（49.4%）；有21.7%的受访者未来体育消费计划将比2023年有所增加（见图7），显著低于上年有增加意愿的比例（32%）。同时，2023年上海市居民整体体育净支出意向①为正，达到了12.3%，与麦肯锡发布的《2024中国消费趋势调研报告》趋同。在麦肯锡调查的16项消费品类中，净支出意向高于10%的品类包含保健用品和服务（30%）、旅行（27%）、运动类衣着（15%）、文化娱乐（12%）等体育相关属性品类，在负向支出意向中未出现体育相关属性品类，意味着体育相关属性消费仍旧向好。随着促消费政策持续发力，上海市居民体育消费预期将持续向好，2024年体育消费需求有望持续增长，消费市场潜力有望进一步释放。

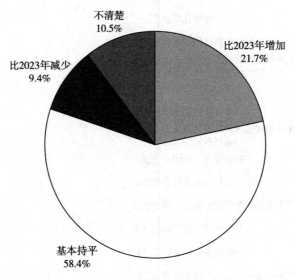

图7　上海市居民未来一年计划体育消费较2023年投入变化（$N=9713$）

---

① 体育净支出意向=支出增加人数占比-支出减少人数占比。

二 上海体育消费主要特点

（一）新兴体育运动消费潜力大

随着消费理念从单纯的产品消费逐渐转向追求体验消费，社交化、娱乐化、个性化日渐成为大众参与体育运动的驱动力。近年来，露营、登山、徒步、骑行、桨板、滑雪等户外运动相继成为运动时尚，飞盘、腰旗橄榄球、匹克球、虚拟体育运动等参与门槛较高、社交属性较强的新兴体育运动项目加速"出圈"，在上海得到迅速推广，带动体育消费呈现内容个性化、功能社交化和产品新潮化等特点。

根据上海体育市场、政策导向，本报告对冰雪运动、山地户外运动、虚拟体育运动、极限运动、水上运动5类新兴体育运动项目进行居民体育消费情况调查。数据显示，2023年有近三成的上海市居民参与过新兴体育运动，且消费呈现多元化和大众化共同发展的格局，市场潜力大。其中，虚拟体育运动和山地户外运动具有广泛的群众基础，高频参与人数较多，且人均消费水平较为适中，贴近大众消费能力。相对而言，极限运动和冰雪运动具有专业化和高消费的特征，高频参与人数较少，但是人均消费水平显著偏高，尤其是极限运动，仅有25人高频参与，人均消费金额高达7838.9元（见表1）。可以看出，新兴体育运动人均消费金额受项目本身性质影响，群体参与及消费支出存在明显分化。综合高参与率、高频参与群体人均消费金额以及总体人均消费金额来看，山地户外运动和虚拟体育运动未来市场潜力相对较大。总体来看，群体参与趋势和参与背后的需求都揭示了新兴体育运动可能带来更多的消费契机，未来应更好地利用群体特性及其需求分化，促进冰雪运动、山地户外运动、虚拟体育运动、极限运动、水上运动等新兴体育运动的发展。

表 1　2023 年上海市新兴体育运动消费情况

单位：元

新兴体育运动	人均消费金额 （$N=9713$）	人均消费金额 （高频参与群体）
冰雪运动	193.4	5573.6（$N=337$）
山地户外运动	304.4	2787.0（$N=1061$）
虚拟体育运动	413.5	3162.2（$N=1270$）
极限运动	20.2	7838.9（$N=25$）
水上运动	94.5	2066.7（$N=444$）

（二）体育赛事消费拉动效应凸显

体育赛事是体育产业发展中最具活力的核心产业，也是有效刺激经济发展的催化剂。体育赛事的举办能够通过吸引观赛、参赛以及办赛等各类人群的共同参与，有效带动赛事消费，拉动旅游、住宿、餐饮等相关产业的消费，产生巨大的社会经济效益。多地政府高度关注体育赛事与城市经济发展之间的关联，充分发挥体育赛事的"城市会客厅"功能，积极引进具有国际影响力的重大体育赛事，持续培育自主品牌赛事，以体育赛事为重要抓手带动地区消费。

围绕 2025 年基本建成全球著名体育城市、打造世界一流的国际体育赛事之都目标，上海始终将赛事发展放在提升城市能级、增强城市软实力的大局中去谋划和推动，体育赛事的消费拉动效应凸显。调查显示，2023 年上海市居民对于赛事活动具有一定的消费力，赛事的各项费用消费（门票、节目、参赛费和报名费）都有所增加。同时，《2023 年上海市体育赛事影响力评估报告》显示，2023 年全年上海共举办 118 项国际国内体育赛事，有19 万人次参赛，129 万人次现场观赛，赛事共带动消费 37.13 亿元，其中核心消费 7.99 亿元、相关消费 29.14 亿元，体育赛事已经成为扩大上海体育消费内需的重要内容。

（三）夜间体育消费成为新趋势

随着现代生活节奏的改变，夜间体育消费正逐步崛起，成为夜经济中的重要内容和新增长点。各类夜间赛事、体育夜市、晚间健身课程等的兴起不仅能为城市夜生活增添活力，还能更好地发挥体育社会交往属性，充分满足消费者多层次多元化的消费需求。

上海市居民体育消费的时间维度和消费习惯产生了新变化。调查数据显示，2023年上海市民夜间体育消费发生率（晚上6点至次日早6点之间）为24.8%，人均夜间体育消费金额占人均体育消费金额的比重达到40.9%，与2021年银联数据监测分析上海夜间休闲娱乐消费占全天休闲娱乐消费的40%以上的结论基本一致。具体而言，细分项目上，体育健身活动类消费的发生率最高，达到12.2%；区域上，居住地越靠近市中心，夜间体育消费占比越大，浦东新区、嘉定区、普陀区、松江区、静安区、虹口区、青浦区的居民夜间体育消费发生率高于全市水平；人群上，90后是夜间体育消费主要人群（见图8），无论是在夜

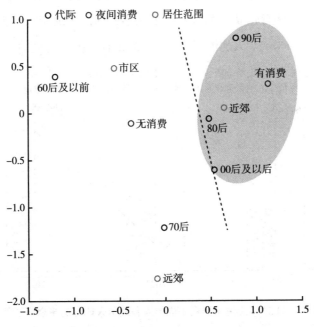

图8 上海市夜间体育消费群体特征（多元对应分析）

间体育消费发生率（37%）还是在夜间体育消费金额占总体育消费金额比重（45.9%）上均高于其他代际，其夜间体育消费大类以体育健身活动类（18.6%）为主。此外，00后及以后群体也是夜间体育消费的重要人群，与90后共同构成了以新代际为代表的夜间体育消费群体。

（四）未成年人群体仍是消费主力军

未成年人群体具有较高的体育消费黏性，青少年通过参与体育运动，培养运动技能和良好的体育消费观念，能够为体育消费的长期发展提供持续动力。特别是随着《关于进一步减轻义务教育阶段学生作业负担和校外培训负担的意见》文件精神的进一步推进与落实，以及在"体育中考分值的占比提升""体育进高考的政策预期""让每位学生掌握1~2项体育技能"等多重政策推动下，未成年人群体在消费意愿上的潜在优势将得到强化，实现向实际体育消费需求的持续有效转化。

调查数据显示，未成年人群体在上海体育消费领域中的核心地位得到了进一步巩固。从体育消费金额来看，未成年人远高于成年人。相比2022年，2023年成年人与未成年人的体育消费金额差距有所扩大（见图9）。在体育消

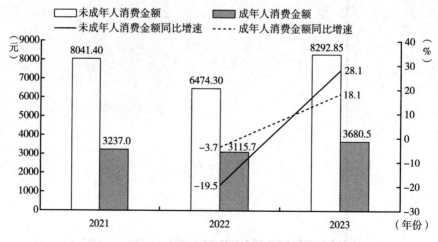

图9　2021~2023年上海市居民未成年人和成年人体育消费金额及同比增速

费发生率方面，17岁及以下的未成年人的体育消费发生率高达96.9%，显著高于成年人的83.4%。具体来说，2021~2023年，未成年人体育消费发生率在97%上下浮动，2023年（96.9%）略低于2022年和2021年（体育消费发生率均为97.8%）。成年人的体育消费发生率呈稳步增长的趋势，2023年的体育消费发生率为83.4%，高出2022年度（81.3%）2.1个百分点（见图10）。从细项来看，"运动服装和鞋帽""健身会费及指导"以及"体育培训和教育"的人均体育消费金额较多（见表2），体现了未成年人体育消费内容的新趋势。

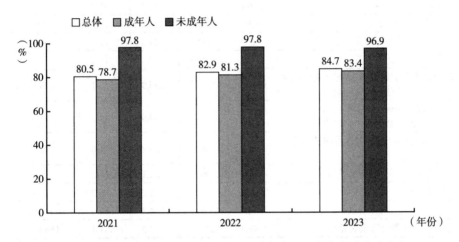

图10　2021~2023年上海市未成年人、成年人、总体体育消费发生率

表2　2023年上海市不同年龄段群体人均体育消费金额

单位：元

细项	3~17岁	18~34岁	35~44岁	45~59岁	60岁及以上
运动服装和鞋帽	1877.8	1431.2	1444.8	1383.8	588.9
运动装备器材	586.5	311.8	331.5	343.9	137.6
智能体育设备	227.5	218.2	205.1	192.5	44.8
户外运动装备	387.3	176.1	208.7	142.7	51.9
运动代餐、补剂、饮品	145.1	161.1	158.6	130.0	34.4
体育娱乐用品	214.9	72.6	99.5	75.9	31.8
实物型总计	3439.1	2371.1	2448.2	2268.8	889.3
赛事现场门票购买	65	50.5	54.8	42.5	24.0

细项	3~17岁	18~34岁	35~44岁	45~59岁	60岁及以上
体育赛事节目转播	16.4	23.8	25.4	20.4	4.2
体育赛事、体育明星或体育IP纪念商品、文创和数字藏品	67.0	40.1	37.7	26.0	9.2
健身会费及指导	1696.6	861.1	806.5	658.3	242.1
线上健身指导和咨询	1.9	8.2	7.4	5.1	1.5
视频跟练、运动视频购买产生的视频会员费	3.3	5.4	4.0	4.0	1.2
体育培训和教育	1320.6	141.5	174.8	92.7	28.9
参赛费和报名费	95	23.1	31.3	24.5	6.9
场地和相关器材用品租金	101.2	100.2	89.5	71.1	19.8
体育保健及运动康复	9.5	21.4	15.5	16.0	8.3
到外地或国外观看或参加比赛活动及产生的衣食住行、休闲娱乐	1198.6	727.2	755.9	627.1	249.3
在上海本地观看比赛或参加体育运动及产生的衣食住行、休闲娱乐	254.4	111.9	142.9	111.1	45.5
订阅线上电子竞技服务及虚拟电竞衍生品	21.9	45.8	26.3	11.6	2.9
体育彩票（不包含未成年人）	—	89.5	81.1	71.2	36.4
体育保险	2.6	1.2	1.2	1.0	0.4
服务型总计	4854.0	2250.9	2254.3	1782.6	680.6
人均体育消费总金额	8293.1	4622.0	4702.5	4051.4	1569.9

三 上海体育消费存在的主要问题

上海市居民体育消费基础扎实，体育消费规模逐年扩大、消费结构持续优化，拥有较高的体育消费活跃度。全市体育消费基础设施、各类体育消费专项促进活动等相关支持政策不断细化。但在国内需求不足、内外部环境复杂变化的现实背景之下，仍然存在制约上海市体育消费潜力释放的矛盾和问题，值得进一步关注与深入探讨。

（一）体育消费需求潜力有待挖掘

经济发展水平和居民收入状况是影响居民体育消费能力的重要因素。上海市体育消费发展具有先天优势和良好基础，2023 年上海 GDP 以 47218.66 亿元继续位列全国各主要城市榜首，人均可支配收入达到 84834 元，在全国主要城市中位居前列。① 尽管近年来上海体育消费规模取得了长足进步，但与欧美发达国家以及世界著名体育城市相比还存在一定差距，具体表现为人均体育消费金额以及占当年人均消费支出的比重较低，整体体育消费仍处于有待挖掘与扩容的状态。从体育消费结构上看，2023 年上海市服务型体育消费呈现快速上升趋势，但还未恢复至 2021 年的水平，占人均体育消费总金额的 48.8%，实物型体育消费与服务型体育消费发展不平衡。近年来，上海市推出了一系列以促进体育赛事活动"进景区、进街区、进商圈"、积极举办"体育消费节"为代表的措施，获得了热烈反响，从侧面反映了上海体育消费发展较为强烈的内生需求和活力，特别是在青少年、新兴运动、体育赛事等重点领域有巨大的发展潜力和空间，亟待进一步挖掘。

（二）体育消费供给水平有待提高

以消费新业态、消费新模式为内容的体育消费结构优化升级，是上海市体育消费发展的必然趋势。随着体育需求内涵的日益丰富和运动项目细分市场的不断发展，体育消费者不再局限于以功能性需求为导向的体育消费，而是更加注重体育消费带来的体验乐趣和精神愉悦。如体育赛事消费、时尚运动鞋服消费、新兴运动项目消费、体育培训消费等成为上海市居民体育消费提质升级的重要领域和主要热点。但从人民日益增长的美好生活需要角度来看，目前上海体育消费市场存在供给质量不高的问题，即产品与服务供给的质量不能完全适应居民消费需求个性化、多样化、体验化升级的趋势。一是体育领域体制机制存在一定的束缚，如面临的政府职能转变、传统体育空间消费转化能力不足、体育社会组织缺乏自我造血能力、体育公共支出的可持续性受财政制约、体育公共支出对居民健身消费新需求和新模式的敏锐性不

---

① 《2023 年上海市国民经济和社会发展统计公报》，上海市体育局网站，2024 年 3 月 21 日，https://tjj.sh.gov.cn/tjgb/20240321/f66c5b25ce604a1f9af755941d5f454a.html。

足等问题，影响上海市体育消费市场的供给主体行为和供给产品内容。二是体育用品制造业的转型升级压力大，关键核心技术有待突破、传统体育用品制造业数字化程度不高，高端装备制造、具有自主知识产权的运动器材装备以及以信息技术为主导的智能装备、可穿戴设备、虚拟现实设备等创新力度不够，进口替代效应仍然存在。5G、人工智能、物联网、大数据等新一代信息技术的应用深度和广度存在明显不足。三是上海市体育赛事消费产品与服务的供给与需求有待进一步衔接。虽然近年来上海市体育赛事规模、数量迅速攀升，但仍存在结构性的供需矛盾，如顶级观赏型赛事吸引力强、影响力大，但经常出现需求大于供给的现象；赛事服务水平以及消费环境尚有提升空间，低效的体育赛事管理与消费者体验化的消费诉求不适配，影响体育赛事消费供给质量。四是体育空间场地设施仍以篮球、足球等传统基础项目为主，场地设施供给多样性不足，无法适应上海市居民水上、冰雪以及其他新兴运动项目等时尚化、小众化的新兴体育消费趋势。

（三）体育消费政策执行效果有待优化

近年来上海市体育消费政策目标持续优化，政策工具不断创新，但政策对体育消费的推动作用尚未完全发挥，仍面临制约因素。以上海市体育消费券政策为例，缺少消费者的反馈与投诉渠道，缺乏对市场主体用券规范的监督，体育消费券的核销流程不熟练、使用不流畅等因素会导致政策执行偏差，影响消费体验与政策效果；市场主体的合作发券积极性不高，政策效果评价缺位，体育消费券拉动消费的效果有待测算。整体来看，政策目标方面以短期消费刺激政策为主，对居民体育消费技能培训、消费习惯培养等长期目标关注度不足；政策结构方面，群众体育消费、体育产业、青少年体育消费等不同消费刺激政策之间的横向协同有待加强；政策执行方面，实际支持力度与其他相关领域还存在差距，且面临一定的政策执行困难。需要进一步完善上海市体育消费政策体系的顶层设计框架、政策执行反馈机制，以期实现更优的政策效果，为更好地促进体育消费提供政策保障与支持。

四 促进上海体育消费的政策建议

体育消费政策体系的逐步建立和完善，有利于居民体育消费能力提升和稳定预期形成，对完善体育消费体制机制、激发体育消费潜力具有重要支持作用，是促进体育消费发展的关键力量。在扩大内需的现实背景下，要明确上海市体育消费发展面临的关键问题。积极顺应新的外部形势与内部条件，充分认识与把握上海市体育消费发展的历史规律及新变化。持续推动上海市体育消费创新发展，促进体育消费有效需求转化，激发体育消费潜能。切实发挥上海市体育消费在扩内需、稳增长、促发展中的重要作用，助力上海市国际消费中心城市建设、全球著名体育城市建设。

（一）融入城市建设目标，完善体育消费政策体系

将上海市体育消费增长目标深度融入国际消费中心城市建设以及城市整体发展规划和长远目标，深刻认识体育消费对居民身体素质、生活质量提高的重要意义。关注短期、立足长期，发挥长短期政策合力，共同激发上海市体育消费持久动力。加快构建全方位、多层次的体育消费政策体系顶层设计框架，明确上海市体育消费的发展目标、战略方向和重点任务，为更好地促进体育消费提供思路指导和保障支持。加强体育消费水平监测和有关指标体系建设，建立体育消费调查、统计长效机制，强化体育消费监测与评估，实时了解体育消费市场现实情况，动态掌握体育消费市场发展趋势与变化。健全体育消费政策效应评价机制，科学指导体育消费政策调整和评价。发挥标准化对营造安全可信体育消费环境的支撑作用，加大对体育市场违法违规经营行为的打击力度，规范体育消费市场秩序。

（二）优化体育赛事供给，释放赛事消费潜力

优化上海市体育赛事空间布局与时间安排，举办更具影响力、更高品质的国际顶级赛事。加快引进符合上海城市特点、符合居民消费偏好、具有良

好社会基础的国际重大赛事。依托重大赛事促进上海市商旅文体展融合发展，发挥叠加效应、聚合效应和倍增效应，充分释放体育的张力、文化的魅力、旅游的活力、消费的潜力。大力发展新兴运动项目赛事，以市民需求、产业带动为导向，引进一批与上海城市气质相符合的国际顶级新兴运动项目赛事，如红牛 UCI 泵道世界锦标赛、世界飞盘锦标赛、SLS 街式滑板世界巡回赛、世界霹雳舞锦标赛、国际攀联世界杯等。为"Z 世代"等重点潜力人群提供更多时尚、个性、品质的新兴运动项目消费选择。加大对新兴运动项目赛事的扶持力度，培育一批具有海派特色的自主品牌赛事。开发赛事体验项目，增加消费机会。在赛事场馆周边设置运动项目体验区，如提供 VR 体验、模拟训练等互动项目，增强观众对赛事活动的体验感。尤其可关注未成年人的项目体验与服务指导，吸引观众参与，促进消费转化。

（三）关注重点消费人群，激活体育消费市场

青少年形成终身锻炼的习惯和良好的体育消费观念，将为体育消费的长期发展提供持续动力。支持体育部门、体育社会组织、专业体育培训机构等通过组织和开展包括公益性和商业性在内的各类青少年体育培训和体育赛事、体育冬夏令营等活动，培养青少年体育爱好，促进青少年掌握体育技能，养成终身体育消费习惯。加强对青少年体育培训等重点行业的监管，落实《校外培训行政处罚暂行办法》等法规文件，提升资金管理、课程设置、场地设施等方面的规范性，为青少年营造更加优良的体育培训消费环境。老年人体育消费已逐步成为"银发经济"的重要组成部分，也是上海市体育消费的重要内容。应当提升老年人体育活动场地设施等的供给水平，为老年人提供更加优质的体育消费环境。支持相关市场主体参与老年体育发展，鼓励企业加快开展体育产品与服务"适老化"改造工作，为老年人参与体育消费提供更多便捷的条件。

（四）增加体育基础设施，促进传统消费空间转化

打造更加丰富的体育消费场景，增加体育设施场地面积，继续开展场地

设施补短板工程。丰富体育场地设施多样性，提升上海市传统体育消费空间转化能力，应用新技术促进传统体育设施转型升级与高效利用，引导依托大型体育场馆、全民健身中心、体育综合体，培育形成与区域环境高度融合、具有较强辐射带动功能的体育消费商圈。结合"1+15+X"夜间经济空间布局体系战略，利用并拓展"一江一河"的发展范围，围绕"一江一河"水系、林地、草地等户外运动资源，优化山地户外营地、产业的片状布局，满足上海市居民对山地户外运动的消费需求。推进体育公园、大型体育场馆等转向以消费为引领，集成运动休闲、体育健康等多种体育消费业态的体育新空间建设。打造一批体育特色鲜明、服务功能完善、经济效益良好的体育服务综合体，探索商旅文体展等多元化运营方式，形成各功能相互依存、相互支撑、相互裨益的多功能、多业态、高效益的体育消费集聚区，提升上海市居民体育消费的获得感和满意度。

（五）鼓励消费创新发展，促进体育消费便利化

大力发展体育消费新场景、新模式、新业态。促进夜间体育消费，鼓励相关体育场馆、门店和各类市场主体延长营业时间、开设夜场，充分挖掘体育消费潜力。进一步推动上海市体育消费领域与数字技术的深度融合，加强体育消费场景的原生数字化设计与建设，加快运动场景的数字化创新，构建丰富多元的体育消费场景。加快 VR、元宇宙等技术应用，探索创建用户体育数字身份，丰富体育线上社交体验，培育线上体育消费平台，打造线上线下协同发展的消费新模式。规范管理上海市体育消费券发放的相关合作平台，系统谋划平台与合作场馆之间的互联互通，提高市民领券、用券的便捷程度。加强与金融企业合作，创新体育消费支付产品与体育消费便利化工具。推进智慧体育公共信息服务平台建设，实现上海体育消费基础供给和需求信息的有效连接。

（六）强化市场主体培育，增强消费供给动力

从供给端发力，提升上海市体育产品和服务的供给水平。要顺应产业数字化、智慧化的趋势，不断提升体育用品企业的研发和"智造"水平，增

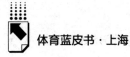

加体育用品的科技含量与消费吸引力，进一步增强国内运动品牌的品牌内涵和文化，挖掘上海市居民的体育消费潜力。要拓展大数据、5G、虚拟现实等科技在体育服务产品中的应用广度与深度，大力发展智能体育产业，不断催生线上健身、线上体育培训、VR观赛、云参赛等体育消费服务的新业态、新模式，为上海市居民的体育消费提供更多便捷、新颖、个性化的选择。优化上海市体育企业营商环境，支持"专精特新"中小微体育企业发展，提升体育市场主体活力。

B.5
2023年上海市体育企业发展报告

张 贺*

摘 要： 体育企业是体育经济发展的微观基础和力量载体，是上海打造现代体育产业体系的重要支撑。当前，上海市体育企业整体上呈现规模迅速扩大、转型升级成效明显、龙头企业引领强劲、核心竞争力不断增强的良好态势；体育规上统企业短期虽有波动，但长期稳步向好趋势显现；强竞争力企业表现出总体态势企稳回升、体育服务业企业运行稳健、区域格局特色鲜明、产业贡献不断扩大等特征。为进一步满足上海市体育企业发展诉求，须推动体育产业链现代化，建设规上体育企业培育库，强化体育产业投资基金效能，降低体育企业办赛成本，完善体育场馆管理行业支持政策，引育体育中介代理服务企业等，进一步激发体育企业发展活力，持续增强核心竞争力。

关键词： 体育企业 企业竞争力 上海市

体育企业是体育经济发展的微观基础和力量载体，体育产业高质量发展的关键在于激发体育企业发展的活力。当前，上海市正着力打造以健身休闲业和竞赛表演业为引领，以体育智能制造业为亮点，以场馆运营、体育培训、体育中介、体育传媒等业态为支撑，具有上海城市特点的现代体育产业体系。推动体育企业高质量发展是打造现代体育产业体系的基础支撑，也是推进上海建设全球著名体育城市的关键举措。《上海市体育产业发展"十四

---

* 张贺，上海市体育局规划产业处（法规处）一级主任科员、上海市体育产业联合会副秘书长，主要研究方向为体育产业、体育旅游、赛事经济。

五"规划》明确提出,要树立企业是体育产业发展主体的意识,扶持体育企业发展,形成"顶天立地"的大企业和"铺天盖地"的中小企业良性互动的体育产业生态。在此基础上,上海市体育局加快部署落实一揽子政策措施,政策力度不断加码,政策效应逐步显现,持续助力上海市体育企业高质量发展。

近年来,上海市体育企业稳步向前,呈现蓬勃向上态势,正处于核心竞争力塑造的关键时期。一批国内外知名体育企业落户上海,大型国有企业围绕体育产业加码加力,民营体育企业迅速崛起,产业生态进一步优化。在政策效能进一步显现、新质生产力赋能、体育消费潜力充分释放等利好因素的影响下,上海市体育企业发展的内生动力将得到持续增强。鉴于此,本报告基于上海体育产业统计数据,充分解读上海市体育企业发展概况和重点企业发展现状,深度解析上海市体育企业面临的主要问题和发展诉求,并提出持续提升上海市体育企业竞争力的相关建议。

一 上海市体育企业发展概况

(一)市场主体规模迅速扩大,发展内驱力不断提升

在多重因素影响下,上海市体育企业面临新的挑战和机遇,发展韧性不断增强,整体上展现出市场主体规模迅速扩大、经营效益持续改善、发展态势企稳回升的良好趋势。2022年上海市主营体育产业机构①数量达到30092家,相较于2018年的16286家,增加了近一倍,年均增长率达到了16.59%,大幅扩大的市场主体规模有力支撑了上海市体育产业规模的稳步增长。从营业收入来看,2022年上海市体育企业总营业收入达到2309.15亿元,比2018年增加了752.14亿元,年均增长率为10.35%。

---

① 主营体育产业机构指依据《体育产业统计分类(2019)》,上海市体育产业统计纳入全市体育主营单位名录库的机构主体。

总体来看，上海市体育企业提质扩量增效的成效突出，发展的活力和潜力不断释放。

（二）结构转型升级成效明显，体育服务业企业地位巩固

从行业细分的角度来看，体育服务业企业（除体育用品和相关产品制造业、体育场地设施建设之外的其余九大类）展现出了强大的经济影响力与韧性，是创造营收的主要来源、新增市场主体的主力军，在上海市体育企业格局中的重要地位进一步巩固。2022年上海市体育服务业主营机构数量达到29166家，营业收入总额为2041.26亿元，相较于2018年分别增长了87.96%和52.40%，增速明显；体育制造业主营机构数量从2018年的483家增加至2022年的515家，营业收入从205.01亿元增长至253.68亿元，呈现稳步增长态势；2018~2022年，体育建筑业主营机构数量从295家增加至411家，营业收入从12.58亿元增长至14.21亿元（见表1）。从行业占比来看，2022年体育服务业主营机构数量占比达96.92%，营业收入占比达88.40%，在上海体育产业发展过程中扮演着至关重要的角色，是促进产业结构升级的重要动力源和主导力量。

表1 2018~2022年上海市主营体育产业机构发展状况

单位：个，亿元

指标	2018年		2019年		2020年		2021年		2022年	
	主营机构数量	营业收入	主营机构数量	营业收入	主营机构数量	营业收入	主营机构数量	营业收入	主营机构数量	营业收入
总计	16285	1557.01	22385	1952.73	28426	2107.85	29936	2390.95	30092	2309.15
体育服务业	15517	1339.41	21399	1715.87	27362	1882.8	28985	2105.51	29166	2041.26
体育制造业	483	205.01	626	223.01	633	210.78	539	269.56	515	253.68
体育建筑业	295	12.58	360	13.85	431	14.28	412	15.89	411	14.21

资料来源：上海市体育局。

（三）体育企业竞争力持续增强，发展能级稳步上升

近年来，上海市体育企业积极拓展创新生产经营活动，推动要素投入创

新运用，整体经济效益、社会贡献以及创新效能稳中有升，发展能级不断提升，发展空间不断扩大，核心竞争力持续增强。① 当前上海拥有上市体育企业 7 家、体育领域国家级"专精特新"企业 5 家，为培育和发展体育新质生产力，引领体育中小企业特色化、专业化、精细化、新颖化，推动上海体育产业高质量发展贡献了重要力量。此外，重点领域发展能级稳步提升。一些细分行业特别是击剑、帆船、马术、网球、高尔夫、棒球等运动项目细分赛道的活力和实力不断增强，涌现出了一批各细分行业的领头羊企业，实现了从跟跑到并跑领跑的飞跃。

二 上海市体育规上纳统企业分析

（一）基本发展情况分析

规上纳统企业是地方经济发展的晴雨表和风向标，是影响产业发展基本态势的绝对主体。② 作为上海市体育市场主体的重要力量，体育规上纳统企业（包括健身休闲活动、体育场馆管理、体育竞赛组织、体育中介代理服务四类行业）在起伏中前行，在调整中发展。根据纳入上海市统计局经济运行统计的体育行业企业数据，2018~2022 年体育规上纳统企业营业收入经历了短期波动，分别达到了 76.91 亿元、93.83 亿元、84.54 亿元、78.05 亿元、61.73 亿元，整体上呈现先升后降的发展态势。体育规上纳统企业营业收入占当年主营体育产业机构营业收入的比重呈现下降趋势（见表 2），但下降幅度逐渐收窄。

---

① 《上海举行推进全球著名体育城市建设新闻发布会》，国务院新闻办公室网站，2023 年 9 月 26 日，http://www.scio.gov.cn/xwfb/dfxwfb/gssfbh/sh_13834/202310/t20231007_773052_m.html。
② 赵治纲等：《中小微企业成本上升超预期，经营形势不乐观》，《财政科学》2022 年第 3 期。

表2　2018～2022年上海市体育规上纳统企业与主营体育产业机构营业收入数据

单位：亿元，%

指标	2018年	2019年	2020年	2021年	2022年
体育规上纳统企业营业收入	76.91	93.83	84.54	78.05	61.73
主营体育产业机构营业收入	1557.01	1952.73	2107.85	2390.95	2309.15
体育规上纳统企业营业收入占当年主营体育产业机构营业收入的比重	4.94	4.80	4.01	3.26	2.67

资料来源：上海市体育局。

（二）按国民经济行业分类的发展情况分析

从国民经济行业分类来看，主营健身休闲活动（行业代码为8930）的企业数量达到50家，其对应的体育产业统计分类行业类别为"体育健身休闲活动"，在体育规上纳统企业中占比最高，为53.7%；其次为体育场馆管理（行业代码为8921），企业数量达到20家，其对应的体育产业统计分类行业类别为"体育场地和设施管理"，在体育规上纳统企业中占比为21.5%；主营体育竞赛组织（行业代码为8911）的企业数量为14家，其对应的体育产业统计分类行业类别为"体育竞赛表演活动"，在体育规上纳统企业中占比为15.0%；体育中介代理服务（行业代码为8991）的企业数量最少，其对应的体育产业统计分类行业类别为"体育经纪与代理、广告与会展、表演与设计服务"，在体育规上纳统企业中占比最低，为4.3%。

1. 健身休闲活动（体育健身休闲活动）

与上海市体育竞赛组织和体育场馆管理体育规上纳统企业不同，2018～2022年健身休闲活动体育规上纳统企业在营业收入及其占体育健身休闲活动业主营机构营业收入的比重方面均实现了整体增长（见表3），是推进体育企业高质量发展的排头兵。在营业收入上，尽管与体育场馆管理体育规上纳统企业有相似的波动式变化趋势，但5年间上海市健身休闲活动体育规上纳统企业依旧实现了4.98%的年均增长。而健身休闲活动体育规上纳统企业营业收入占体育健身休闲活动业主营机构营业收入的比重则实现了连年增长，但增长速度逐年放缓，2019~2022 年分别增长了 13.16 个、1.26 个、1.25 个和 0.76 个百分点，到 2022 年占比已达到 49.72%，是推动上海市健身休闲业发展的主体力量。

表3　2018~2022 年上海市健身休闲活动体育规上纳统企业与体育健身
休闲活动业主营机构营业收入数据

单位：亿元，%

指标	2018 年	2019 年	2020 年	2021 年	2022 年
健身休闲活动体育规上纳统企业营业收入	29.45	46.21	41.22	48.27	35.76
健身休闲活动体育规上纳统企业营业收入同比增速	—	56.91	-10.80	17.10	-25.92
体育健身休闲活动业主营机构营业收入	88.45	99.49	86.38	98.59	71.93
健身休闲活动体育规上纳统企业营业收入占体育健身休闲活动业主营机构营业收入的比重	33.29	46.45	47.71	48.96	49.72

2. 体育场馆管理（体育场地和设施管理）

2018~2022 年，上海市体育场馆管理体育规上纳统企业与体育场地和设施管理业主营机构在营收规模与比重关系变化上展现了基本一致性，共同呈现了波动式变化趋势。具体而言，2022 年体育场馆管理体育规上纳统企业营业收入较 2018 年下降了 27.17%，体育场馆管理体育规上纳统企业营业收入占体育场地和设施管理业主营机构营业收入的比重则下降了 11.02 个百分点（见表4）。

表4　2018~2022 年上海市体育场馆管理体育规上纳统企业与体育场地
和设施管理业主营机构营业收入数据

单位：亿元，%

指标	2018 年	2019 年	2020 年	2021 年	2022 年
体育场馆管理体育规上纳统企业营业收入	7.84	9.19	5.18	6.95	5.71
体育场馆管理体育规上纳统企业营业收入同比增速	—	17.22	-43.63	34.17	-17.84

续表

指标	2018 年	2019 年	2020 年	2021 年	2022 年
体育场地和设施管理业主营机构营业收入	19.56	20.91	19.70	27.95	19.65
体育场馆管理体育规上纳统企业营业收入占体育场地和设施管理业主营机构营业收入的比重	40.08	43.95	26.29	24.87	29.06

3. 体育竞赛组织（体育竞赛表演活动）

2018~2022 年，上海市体育竞赛组织体育规上纳统企业营业收入及其占体育竞赛表演活动业主营机构营业收入的比重保持一致的变化趋势。2019 年两项数据出现小幅下滑，分别下降了 4.16% 和 2.4 个百分点；2020 年基本回升至 2018 年的水平，分别为 35.95 亿元和 51.84%；之后连续两年出现较为明显的下降，分别下降了 48.09%、20.42% 以及 15.52 个、3.65 个百分点，到 2022 年，体育竞赛组织体育规上纳统企业营业收入占体育竞赛表演活动业主营机构营业收入的比重已从 2018 年的超过 50% 下降为 32.67%（见表 5）。

表 5　2018~2022 年上海市体育竞赛组织体育规上纳统企业与体育竞赛
表演活动业主营机构营业收入数据

单位：亿元，%

指标	2018 年	2019 年	2020 年	2021 年	2022 年
体育竞赛组织体育规上纳统企业营业收入	36.77	35.24	35.95	18.66	14.85
体育竞赛组织体育规上纳统企业营业收入同比增速	—	-4.16	2.01	-48.09	-20.42
体育竞赛表演活动业主营机构营业收入	71.92	72.33	69.35	51.37	45.46
体育竞赛组织体育规上纳统企业营业收入占体育竞赛表演活动业主营机构营业收入的比重	51.13	48.73	51.84	36.32	32.67

4. 体育中介代理服务（体育经纪与代理、广告与会展、表演与设计服务）

与健身休闲活动体育规上纳统企业相似，2018~2022 年上海市体育中介代理服务体育规上纳统企业在营业收入及其占体育经纪与代理、广告与会展、表演与设计服务业主营机构营业收入的比重同样呈现整体增长态势（见表6）。营业收入方面，2020 年上海市体育中介代理服务体育规上纳统企业营业收入较上年同期出现了 30.82% 的明显下降，之后于 2021 年实现了 90.00% 的大幅增长，五年间保持着 17.34% 的年均增长率，远高于体育经纪与代理、广告与会展、表演与设计服务业主营机构营业收入 2.94% 的年均增长率。在体育中介代理服务体育规上纳统企业营业收入占体育经纪与代理、广告与会展、表演与设计服务业主营机构营业收入的比重方面，尽管 2019~2020 年连续两年出现了小幅下降，但 2021~2022 年上升态势明显，分别达到了 25.53% 和 34.53%，较 2018 年分别上涨了 5.07 个和 14.07 个百分点。

表6　2018~2022 年上海市体育中介代理服务体育规上纳统企业和体育经纪
与代理、广告与会展、表演与设计服务业主营机构营业收入数据

单位：亿元，%

指标	2018 年	2019 年	2020 年	2021 年	2022 年
体育中介代理服务体育规上纳统企业营业收入	2.85	3.18	2.20	4.18	5.40
体育中介代理服务体育规上纳统企业营业收入同比增速	—	11.58	-30.82	90.00	29.19
体育经纪与代理、广告与会展、表演与设计服务业主营机构营业收入	13.93	17.98	12.58	16.37	15.64
体育中介代理服务体育规上纳统企业营收占体育经纪与代理、广告与会展、表演与设计服务业主营机构营业收入的比重	20.46	17.69	17.49	25.53	34.53

三 上海市强竞争力体育企业分析

（一）总体态势企稳回升

根据上海体育产业统计数据，2022年上海市强竞争力体育企业[①]营业收入达到2097.67亿元，同比下降1.5%；利润总额达到221.58亿元，同比下降3.3%。尽管从短期来看，营业收入和利润总额的增长略有波动，但从长期发展趋势来看，相比2019年，上海市强竞争力体育企业营业收入和利润总额分别增长了22.57%和57.90%，长期向好的基本趋势没有改变，总体上呈现稳步回升的良好态势。从市场占比来看，强竞争力体育企业营业收入和利润总额占当年全市30092家主营体育产业机构营业收入和利润总额的比重分别为90.8%和76.3%，仍占有绝对比重，其中营业收入排前10名的企业2022年营业收入合计998.91亿元，占全部强竞争力体育企业营业收入的比重达到47.6%，占全部主营体育产业机构营业收入的43.26%。

（二）体育服务业企业运行稳健

2022年，上海市主营体育服务业的强竞争力体育企业数量达到了407家，营业收入为1848.75亿元，虽小幅下降0.9%，但利润总额再创新高，达到了205.46亿元，同比提高了3.4%，营业收入和利润总额占500家强竞争力体育企业营业收入和利润总额的比重分别为88.1%和92.7%，体现了体育服务业企业在提升盈利能力、积蓄内生发展动力等方面取得的显著成效，及其在创造经济价值、促进产业升级方面的不可替代性。相比之下，体育制造业企业2022年业务增长、经营波动明显，营业收入为238.77亿元，下降5.9%，利润总额为15.46亿元，同比下降近一半。体育建筑业企业数量为23家，营业收入为10.15亿元，利润总额为0.66亿元（见表7）。

[①] 上海市强竞争力体育企业为根据综合财务绩效、创新成效、行业竞争力等指标对上海市体育企业进行排名后所认定的前500家企业。

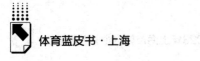

表7 2021~2022年上海市强竞争力体育企业行业分类情况

单位：家，亿元

指标	2021年			2022年		
	机构数量	营业收入	利润总额	机构数量	营业收入	利润总额
总计	500	2130.29	229.15	500	2097.67	221.58
体育服务业	410	1865.62	198.69	407	1848.75	205.46
体育制造业	66	253.61	30.20	70	238.77	15.46
体育建筑业	24	11.06	0.26	23	10.15	0.66

注：若总量与分量合计尾数不等，是数值修约误差所致，未做机械调整。

（三）区域格局特色鲜明

《上海市体育产业发展"十四五"规划》提出，推进体育产业集聚区布局与建设，构建层次分明、特色突出、功能完善、布局合理的体育产业空间体系。2022年上海市强竞争力体育企业多核心辐射效应明显，布局更加均衡，区域特色格局初见成效。从企业数量分布来看，浦东新区依托浦东前滩体育总部集聚区和临港体育休闲旅游集聚区，吸引了一批跨行业经营、有较强综合实力和创新能力的骨干体育企业集团，拥有强竞争力体育企业79家，排首位，也是各区中唯一企业数量占比超过10%的地区，占比达15.8%。除此之外，嘉定区、奉贤区、青浦区、闵行区、黄浦区、虹口区、徐汇区、崇明区、杨浦区、静安区、松江区和宝山区等12个区强竞争力体育企业数量均超过了25家，占比超过了5%，整体上企业数量的区域分布差异进一步缩小。

从营业收入上看，多核心共同驱动发展的格局初步形成。虹口区、浦东新区、杨浦区以及徐汇区统计企业的营业收入总额均超过220亿元，四区强竞争力体育企业营业收入占全市统计企业的比重超过半数，达到56.2%。其中围绕北外滩、北苏州河滨江沿线体育休闲活动带和提升四川北路功能发展等重点领域，虹口区体育企业创新发展和能级提升成效显著，营业收入总额达到了362.16亿元，居全市首位。同时，长宁区强竞争力体育企业的营收能力和创收能力较强，企业平均营业收入和利润总额较高，引领长宁体育朝"智慧体育、时尚体育、精品体育"方向发展，对区域体育产业发展具有重要影响。

（四）产业贡献不断扩大

从贡献度角度来看，在企业数量方面，除体育用品及相关产品制造，其他 10 个业态的强竞争力体育企业占全市相应业态主营机构比重均未超过 10%。在营业收入方面，强竞争力体育企业在体育用品及相关产品销售、出租与贸易代理，体育用品及相关产品制造两个业态贡献度较高，占全市该业态主营机构营业收入比重分别为 98.0% 和 94.1%，除体育管理活动外，所有业态的强竞争力企业占相应业态全市主营机构比重均超过两位数。在利润总额方面，其他体育服务，体育用品及相关产品制造，体育用品及相关产品销售、出租与贸易代理，体育场地设施建设，体育传媒与信息服务五个业态贡献度较高，占全市该业态主营机构比重分别为 92.9%、89.0%、81.1%、71.0% 和 68.9%，均超过 50%（见表 8）。

此外，强竞争力体育企业前 30 名营业收入占全市主营体育产业机构营业收入的比重为 62.7%，利润总额占比为 29.5%；前 100 名营业收入占全市主营体育产业机构营业收入的比重为 76.2%，利润总额占比为 43.4%，显示出百强企业在上海体育企业中扮演着重要角色，头部企业贡献突出。整体而言，强竞争力体育企业业务覆盖完整，实现全产业链布局，行业贡献大，集中程度高，头部企业贡献明显，和上海市总体经济特征高度匹配。

表 8   2022 年上海市强竞争力体育企业行业分布情况

行业	强竞争力体育企业			占全市该业态主营机构比重（%）		
	机构数量（家）	营业收入（亿元）	利润总额（亿元）	机构数量	营业收入	利润总额
总计	500	2097.67	221.58	1.7	90.8	76.3
体育管理活动	0	0.00	0.00	0.0	0.0	0.0
体育竞赛表演活动	37	24.68	1.43	0.7	54.3	41.7
体育健身休闲活动	56	48.71	1.89	0.6	67.7	32.8

续表

行业	强竞争力体育企业			占全市该业态主营机构比重(%)		
	机构数量 (家)	营业收入 (亿元)	利润总额 (亿元)	机构数量	营业收入	利润总额
体育场地和设施管理	21	8.23	1.77	2.9	41.9	37.5
体育经纪与代理、广告与会展、表演与设计服务	14	8.28	0.38	0.7	52.9	35.2
体育教育与培训	9	2.74	0.01	0.9	13.1	2.0
体育传媒与信息服务	57	305.45	58.98	4.9	86.5	68.9
其他体育服务	34	20.97	23.32	0.8	56.3	92.9
体育用品及相关产品制造	70	238.77	15.46	13.6	94.1	89.0
体育用品及相关产品销售、出租与贸易代理	179	1429.68	117.69	3.4	98.0	81.1
体育场地设施建设	23	10.15	0.66	5.6	71.4	71.0

注：若总量与分量合计尾数不等，是数值修约误差所致，未做机械调整。

四 上海市体育企业面临的主要问题和发展诉求

(一)体育竞赛组织企业诉求分析

近年来，上海体育竞赛表演业总体保持上升态势，但发展潜力并未能完全释放。

一是对体育企业办赛支持力度不够。体育竞赛表演业具有产业链长、融合度高、关联性强的行业属性，能够释放出"一业出圈、百业兴旺"的溢出效应。体育竞赛表演业有效带动了餐饮、娱乐、交通、住宿、旅游等相关产业发展，但这种正外部性效应不能转化为体育赛事企业直接的运营收益，需要政府给予相应的奖补以激励企业开展相关活动与服务。尽管当前上海市建立了以建设体育赛事体系为重点、以"赛事认定—赛事评估—赛事扶持"为手段、以体育赛事监管和体育赛事管理数字化平台建设为支撑的体育赛事管理创新体系，以及体育赛事发展专项资金制度，但与国内主要城市相比，办赛支持力度还有一定差距。上海市体育赛事发展专项资金主要采用经费资助的方式，专项资金支持额度不超过赛事实际投入的30%，根据项目评审结果分档设置支持比例，其中，一般项目支持金额不超过500万元，重点项目支持金额不超过1000万元，相比于深圳、成都等地，同样的赛事专项资金奖励占比最高达50%。在单个赛事的奖励金额上也存在一定差距，例如，深圳市对涉及奥运会参赛资格或者积分的世界锦标赛、杯赛、公开赛等国际性高水平单项体育赛事最高奖励1500万元。

二是企业办赛成本高。举办体育赛事对于安全保障、后勤补给等有较高的要求，还需要与公安、消防、市政、城管、广电等很多部门协调，办赛的成本和收益无法预期，在一定程度上影响了市场主体的积极性。一方面，体育赛事活动安保费用过高。大型体育赛事的主办企业普遍表示，一场比赛的安保费用是场地租金的2倍，这对赛事盈利提出了更大的挑战。此外，目前安保部门要求的场馆空座率（防涨率）过高，由赛事现场安全考虑造成的售票数量的人为限制，削减了赛事运营收入。另一方面，办赛的协调成本高。体育企业普遍认为，赛事举办存在沟通渠道不畅等问题，办赛过程中需要付出较高的沟通协调成本，不利于引导域外资本投资各类体育赛事活动。因此，主营体育竞赛的市场机构在体育赛事运营过程中往往需要承担较高的成本，急需优惠政策，如减免企业所得税、增值税等，以降低经营成本。

（二）健身休闲企业诉求分析

从行业层面来看，健身休闲企业以及健身行业整体正处于转型阵痛期，行业规模和企业营收处于负增长状态。从企业层面来看，大型健身企业逐渐从连锁健身运营模式向"小而美"健身工作室转型，但健身工作室的市场集中度较低，在运营模式、产品创新等方面仍处于探索期，整体营收能力较弱。

一是企业重资产运营模式难以为继。健身房重资产经营模式无法适应健身新形式要求，线下门店数量减少。早期健身房主要通过抛售预售卡的形式不断将回收资金用于拓展线下新门店，并以此循环，驱动品牌快速占领市场。但传统模式下连锁健身企业受资金链、现金流等因素的制约较大，如若总部资金链面临断裂风险，则会陷入重大经营危机，出现场馆关闭、拖欠薪资、退卡难等问题。

二是健身休闲行业面临转型阵痛期。受多重因素影响，上海市健身休闲市场呈现逐步收缩态势，健身行业正在适应新的市场需求和消费者偏好，加速商业模式的调整。一方面，传统健身房开始考虑付费模式的转型，部分企业开始探索月付制模式，在各平台推出月月付的支付方式。此外，智能健身镜、智能穿戴设备等健身模式的不断崛起，打破了家庭健身场景下难以得到专业反馈、专业指导等痛点，致使线下传统健身房纷纷探索线上发展模式，通过流量平台售卖卡课。另一方面，消费者的健身消费步入调整期，理性消费与消费分化并存的特点愈加明显，以200~300平方米以内的小空间，偏好月付、次付费为代表的小型健身房模式开始盛行。

（三）体育场馆管理企业诉求分析

得益于国家体育产业政策的支持、群众健康理念和体育消费意识的逐渐增强以及越来越高的体育赛事活动举办频率，上海市体育场馆行业整体呈现稳步回升态势。但受体制机制、土地性质、体育场馆事业属性等因素的制约，上海市体育场馆利用率和盈利率仍然相对较低。

一是体育场馆政策落地较难。如《上海市体育发展条例》指明"在确保建筑安全和消防安全的前提下，可以利用高架桥下空间、闲置地、楼顶空间等场地资源，暂不变更土地性质或者临时改变建筑使用功能，建设公共体育设施"，但在现实中，企业在实际投资过程中得到的各个委办局的支持力度有限，缺乏有效明确和具有可操作性的政策保障。再如，"体育场所水、电、气、热价格按不高于一般工业标准执行"政策尚未完全落地，水、电、气费用优惠和体育场馆税收优惠等方面的政策执行难度较大。特别是对于滑冰馆等高耗能的场馆来说，这一矛盾尤为突出。

二是体育场馆商业业态准入限制多。大型体育场馆受体育用地属性限制及验收影响，商业业态空间小、受限多。例如，以徐家汇体育公园为代表的场馆在业态引进上不如预期，亟须有关行政部门在大型体育场馆阶段性验收方面给予指导和支持，并研究适当放宽体育场馆经营准入限制，提升场馆利用率。

三是公益性和市场性协调较难。体育场馆服务是典型的准公共产品，承担着提高居民素质、养成健康生活方式等任务，大量体育场馆为市民提供免费、低收费全民健身服务项目，导致按照市场定价的民营场馆受到巨大冲击。为此，有关部门要制定差异化的场馆服务定价机制，给场馆运营留下充分的市场空间。

（四）体育中介代理服务企业诉求分析

伴随着体育赛事、体育大型活动、产品升级等体育核心业态的快速发展，与之配套的经纪、广告、设计等体育中介代理服务行业也得到快速发展。但由于上海市体育中介代理服务行业起步晚、起点低，与国外发达国家、地区和城市相比，仍存在较大的差距。

一是行业发展滞后。上海体育中介代理服务行业在赛事推广、体育赞助、体育经纪、投资咨询、技术服务等领域发展不足，缺少以体育中介代理服务为主营业务的机构，与纽约、伦敦、北京相比均有差距，在发展规模、发展质量与发展效率上仍存在较大的提升空间。特别是，作为资源配置的关键枢纽和主要媒介，上海市体育中介代理服务机构整体发展水平在一定程度上制约了上海市打造辐射全球的体育资源配置中心和全球著名体育城市建设。

二是缺乏龙头体育中介机构。目前，上海市规模较大、专注于体育经纪业务且能职业化运作的龙头体育中介机构依然较少。尽管近年来部分龙头企业开始涉及体育中介代理服务业务，但营销赞助、运动员经纪、赛事运营等业务主要服务母公司体育运营发展需要，其核心竞争力与拉加代尔、IMG等国际体育经纪机构相比差距明显，不能适应上海市体育中介代理服务行业纵深发展的要求。

三是引进国际体育中介机构的力度不够。深圳出台了《关于促进文体娱乐业高质量发展的若干措施》，明确提出要"鼓励引导社会力量兴办国内外知名的体育经纪机构"，并制定了对体育经纪机构的奖励办法。相比较而言，虽然《上海市体育产业发展"十四五"规划》提出了要"培育体育中介市场，发展赛事运营、体育咨询、体育经纪、体育保险等多种服务"，但尚未制定引进国际体育中介机构的政策举措。

五 关于提升上海市体育企业竞争力的建议

（一）推动体育产业链现代化

推动实施体育产业链"链长制"，鼓励各区出台财政支持政策，培育体育产业链链主企业及壮大链上企业，特别是提升国有体育企业的实力，促进体育资源的有效重新配置和国有资产的战略重组。培育若干主业突出、影响力大、带动能力强、有国际竞争力的体育龙头企业。鼓励本市龙头企业开拓体育产业板块，支持本市体育产业集团跨地区开展业务，不断提高市场影响力，着力打造成为与全球著名体育城市相匹配的领军企业集团。加快主营体育领域企业纳统，开展大中小体育企业融通对接活动，帮助中小体育企业融入龙头企业供应链，推动上下游资源共享，提升体育产业链现代化水平。打造更多体育专业楼宇、体育企业孵化基地、体育产业生态园，进一步引导和支持体育数字化、体育竞赛表演、体育健身休闲、体育传媒信息、运动健康等重点板块的企业、项目和平台集聚。联合高校、科技园区等平台，搭建体育产业创新创业平台，激发各类创新资源活力，缩短创新进程，提高创新效率。

（二）建设规上体育企业培育库

建设规上体育企业培育库，加强体育企业入库培育、指导服务和动态运行监测工作，对符合规上标准但未纳入统计的企业，如瑞竑健身、久萌体育等公司，紧抓市统计局入库企业调整时间窗口，及时进行补充完善，确保数据库完整，更准确地反映体育行业发展情况。实施开展创新型中小企业、"专精特新"中小企业等优质体育企业培育工作，加强对重点体育企业的排摸，及时挖掘一批研发能力强、成长速度快、发展潜力大的体育企业纳入培育库。制定奖补办法，对全市升规提质成效明显的体育企业、新建入统的体育企业、小升规且年产值增长率达到较高水平的体育企业给予奖补。

（三）强化体育产业投资基金效能

鼓励社会力量依法设立各类体育产业投资基金，引导私募股权投资基金、创业投资基金等各类投资机构投资体育产业，利用金融资源做大做强体育产业。进一步探讨上海体育产业投资基金相关事宜，优化新周期体育领域企业投资标准，将风险投资和私募股权引入体育产业，采用股权投资的方式对成长性较好的体育企业或项目进行投资，增强体育企业的造血能力。

（四）降低体育企业办赛成本

完善公共安全服务体系，严格规范安保等体育竞赛表演产业经营场所公共安全服务供给。降低体育赛事活动安保成本，积极探索建立体育场馆安保等级评价制度。扩大体育产业扶持资金的扶持范围，增加扶持金额，以及创新赛事管理方式，改革商业赛事审批和备案机制，重点支持体育企业举办市场化程度高的体育赛事，对做出突出成绩的体育企业进行财政支持。

（五）完善体育场馆管理行业支持政策

稳妥推进公共体育场馆所有权、经营权分离改革，引导社会资本参与公共体育场馆设施建设运营，将政府投资新建的体育场馆委托给第三方企业运营。建立完善的体育场馆服务定价机制，为优质运营主体的培育和壮大提供更多机会。加强体育产业无形资产开发，依法推动将体育场馆经营权和相关冠名权等纳入公共资源交易平台进行公开规范交易。落实体育场馆优惠政

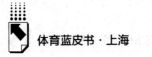

策，体育场馆自用的房产和土地，可按规定享受有关房产税和城镇土地使用税优惠。

（六）引育体育中介代理服务企业

上海作为我国开展国际文化交流的重要窗口，具有较高的国际化程度，良好的开放性和包容性，以及"海纳百川、追求卓越、开明睿智、大气谦和"的城市文化，为吸引国内外各类体育赛事和组织机构落户，打造中西合璧、多元融合的体育产业提供了有利条件。应制定实施细则和配套方案，支持和促进体育中介代理服务行业发展，加快培育一批专业体育中介代理服务行业龙头机构，积极打造体育中介代理服务国际品牌。制定实施"全球体育中介机构招引计划"，吸引国际著名体育经纪、体育咨询等体育中介代理服务机构落户上海。对境内外知名体育中介代理服务企业在上海市设立全资分支机构或控股企业，首年主营收超1000万元的规模以上企业，给予适当奖励。深化"放管服"改革，降低国际体育中介代理服务机构进入壁垒，落实"非禁即入"、分类再造审批流程，破解"准入不准营"难题，以政策透明度优化营商环境。

参考文献

黄海燕：《推动体育产业成为国民经济支柱性产业的战略思考》，《体育科学》2020年第12期。

《上海举行推进全球著名体育城市建设新闻发布会》，国务院新闻办公室网站，2023年9月26日，http://www.scio.gov.cn/xwfb/dfxwfb/gssfbh/sh_13834/202310/t20231007_773052_m.html。

赵治纲等：《中小微企业成本上升超预期，经营形势不乐观》，《财政科学》2022年第3期。

B.6
2023年上海市体育公园发展报告

林章林　冯姝婕*

摘　要：　建设体育公园是上海市深入践行人民城市重要理念、深化体绿融合的体制机制、统筹增加生态绿色和全民健身空间、推动提升人民群众生活品质的重要环节。本报告重点从供给侧和需求侧阐述当前上海市体育公园的发展现状，综合分析上海市体育公园在多元主体参与机制、现有空间更新改造、特色化建设以及科技设施赋能方面的发展特色，深入探讨了公园目前在规划、建设、管理、宣传方面的发展瓶颈，并针对未来上海市体育公园的发展提出创新公园用地模式、丰富园区设施和项目、强化多元主体协同治理、创新多样化活动体验等具体策略建议。

关键词：　体育公园　场地设施　全民健身

体育公园是以体育健身为重要元素，与自然生态融为一体，具备改善生态、美化环境、体育健身、运动休闲、娱乐休憩、防灾避险等多种功能的绿色公共空间。体育公园是全民健身的全新载体，是绿地系统的有机部分，建设体育公园是改善人民生活的有效途径，也是提升城市品位的重要标志。2021年7月国务院印发《全民健身计划（2021—2025年）》，提出到2025年，将新建或改扩建2000个以上体育公园、全民健身中心、公共体育场馆等健身场地设施。《国务院办公厅关于加强全民健身场地设施建设发展群众体育的意见》《"十四五"时期全民健身设施补短板工程实施方案》《关于

---

* 林章林，上海体育大学副教授，主要研究方向为体育旅游；冯姝婕，上海体育大学硕士研究生，主要研究方向为体育产业管理。

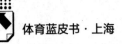

推进体育公园建设的指导意见》等一系列政策文件的出台，对全国的体育公园建设任务进行了部署。

2023年2月，上海市发展改革委、体育局、绿化和市容管理局、规资局联合印发的《上海市推进体育公园建设实施方案》提出，"到2025年，全市至少建设20座、各区至少建设1座占地4万平方米以上的体育公园"。为满足城市居民运动健身需求和改善都市生态环境，上海市在探索体育公园建设方面取得了一系列重要成就。本报告结合上海市体育公园建设的实际情况，从供给侧和需求侧分析现有体育公园的发展现状，总结其发展特色、面临的问题，提出发展策略，为推动上海市体育公园多元化发展、创新化经营，高质量落实体育公园建设任务提供参考。

一　上海市体育公园发展现状

（一）上海市体育公园供给分析

上海市围绕建设全球著名体育城市总体目标，充分发挥体育资源优势，打造了一批内容丰富、功能多元的体育公园。依据体育公园的定义，根据对上海市绿化和市容管理局、上海市林业局等网站资料，以及线上相关资料的收集整理，截至2023年底，上海市的体育公园共有57个，如表1所示。根据《体育公园配置要求（征求意见稿）》，按照占地面积可以将体育公园分为微型、小型、中型、大型四个类别。57个体育公园中共计有33个体育公园的占地面积可以查到，如表2所示。

从建成时间来看，大部分体育公园为2013~2023年新建，尤其在2018~2023年，多个体育公园建成投入使用，展现出体育公园及体育设施供给加速上升的态势，有效地填补了区域体育场地和设施供给的空白。2013~2023年，嘉定区通过新建、提升、改造百余个公园，分别建设了上海市民体育公园、紫气东来体育公园、北水湾体育公园等体育公园，满足市民多元化的健身、休闲和文化需求。2018年以来，青浦区的3个体育公园，即赵巷体育公园、Max体育公园、重固体育公园先后建成并投入使用，显著提升了区域生态环境和居民生活品质。近年来，闵行区体育空间不断扩容，依托自然环境和"闲置"空间打造了马桥森林体育公园、五星体育公园、名都体育公园等体育公园，使更多市民享受到在"家门口"运动的便捷。

表1　截至2023年底上海市体育公园各区分布情况

所在区域	公园名称	所在区域	公园名称
浦东新区 （22个）	前滩体育公园	宝山区（6个）	新顾城体育公园
	锦尊体育公园		格力特体育公园
	书院体育公园		FUNTOGETHER 体育公园
	杨园体育公园		宁宝体育公园
	金桥市民体育休闲公园		泰力宝体育公园
	森兰体育公园		沈杨码头体育公园
	世博体育公园	嘉定区（5个）	上海市民体育公园
	浦东体育公园		紫气东来体育公园
	碧云体育公园		北水湾体育公园
	极境悬浮体育公园		鹏新体育公园
	世继未来体育公园		安亭新镇奥林匹克体育公园
	活力102体育休闲公园	徐汇区（4个）	徐家汇体育公园
	唐镇银樽路体育休闲健康公园		聚动力贝岭体育公园
	博那屋体育公园		乐动力·西岸风之谷体育公园
	开新文体公园		康健社区体育公园
	高东体育主题公园	青浦区（3个）	赵巷体育公园
	链轮体育公园		重固体育公园
	临港体育公园		Max 体育公园
	南码头社区体育公园	奉贤区（2个）	正阳体育公园
	易捷体育公园		奉鹰体育公园
	汤巷体育公园	杨浦区（2个）	黄兴全民体育公园
	昂立慧动体育公园		世炬体育公园
闵行区（7个）	闵行体育公园	松江区（2个）	方松体育公园
	名都体育公园		雨坤亲子体育公园
	古美体育公园	黄浦区（1个）	世博黄浦体育园
	五星体育公园	长宁区（1个）	虹桥体育公园
	运康体育公园	普陀区（1个）	普陀体育公园
	马桥森林体育公园	静安区（1个）	静安青年体育公园
	REAL PARK KINGSPORT 体育公园		

　　资料来源：根据上海市绿化和市容管理局、上海市林业局等网站资料，以及线上相关资料整理所得。

表 2 截至 2023 年底部分上海市体育公园类型分布

单位：平方米

公园类型	公园名称	公园面积
大型	上海市民体育公园	2800000
	闵行体育公园	840000
	徐家汇体育公园	306000
	前滩体育公园	230000
	黄兴全民体育公园	176000
	紫气东来体育公园	166600
	安亭新镇奥林匹克体育公园	120000
	马桥森林体育公园	1200000
	汤巷体育公园	711200
	金桥市民体育休闲公园	110000
	森兰体育公园	4200000
	浦东体育公园	160000
	高东体育主题公园	约 333333
	虹桥体育公园	135000
中型	锦尊体育公园	87400
	正阳体育公园	79130
	赵巷体育公园	64222
	书院体育公园	60700
	普陀体育公园	60000
小型	方松体育公园	52991
	北水湾体育公园	50000
微型	世博黄浦体育园	30000
	名都体育公园	约 10000
	重固体育公园	18000
	新顾城体育公园	约 20000
	静安青年体育公园	约 10000
	碧云体育公园	17000
	世博体育公园	10000
	活力 102 体育休闲公园	3200
	开新文体公园	25000
	乐动力·西岸风之谷体育公园	约 20000
	康健社区体育公园	13000
	古美体育公园	5000

资料来源：根据上海市绿化和市容管理局、上海市林业局等网站资料，以及线上相关资料整理所得。

从区域分布来看，上海市体育公园总体呈西北、东南向趋势分布，东西方向较为密集，南北方向较为稀疏，其椭圆中心点位于内环内徐汇区，表明全市体育公园总体位于黄浦江以西。全市共 13 个市辖区建设有独立的体育公园，其中，浦东新区（22 个）、闵行区（7 个）和宝山区（6 个）体育公园数量位居全市前列，其次是嘉定区、徐汇区、青浦区等区域，而虹口区、金山区、崇明区目前还没有体育公园。浦东新区在数量和面积上均处于优势地位，可以较好地满足辖区内居民的健身、训练和休闲需求；其他行政区具备一定的供给能力，可部分满足区域内居民的健身和休闲需求；而未建成体育公园的辖区则需新建或改建。

从体育设施的配置来看，上海市体育公园基本配备了健身步道和多功能健身区，更有部分公园配备了剑道、高尔夫、水上项目等特色体育项目设施，如表 3 所示。部分面积较大的体育公园能够容纳类型更多的运动场地设施，其中位于嘉定区的上海市民体育公园颇具代表性。上海市民体育公园共有 11 人制足球场 18 片、5 人制足球场 30 片、3V3 笼式足球场 2 片、橄榄球场 2 片、篮球场 21 片、网球场 2 片、棒垒球场 2 片及飞盘场地，以及服务中心、生态跑道、休闲广场等设施。园区绿化率高达 37%，是融绿地生态环境于一体的体育运动休闲地。[①] 另有部分体育公园依托特色体育项目设施，满足附近居民的健身休闲娱乐需求，如以足球为主的五星体育公园、以网球为主的紫气东来体育公园和前滩体育公园、以沙滩排球为特色的北水湾体育公园、以生态绿色轻运动为特色的锦尊体育公园和碧云体育公园等。

表 3　部分上海市体育公园内设体育项目设施

公园名称	公园地址	内设体育项目设施		
上海市民体育公园	安辰路 999 号	足球	篮球	跑道
闵行体育公园	新镇路 456 号	露营	球类	划船
高东体育主题公园	高东镇新园路 998 号	门球	乒乓球	羽毛球

[①] 《上海市民体育公园一期落成服务广大市民》，国家体育总局网站，2019 年 10 月 9 日，https：//www. sport. gov. cn/n20001280/n20001265/n20067708/c20108264/content. html。

续表

公园名称	公园地址	内设体育项目设施		
紫气东来体育公园	天祝路与胜辛路交叉口	网球	篮球	操场
徐家汇体育公园	中山南二路 1500 号	篮球	羽毛球	网球
前滩体育公园	前滩大道 735 号	网球	篮球	高尔夫
马桥森林体育公园	马桥镇曙光路东侧	足球	羽毛球	门球
黄兴全民体育公园	国顺东路 318 号	高尔夫	足球	羽毛球
浦东体育公园	源深路 655 号	羽毛球	游泳	台球
虹桥体育公园	绥宁路 820 号	游泳	滑板	剑道
赵巷体育公园	赵巷镇业文路	大草坪	攀岩墙	健身步道
锦尊体育公园	成山路与锦尊路交叉口	篮球	足球	健身步道
普陀体育公园	桃浦镇金通路 158 号	皮划艇	篮球	足球场
碧云体育公园	杨高中路 1153 号	篮球	露营	健身步道
汤巷体育公园	康人路 570 号	门球	足球	动感单车
五星体育公园	航中路地铁站 2 号口旁	足球	飞盘	

资料来源：根据实地调研和网上公开资料整理。

（二）上海市体育公园需求分析

为进一步了解上海市体育公园发展的实际情况，特别是体育公园的使用者——上海市市民对体育公园的需求情况，本报告课题组对上海市部分体育公园进行了实地调研。同时，本报告课题组设计了《周边居民对上海市体育公园服务质量的感知问卷》，结合覆盖多区的原则，选取 2 个大型体育公园（闵行体育公园、前滩体育公园）、1 个中型体育公园（普陀体育公园）、1 个小型体育公园（方松体育公园）、1 个微型体育公园（世博黄浦体育园）共 5 个公园，并向公园周边物理距离 5 千米范围内的居民发放，共回收问卷 500 份。剔除无效问卷后，共计回收有效问卷 473 份，回收有效率为 94.6%，具有统计学意义。本次参与调研的受访者的男女比例差距较大，以男性居多。调研对象年龄以 19~50 岁为主，多为青年、中年群体，如表 4 所示。

表4　受访市民的基本信息

单位：人，%

分类	选项	频数	占比
性别	男	307	64.90
	女	166	35.10
年龄	18 岁及以下	44	9.30
	19~30 岁	167	35.31
	31~40 岁	110	23.26
	41~50 岁	82	17.34
	51~60 岁	32	6.77
	61 岁及以上	38	8.03
职业	政府机关/事业单位职工	45	9.51
	企业职工	141	29.81
	个体工商户	32	6.77
	自由职业者	63	13.32
	学生	115	24.31
	工人	9	1.90
	离退休人员	58	12.26
	其他	10	2.11

资料来源：根据问卷调查结果整理所得。

在去体育公园的频率方面，市民一个月去 1~3 次的占比最高，其次为一月 4~6 次，两者合计超过了 60%（见图 1）。整体来看，市民对体育公园的需求较高，反映出体育公园在满足市民日常锻炼和休闲需求方面发挥了重要作用。虽然仍有部分市民的访问频率较低，但他们仍对体育公园存在一定的兴趣和需求，这可能与个人的时间安排、健身习惯或对周边环境的熟悉程度有关。在所参与的体育运动方面，跑（散）步、篮球、足球、羽毛球等大众项目是市民在体育公园运动的首选。体育公园不仅能提供专业的场地，更能提供舒适绿色的空间，满足人们对身心良好发展的需要。体育公园同时能满足一些相对小众的运动项目需求，如高尔夫、垒球、橄榄球等（见图 2）。

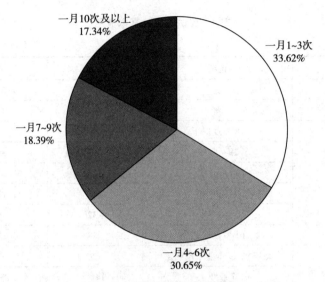

图1 市民去体育公园的频率

资料来源：根据问卷调查结果整理所得。

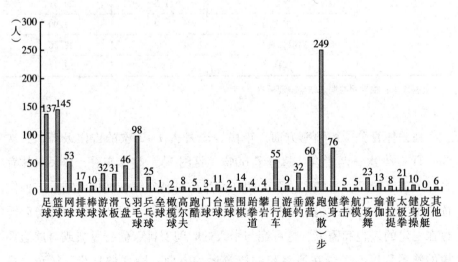

图2 市民在体育公园参与体育运动的情况

资料来源：根据问卷调查结果整理所得。

从市民对体育公园服务质量的感知情况来看，除"7-3我认为公园有充足的商业场所，如便利店、餐饮店等"外，各项指标的感知得分均值均高于5分（见表5），说明大众对上海市体育公园的整体认同感较高。体育公园有着丰富的植被，不仅提供了良好的景观，让人们能够远离城市喧嚣，享受一份宁静，而且是大众休闲娱乐、户外运动、锻炼和社交的良好场所（见表5）。

表5 市民对体育公园服务质量的感知情况统计

单位：分

维度	感知得分
7-1 我觉得到达公园十分便利	5.61
7-1 我觉得公园内道路走起来很通畅	5.82
7-1 我觉得公园的绿化充足	5.85
7-1 我觉得公园的空气质量很好	5.82
7-1 我觉得公园的水质很好	5.13
7-1 我觉得公园的整洁度很好	5.72
7-1 我觉得公园的噪声很小	5.39
7-2 我认为公园的体育设施数量充足	5.37
7-2 我认为公园的体育设施类型丰富	5.37
7-2 我认为公园的活动场所能满足日常运动需要	5.68
7-2 我认为公园的体育设施空间布局是合理的	5.56
7-2 我认为公园的体育设施与自然环境相协调	5.66
7-2 我认为公园的体育设施被维护得很好	5.54
7-3 我认为公园的基础设施完善，如照明、垃圾箱、厕所、座椅、停车场等	5.26
7-3 我认为公园的人性化设施完备，如无障碍设施、医疗站点、报警装置等	5.19
7-3 我认为公园智慧化设施有效，如智能贩售机、智能导览等	5.00
7-3 我认为公园有充足的商业场所，如便利店、餐饮店等	4.62
7-4 我认为公园有较多体育比赛或其他体育活动	5.47
7-4 我认为公园里有很多人参与体育运动	5.67
7-4 我认为公园的体育文化宣传做得很好	5.33
7-4 我认为公园的体育象征符号具有代表性	5.28
7-5 我认为公园的开放时间合适	5.69
7-5 我认为公园的收费标准合理	5.52
7-5 我认为公园的工作人员很专业	5.32

续表

维度	感知得分
7-5 我认为公园的体育组织能很好融入公园	5. 56
7-6 我认为公园内是安全的	5. 89
7-6 我认为公园的设施是定期维护的	5. 75
7-6 我认为公园能提供一定的安全咨询服务	5. 58

资料来源：根据问卷调查结果整理所得。

从调查的 5 个体育公园的横向对比来看，市民对闵行体育公园的服务感知度最高，其次是方松体育公园和世博黄浦体育园（见图 3）。闵行体育公园在各个方面的表现都较为优越，是一个集休闲、健身、娱乐、运动于一体的现代化综合性公园，设有专业网球场、篮球场、羽毛球馆、健身房等多个运动场地，提供了全方位的休闲设施。此外，闵行体育公园经常承办各类运动比赛和社区活动，如上海市民运动会、足球职业联赛、企业组织的户外拓展活动等，增强了公园的社区属性，丰富了公园的文化内涵。从纵向对比来看，市民对各个体育公园的地理环境、公园安全的相关指标感知度较高，可见体育公园作为上海市绿地系统的组成部分之一，整体的绿化和植被覆盖情

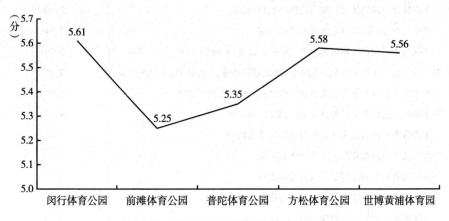

图 3　部分体育公园的综合市民感知情况

资料来源：根据问卷调查结果整理所得。

况均较好。但各个体育公园的配套设施相对欠缺，这可能是由设施多样性不足、设施规模不够、公园未提供清晰的设施信息或标识等原因造成的。从地理环境和体育设施的情况来看，前滩体育公园的得分较低（见图4），可能是由于交通不便以及场地和设施规模不足以满足不断增长的市民需求，尤其是在繁忙时段，公园附近的交通可能出现拥挤。在体育文化氛围和公园管理维度，前滩体育公园的得分较低，公园可能缺乏多样的体育和休闲活动选择，无法满足市民的体育锻炼需求，且缺乏高效的管理和运营手段，可能导致资源浪费和服务不足问题。在公园安全方面，普陀体育公园的得分较低，可能是由于设施维护不足，存在园内设施老化、卫生问题，影响市民的使用体验。

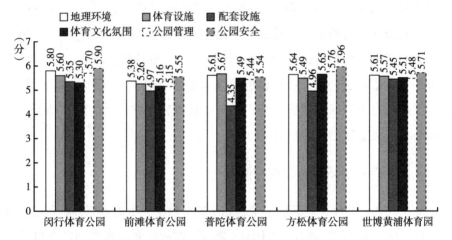

图4 部分体育公园服务质量的市民感知情况

资料来源：根据问卷调查结果整理所得。

二 上海市体育公园发展特色

（一）形成多元主体参与机制

为进一步发挥上海市、区两级政策引导作用，充分调动社会力量积极性,上海市探索了灵活多样的体育公园建设运营机制。在建设方面,由政府确定体育公园项目建设和运营主体;在运营方面,则采用如政府购买、合同外包、特许经营等市场化经营模式,由企业负责运营和维护体育公园的日常事务。通过这种运营机制,政府能够发挥监管和指导作用,而企业能够通过市场机制有效解决体育公园后续运营在财力、物力及人力方面存在的问题,极大地提高了公园的建设效率、运营活力和服务效能。对上海市部分体育公园的运营模式进行调查发现,在公园的运营管理模式上既有传统事业型,体育场地设施日常的管理和运营由相关事业单位负责,公园绿化的管理由区绿化和市容局负责;也有企业化运营模式,如前滩体育公园由陆家嘴集团酒店产品发展中心负责运营;还有委托运营模式,如上海市民体育公园由上海久事国际体育中心有限公司负责运营;另有事业单位、企业合作运营模式,如徐汇区康健社区体育公园的部分项目委托第三方运营,其余由街道自己负责管理。① 在社会力量的支持下,上海市体育公园的日常维护、公益开放、设施更新和数字化转型等工作得到了保障,公园被成功打造为绿色便捷的全民健身新载体和开放共享的健身场所,提供高质量、多层次的体育服务。

（二）积极更新改造现有空间

为了改善公共体育空间的不平衡和不充分情况,上海市充分利用已有条件,以"公园+体育"模式、"体育+公园"模式,积极更新和改造城市体育空间。利用现有公园新增体育设施、健身空间以及必要配套设施,对原有设施和绿化进行升级改造,提升公园服务能级,或依托体育设施增加符合要求的绿化,有机融入绿化空间,提升体育设施服务质量。按照"公园+体育"模式,闵行区古美体育公园开展了对原有绿地空间的改造,不断拓展其体育功能。公园利用园内3万多平方米的水域面积,引入桨板和皮划艇项目,为周边居民提供了亲水运动体验。与此同时,公园对原本的绿地和设施

① 郑樊慧等:《上海体育公园现状调查及发展建议》,《体育科研》2023年第1期。

进行了体育化调整，对原本公园内的 3 片球场进行升级改造，设计了 3 条总长度近 1500 米的健身步道，增设了健身器械、游戏空间、景观座椅等，为闵行区居民提供了休闲运动的场所。① 按照"体育+公园"模式，经过全新改造升级的徐家汇体育公园，通过对既有建筑空间进行生态改造，重新梳理了既有运动场所和绿化场地的关系，强调增"绿"增"体"、"绿""体"相融，以在绿化空间中镶嵌运动场地、慢跑路径穿林而过等形式营造出在大自然中运动的氛围，布局全民健身和专业服务功能，塑造了"整体协调、绿意盎然、景观优美、运动氛围活跃"的户外开放空间形象。②

专栏1 浦东新区汤巷体育公园建设项目

上海市作为一个超大型的现代化都市，需要时刻考虑城市土地资源紧张、建筑密度高等因素。结合这样的现实条件，上海市的体育公园建设考虑到城市原有的空间结构和规模，采用改造和更新的方式，在符合条件的各级各类公园嵌入体育健身设施，建设一大批"家门口"的体育公园，提升"15 分钟社区生活圈"全民健身公共服务能级。

位于外环林带浦东南段的汤巷公园，是上海"十四五"体育公园重点建设项目。公园改造充分尊重现状，依托原南汇生态园优质现状本底进行提升，通过丰富的体育运动将游客引入自然。通过重组体育运动游线、露营休闲游线、骑行运动游线、生态体验游线四条游览线路，公园串联起生态空间和活动场地，增强了公园的整体游览性。同时紧扣体育主题，为运动爱好者提供 2.3 万平方米的健身、运动设施，包括 10 片球场 6 项体育运动（足球、篮球、网球、门球、滑板、动感单车），为小朋友增设"水乐园""平衡乐园"，为老人设置智慧健身场，形成多元游乐特色。

汤巷公园通过改造提升，贯通绿道与浦东外环公园带其他公园，形成联

---

① 《这个家门口的公园开了！上新一批智能化健身器械，还有……》，闵行区人民政府网站，2024 年 3 月 2 日，http://www.shmh.gov.cn/shmh/ggtyss-xwdt/20240726/574042.html。

② 郑轶楠：《从上海徐家汇体育公园更新改造看新时期公共体育中心规划设计趋势》，《上海城市规划》2018 年第 2 期。

动，营造集生态、运动、生活于一体的生态空间，满足周边居民日常健身、休憩需求，使周边市民更好地享受环城绿带的生态效益，进一步提升市民的生活幸福感。

资料来源：《【政策实效】浦东全新体育公园，将于年底亮相》，"上海市发展改革"微信公众号，2023年6月27日。

（三）特色化建设初见成效

特色化建设是上海市对体育公园发展的新理解与新诠释，发展多样化、特色化、差异化的体育公园能够对市民的游玩体验、消费、服务等需求进行有机组合，形成体育公园生态环境、休闲设施、配套服务的聚合效应，打造区域内的人流集聚地，在满足居民高质量的健身、休闲需求的同时拉动消费。例如，虹桥体育公园依托地理位置近虹桥机场的优势，将航天元素融入体育公园的设计，以"星球"的概念命名场馆，连同航天科普走廊，为到访市民提供别样的锻炼体验。虹桥体育公园地下部分的综合性运动场馆共设有8座以星球命名的核心场馆：水星游泳馆、地球滑板场、木星综合体能训练中心、金星剑道馆、火星篮羽馆、土星壁球馆、天王星乒乓球馆、海王星运动康复馆。其中，篮球、羽毛球、壁球等场馆均为赛事级场地。运动者不仅可以身临其境地享受运动体验，还能了解到丰富的航天知识。再如，位于上海市浦东新区高东镇的高东体育主题公园以其门球运动闻名，园内的浦东高东门球中心曾是第10届世界门球锦标赛的举办地。园内还设有门球主题的雕塑以及中国唯一的门球运动博览馆。高东镇也因其浓厚的门球运动氛围，获得"全国门球之乡"的别称。

（四）注重科技赋能公园服务

上海市新建的体育公园普遍采用了智慧化的技术和设备，或在原有设施基础上进行了科技升级。一是依托智能化管理系统结合线上预约、自助扫码入场、自动启闭灯光、自动存储柜等智慧化功能，将体育公园纳入

"一网通办"、"来沪动丨健身地图"、上海市体育场馆设施数字化管理服务等公共平台，满足市民群众信息查询、预订等需求。入场后，体育公园内的智能化设备和无人值守系统支持居民自助使用场地和配套服务，以"互联网+体育"的创新，优化市民的健身体验。二是进行智慧场地运营服务升级，完善电子导航、健身指导、体质测试、赛事参与等公共服务功能，并通过电子大屏呈现所有设施的实时使用情况，分析使用人的年龄段、性别等数据，让公园运营及器材维护更加智能化，也可为公园开展体育赛事或体育培训提供参考。三是在入场、监管、人群分析等方面实现功能全面升级，信息化管理可以精准控制园区到访人数、避免人群集聚，不仅满足了居民在家门口有序休闲和锻炼的需求，还保障了市民在体育公园内健身锻炼的体验。

三　上海市体育公园面临的问题

（一）场地资源需统筹规划和利用

从整体上看，目前上海市体育公园的总量仍不饱和，人均供给面积较小，尤其是黄浦区、静安区所处的内环中心城区存在供给缺失，外环外的金山区和崇明区尚未建成体育公园。体育公园的普惠性要求政府在规划布局时结合现实情况，做到空间上的供需匹配。而现阶段，上海市体育公园区域空间分布尚不均衡，外环至内环区域体育公园分布较为集中，外环外区域则密度小，且普遍距离较远，区域覆盖度低。虽然浦东新区、嘉定区、闵行区内的体育公园数量较多，但集中于少数几个镇，无法覆盖大部分居民；松江区和奉贤区体育公园数量更少，仅能服务于附近居民。从单个公园来看，部分体育公园内的资源和项目未得到充分规划，导致了一定的资源浪费。如青浦区的赵巷体育公园，具有水域资源，但是并没有充分开发；黄浦区的世博黄浦体育园，有较多场地空闲，却未被充分利用。除此之外，目前上海市有很多具备体育功能的公园和绿地，但未被命名为"体育公园"，其中一些功能

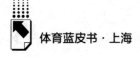

设施甚至比已经命名的体育公园更加完善。对于这些公园是否算作体育公园缺少统一的标准和规范。

（二）场地和项目建设缺乏多样性

现阶段，上海市大多数体育公园在建设方面缺乏多样性，制约了公园的整体品质与用户体验，主要体现在缺乏独特主题、项目设置单一以及与公园生态融合不紧密等方面。一是缺乏独特主题的提炼和打造。目前上海市体育公园虽然具备一些基本的体育场地和设施，但大多停留在设置场地层面，未能充分利用街区文化、人文历史或地理特点来打造具有地域特色的运动体验，这使得公园的吸引力不高。二是项目设施单一。根据《关于推进体育公园建设的指导意见》的相关规定，体育公园的专业性应当更强，运动种类应更加丰富，不应简单地以增加健身器材来代替，故中央预算内投资也不支持健身器材的购置。而现有的多数小型、微型体育公园园区内以绿地和植被为主，仅提供健身器材和健身步道，没有开辟专业的运动场地或特色体育项目，公园的利用率较低。三是生态融合程度低。政策明确提出体育公园绿色空间应与健身设施有机融合，需避免体育公园场馆化，要充分利用自然环境打造运动场景。具体来说，体育公园应兼具运动健身功能和生态功能，不可偏重其中之一。但在调研过程中发现，许多体育公园在实际操作中未能充分考虑生态环境的保护与融合，只是在其生态环境内建设了一个体育场馆。这样的设计不仅影响了公园的美观度，也可能对生态环境造成一定的压力，削弱了公园作为休闲空间的魅力。

（三）科学运营管理模式尚未形成

体育公园的管理涉及多个部门及主体，如市绿化局、体育局等政府部门、社会企业、俱乐部，甚至是社区街道等，不同的主体有不同的责任和权力。目前，上海市体育公园在管理方面的问题主要集中在管理权责不清、配套设施缺乏、运营机制乏力以及缺乏多元化发展等方面。首先，公园管理主体的责任和权力未能明确界定，责任的模糊性常常导致公园日常运营中的问题无人解决，影响公园的管理效果和服务质量。其次，许多体育公园缺乏基本的医疗救护设施、安全保障设施和智慧化设施。体育公园内相关的公共卫生设施，如公共厕所和垃圾桶，需进行定期的更新和维护。配套设施缺乏情况不仅影响了公园的使用体验，也可能在紧急情况下威胁到用户的安全。随着公园使用人数的增加，这些问题将变得愈加明显。最后，当前，上海市体育公园的运营机制缺乏活力。一方面，政策明确要求，体育公园需确保免费或低费向社会开放，不可过度商业化。另一方面，体育公园又需要引入第三方运营，以提高体育公园的长期运营效率。缺乏科学的运营模式使得公园的经济效益和社会效益难以同时实现，无法满足市民多样化的体育锻炼需求。部分体育公园运动场地尚未形成公益时段免费开放与非公益时段收费的管理机制，园区内的体育项目设施空置率较高，资源利用率有待提升。

（四）赛事活动和营销宣传不足

体育公园进行一定的营销宣传具有吸引市民和更多游客、增加公园体育消费收入、建立良好的公园形象等方面的积极影响，但如今上海市体育公园在宣传方面较为薄弱，限制了公园发展潜力的释放。一是缺乏赛事活动。专业赛事能够有效吸引人流，提高公园的曝光率和参与度。目前，上海市体育公园仅有少部分公园利用园内场地组织和举办专业赛事和业余比赛，这一现象不仅限制了体育公园的活跃度，还使得市民缺少参与体育活动的平台和机会。市民的参与积极性是体育公园发挥其实用性的关键，公园内的活动和赛事需要更多的推广和引导，让市民感受到在公园内参与体育锻炼的乐趣和价值。二是宣传渠道单一。现有的多数体育公园仅依赖官方微信公众号进行宣传，缺少实际的运营和更新，部分公园甚至没有公众号。这种宣传渠道的单一性使得信息传播的覆盖面和时效性大打折扣，难以有效吸引更多的市民和游客。现代社会信息传播多样化，跨界营销和短视频推广等新兴手段能够更好地引起公众的关注和兴趣，但目前这些有效的宣传方式尚未被广泛应用于体育公园的宣传工作。三是宣传力度不足。已有体育公园的活动和设施并未

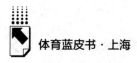

得到充分的宣传报道，导致公园的活动、设施和服务未能有效传递给目标受众，市民对周边新建体育公园的信息缺乏了解，影响了公园潜在使用者的参与意愿。

四 推动上海市体育公园高质量发展的策略

（一）创新体育公园用地模式，因地制宜增量开发

未来体育公园的规划应全市一盘棋统筹，贴近社区多点布局。面对城区土地紧张的现状，有必要对现有公园进行清点。在符合面积标准的基础上，探索通过增加健身步道、开辟球类场地以及在河流湖泊中设置水上运动设施等方式，对现有公园进行改建。针对市民反映的体育公园数量不足和距离较远的问题，可优先考虑建设小微型体育公园，按照居住社区的分布进行多点布局，使其成为"15分钟健身圈"的重要组成部分，减少居民的往返成本。尤其在新城区和郊区，可以优先布局新建体育公园，并利用郊野公园资源增加健身场地供给。在不改变土地性质和绿化面积的前提下，试点郊野公园的属性调整，将部分区域纳入体育公园规划。同时，在公园建设过程中，标准化管理是前提。目前，我国出台了《城市社区体育设施建设用地指标》《城市公共体育场馆用地控制指标》《城市公共服务设施规划标准》等，对公共体育设施服务内容、服务半径、服务人口规模、人均体育场地面积等做出了规定，为体育公园等公共体育设施布局提供了直接依据。此外，体育公园还需制定符合都市特点的评价标准，涵盖设施、服务、管理和环保等方面，确保公园为居民提供优质的体育健身和休闲娱乐体验。这些评价标准应根据城市特点和居民需求进行动态调整，以更好地满足市场需求。

（二）丰富园区设施和项目，提升园区品质和美观度

体育公园的发展助力营造更加宜居、宜业、宜游的城市环境，为提升体

育公园的品质和美观度，应进一步丰富园区内的体育项目和设施。首先，应进一步丰富体育公园内的体育项目，针对参与人数较多的徒步和跑步活动，可以在体育公园及其外围道路上铺设步行道和跑道，并与周边健身步道系统进行衔接，以提升整体使用体验。同时，探索场地的复合利用，考虑在绿化用地上设置广场舞、飞盘等非标准运动场地。为了更好地服务家庭到访者，可以根据不同年龄段的需求，设置儿童乐园和老年健身设施，增强家庭友好性。其次，根据地区的体育文化和市场需求，确立一个或多个公园主题，如户外运动、冰雪运动或水上运动，围绕主题设置公园内的设施和服务，提供更具吸引力和特色的体验。根据主题和节假日，策划各类体育活动，如体育嘉年华和运动明星见面会，以吸引更多参与者和游客、提高公园的知名度。最后，体育公园的设计规划应兼顾美观性与实用性。在美观性方面，优化公园的造景设计，包括场地、配套设施、标识系统和绿地系统。在实用性方面，通过高杆乔木覆盖，提高设施在晴天的使用率。

（三）强化多元主体协同治理，实现高质量运营管理

为了确保上海市体育公园的可持续发展和高质量运营，需进一步强化多元主体协同治理。这种机制结合了政府、企业、社会团体和居民的力量，能够实现资源的高效配置和管理。首先，政府需发挥引导和支持作用，通过出台相关政策鼓励社会资本参与体育公园的建设和运营。例如，可以通过公私合营模式，吸引社会企业投资，同时设立专项资金，用于基础设施的建设和维护。其次，推动以企业为主的市场运作。鼓励企业根据市场需求，挖掘体育公园的商业价值，开发与体育相关的商业活动，如健身课程、体育赛事等，提高公园的吸引力和经济效益。再次，社会团体和体育俱乐部可以作为居民与公园之间的桥梁，组织各类体育活动和赛事，提升居民的参与感和归属感。利用社团的力量，可以更好地了解居民需求，定制活动内容，提升社区凝聚力和活力。此外，居民作为最终的受益者，其需求和反馈对体育公园的建设和管理至关重要。应鼓励居民通过意见征集、社区会议等方式参与公园的规划与管理，确保公园设施和活动能够满足实际需求。最后，建立健全

的评估机制，通过定期调查和反馈收集，持续监测公园的运营效果。根据评估结果进行必要的调整和改进，确保公园能够适应不断变化的社会需求，保障体育公园的长期高质量运营。

（四）创新多样化活动体验，提高公园知名度和影响力

体育公园不仅是市民健身的场所，还是展示城市文化和吸引游客的窗口，需要创新多样化的活动体验，不断提高公园的知名度和影响力。一是整合体育公园与当地旅游资源，能够让市民在体验体育活动的同时，深入了解城市的文化和特色。体育公园可以与周边的旅游景点联动，打造"一站式"游玩体验。例如，设置体育活动与当地著名景点相结合的定向赛或徒步游，吸引市民在享受运动的同时，领略城市风貌。二是整合体育公园与历史文化资源。结合上海市的历史文化背景，体育公园可以设立文化主题区域，展示地方历史、传统运动项目和文化遗产。通过组织传统文化体验活动，如传统武术表演或民间运动，使市民和游客在参与的过程中深入了解上海的历史，增强文化认同感。三是整合体育公园与科技资源。借助现代科技，体育公园可以引入智能设备和应用程序提升用户体验，提供运动场地预约、健康数据追踪等功能，增强参与感。四是整合体育公园与教育资源。体育公园可以与学校和教育机构合作，开展丰富的体育教育活动，如户外拓展课程、科学健身讲座等。这不仅能够提升公园的教育功能，也能吸引学生及其家庭参与，培养青少年的体育兴趣和团队精神。

参考文献

《上海市民体育公园一期落成服务广大市民》，国家体育总局网站，2019年10月9日，https：//www.sport.gov.cn/n20001280/n20001265/n20067708/c20108264/content.html。

郑樊慧等：《上海体育公园现状调查及发展建议》，《体育科研》2023年第1期。

《这个家门口的公园开了！上新一批智能化健身器械，还有……》，闵行区人民政府网站，2024年3月2日，http：//www.shmh.gov.cn/shmh/ggtyss-xwdt/20240726/574042.html。

郑轶楠：《从上海徐家汇体育公园更新改造看新时期公共体育中心规划设计趋势》，《上海城市规划》2018年第2期。

《【政策实效】浦东全新体育公园，将于年底亮相》，"上海市发展改革"微信公众号，2023年6月27日，https：//mp. weixin. qq. com/s/NQ6R1_ LPp6oVL2l3oTd_ mg。

B.7
2023~2024年上海市体卫融合研究报告

卢文云　常方进*

摘　要： 体卫融合是建设健康中国和体育强国的重要内容。根据上海市体卫融合的发展实践，将上海体卫融合分为机构嵌入、协议合作、网络辐射3种主要发展模式。本报告针对上海市体卫融合实践中存在的管理体制机制、人才团队培养、配套设施建设、市民健康意识等方面的发展堵点，提出加强多部门协同治理、完善人才培养体系、加强场地设施合理配置、通过多途径进行理念宣传等发展建议，为进一步促进上海市体卫融合发展提供参考。

关键词： 体卫融合　健康管理　老龄化

我国已经进入中度老龄化社会，2022年，我国65岁及以上老年人数增至2亿多人，占总人口的比重为14.9%。① 伴随着人口老龄化而来的还有我国亚健康人群比例的逐年上升，健康问题已成为全社会关注的焦点。在此背景下，发展非医疗与医疗手段相结合的健康治理模式不仅是有效的防治策略，也是新时代大健康理念的必然要求。体卫融合正是整合体育、卫生健康等资源，将体育置于人体衰老周期和疾病周期的前沿，构建运动干预疾病的防治模式体系。2022年3月，中共中央办公厅、国务院办公厅印发的《关

---

* 卢文云，上海体育大学发展规划处处长、信息化办公室主任，教授，主要研究方向为群众体育；常方进，上海体育大学硕士研究生，主要研究方向为体育产业管理。
① 《国家卫健委：近十年我国老龄工作取得显著成效》，中国政府网，2022年9月21日，https://www.gov.cn/xinwen/2022-09/21/content_5710849.htm#: ~ : text =% E5% 9B% BD%E5%AE% B6% E5% 8D% AB% E5% 81% A5% E5% A7% 94% E6% 8F% 90% E4% BE% 9B% E7%9A%84%E6%95%B0%E6%8D%AE。

于构建更高水平的全民健身公共服务体系的意见》，明确了"深化体卫融合，为全民健康提供更高水平的公共服务"的重要性。可见，体卫融合已纳入国家宏观政策层面，成为健康治理的中国策略。

上海市作为较早进入老龄化的城市，为解决居民健康问题、缓解医疗资源压力进行了积极探索，不断推进体卫融合发展，倡导运动促进健康。2023年，《上海市体育发展条例》提出"体育、卫生健康、民政部门和工会等应当健全运动促进健康工作协同机制，完善政策支持，优化设施布局，加强人才培养，支持社会共同参与，建立健全能够满足各类人群需求的运动促进健康服务体系"。2024年，《上海市运动促进健康三年行动计划（2024—2026年）》进一步提出"上海特色的运动促进健康新模式不断健全完善，推出一批运动促进健康的创新品牌和项目，推动全民健身与全民健康深度融合"，上海市体卫融合继续向前发展。本报告分析了上海市体育、卫生机构相关的政策环境，并总结归纳了体卫融合的主要发展模式，定位体卫融合过程中存在的堵点问题，并提出相应的建议举措。

一　上海市体卫融合的政策环境

体卫融合旨在实现体育和卫生健康系统的有效合作，是通过全民健身运动进行健康管理的有效手段。体卫融合理念的提出经历了"体医结合""医体结合""体医融合"等阶段，反映了社会对体卫关系认识不断深化的过程。近年来，上海出台了多项政策推进体卫融合发展，形成了体系化的政策保障。

（一）战略规划持续完善，效用指标提前完成

上海市不断完善体卫融合发展的相关政策，确立了清晰的体卫融合发展目标，政策规划渐成体系。2017年以来，《"健康上海2030"规划纲要》《上海市全民健身实施计划（2021—2025年）》等政策不断强调加强体医结合和非医疗健康干预，并提出市民体质达标率保持全国前列、建设100家

左右的"体医养融合"长者运动健康之家等明确的发展指标，为上海市体卫融合确立了明确可行的阶段性目标，奠定了运动促进健康的发展基调。统计数据显示，截至2023年底，上海市经常参加体育锻炼人数比例达到50.5%，城乡居民达到《国民体质测定标准》合格以上人数比例在97%以上，市民平均期望寿命保持世界发达国家和地区领先水平，市体育局、市民政局支持各区累计建成长者运动健康之家136个，全市社会体育指导员人数增加到6万多名，基本完成体卫融合各项发展指标。[1]

（二）工作成效凸显，申城样本初具雏形

体卫融合现已成为上海市体育产业发展的重要内容，体育在体卫融合中发挥的作用得到进一步凸显。大众通过体育参与提升健康水平，符合培育"主动健康""运动是良医"的共识及推动健康关口前移的新型健康理念。从上海市发布的体育政策来看，《上海市体育发展"十四五"规划》《上海市体育发展条例》等政策文件中多次提及深化体医养等融合、促进全民健身与全民健康深度融合，体卫融合已成为上海市体育相关职能部门的工作重点。从产业实践来看，上海市体育局、市卫健委共同建成智慧健康驿站200多个，累计配送上海体育消费券超过1.2亿元，并开展健身技能配送、科学健身讲座等公共体育服务，每年将体育服务惠及近20万市民，体卫融合逐渐发展为体育产业实践的重要组成部分。上海市长者运动健康之家作为探索体育、养老、卫生健康等公共服务资源整合协作的示范案例，不仅发展成为长三角五级体医养融合发展体系的重要组成部分，还相继在北京、天津、贵阳等11个城市的社区落地，[2] 将申城关于体卫融合的先进经验推介到全国各地。

---

① 《上海市运动促进健康计划（2024—2026）发布》，上海市政府网站，2024年7月10日，https：//www.shanghai.gov.cn/nw31406/20240711/4e08fa19ca4a456eb72556a35a5eeb4c.html#：～：text=2021%E5%B9%B4%E4%BB%A5%E6%9D%A5%EF%BC%8C%E4%B8%8A%E6%B5%B7。
② 《长者运动健康之家应对老龄化社会需求——上海"体医养"融合新模式走向全国》，国家体育总局网站，2023年4月19日，https：//www.sport.gov.cn/n20001280/n20745751/c25473967/content.html#：～：text=2021%E5%B9%B4%EF%BC%8C%E4%B8%8A%E6%B5%B7%E5%B8%82%E4%BD%93。

（三）针对性政策陆续出台，计划举措趋向细化

《上海市运动促进健康三年行动计划（2021—2023年）》《上海市运动促进健康三年行动计划（2024—2026年）》等连续性细化政策文件的出台，为上海市体卫融合的落地提供了指南。针对社会老龄化人口与养老问题，上海市有关职能部门发布了《上海市人民政府办公厅关于促进本市养老产业加快发展的若干意见》《关于深入推进本市医养结合发展的实施意见》等政策文件，对上海市老年人群体相关工作做出了整体部署。后续发布的《长者运动健康之家建设导则》《关于开展本市长者运动健康之家建设试点工作的通知》等相关文件，提出通过打造长者运动健康之家来提供体质测试、健康监测、健身指导、慢性病运动干预、运动康复训练等"一站式"运动康养服务，实现老年人群的体卫融合。这一系列精细化政策文件为动员上海市老年人群等重点人群加入运动促进健康队伍、落实上海市体卫融合提供了切实的路径指引。

二 上海市体卫融合的主要模式

上海市对体卫融合模式的实践探索开始较早，初步形成了体卫融合的上海模式。通过检索文献，结合新闻报道分析以及实践调查可知，现阶段上海市体卫融合形成了机构嵌入模式、协议合作模式与网络辐射模式三种主要发展模式。

（一）机构嵌入模式

机构嵌入模式在上海市体卫融合实践中主要有体育服务为主体、医疗服务为补充，医疗服务为主体、体育服务为补充，体育服务与医疗服务平衡三种表现形式。体育服务机构作为运行主体，由体育部门实施管理，面向以预防疾病为目的的健康人群和亚健康人群，以提供科学健身指导与体质监测服务为主，医疗服务为在此基础上额外增设的业务。综合卫生医疗机构作为运

行主体，由卫生部门管理，面向患者的医疗服务为主体业务，拓展运动处方与运动康复等运动健康服务为补充。服务供给实现体育服务与医疗服务平衡的机构多由具有医疗资质的体育专科医疗机构担任运行主体，由体育或卫生部门管理，如提供运动康复与医疗卫生一体化服务的体育医院，能够较好地实现目标人群的多元覆盖。该模式是体育卫生机构为谋求自身生存发展空间，通过采取业务转型、供给拓展、资源调整等方式，尝试打破运动健身与卫生医疗之间的独立状态，以机构原有功能为基础，提供兼具医疗和体育功效的复合型服务。体育卫生服务在同一机构内部能够实现体育与医疗资源的有效对接，但因体卫一体化服务内容打造难度较大，对机构资金、场地方面要求较高，存在办医资质难获取、医疗保险对接差以及符合需求的医务人员数量少等问题。

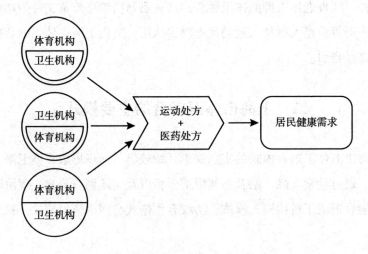

图1　体卫融合的机构嵌入模式

资料来源：笔者自制。

专栏1　上海市医体融合运动促进健康创新中心

2023年，在上海市卫生健康委、市体育局的指导下，上海市医体融合运动促进健康创新中心在复旦大学附属华山医院浦东院区挂牌成立。占地

400平方米的上海市医体融合运动促进健康创新中心包括物理治疗区、功能恢复区以及运动健康测评实验室三部分。该中心依托华山运动医学康复中心，建立贯穿全生命周期的运动健康管理及科普教育体系，为不同年龄段的人群提供相应的运动与健康科学指导，全面普及运动健康知识，推动上海全市人民健康素养的提高。

中心成立了由运动医学科、康复科、内分泌科、心内科、呼吸科、老年科、肿瘤科、消化科等专家参与的"运动促进健康"临床多学科团队，共同开发临床多病种的医体融合解决方案，为慢病患者提供合理运动评估并实施监测。为了提高处方的有效性和精准度，中心利用大数据与人工智能手段，构建运动促进健康大数据库，并探索特定病种的运动处方。同时，开展远程运动促进健康应用的研发，形成一套可推广的运动促进健康智能化工具与服务模式。此外，中心积极调动社会多方力量参与，开展运动促进健康科普工作与公益活动，为不同年龄段的人群提供科学运动指导，增强人民群众的运动疾病预防意识。为更好地促进医体融合发展，华山医院与十多家战略合作伙伴单位签署合作协议，成立了中华运动康复医学培训工程—上海培训中心、上海申花足球俱乐部运动员创伤治疗定点医院、上海市运动促进健康科普基地等多个合作机构。

资料来源：《聚焦运动伤害与康复，上海医体融合运动促进健康创新中心成立》，澎湃网，2023年12月17日；《上海开启"运动促进健康"新模式　建大数据库、开精准运动处方》，中国新闻网，2023年12月16日。

（二）协议合作模式

协议合作模式指2个及以上体育机构与卫生机构在互利互惠的基础上，通过签订协议建立合作关系，实现优势互补和资源共享的服务形态（见图2）。协议合作模式在上海市体卫融合实践中主要有三种表现形式。体育机构与卫生机构共同筹建并作为运行主体，由体育部门与卫生部门负责管理，面向具有"主动健康"和"被动健康"需求的所有人群提供服务。体育、卫生和养老服务机构作为运行主体，由民政部门与卫生部门管理，服务对象主要为老年人和慢性病患者。政府、企业、机构、高校等多元主体共同参与体卫融合机构的筹办，由多部门协同管理，能够面向具有多元需求的人群提供多样化的健康服务。该模式要求体育机构与卫生机构之间采用资源互补、利益均衡等方式建立起协同合作的关系，从而将独立运行的体育与卫生机构整合为体育场馆、运动教练、专科医师等资源优势互补的整体。但独立机构在合作时往往会出现由多头管理引致的沟通协调与利益冲突问题。同时，从专业水平上看，医院一般处于强势方，体育机构处于弱势方，容易出现弱势方由于强势方权力滥用而产生的自治能力下降、责任推诿、违约或随意退出等问题。

图 2 体卫融合的协议合作模式

资料来源：笔者自制。

专栏 2 上海青少年健康促进中心

2023 年 7 月，在上海市政协、杨浦区政府以及市教委的共同帮助下，中国太保与上海体育大学通过产教融合的方式共同建设成立了上海运动健康促进现代产业学院和上海青少年健康促进中心。双方在师资力量、课程开发、人才培养、科技创新、成果转化等方面开展深度合作，以成为行业标准的制定者、专业人才的培养地、运动健康产业的标杆为目标，开启"运动+健康+保险"方面的协同合作。

上海青少年健康促进中心涵盖滑雪、田径、飞碟射击和步枪射击、游泳、大小球类、自行车、赛艇、蹦床、攀岩、拳击等各类运动项目体验。青少年儿童可以通过参与多元化模拟运动来测试平衡、速度、灵敏和爆发力等多项运动指标。该中心能够实现全程一根移动腕带沉浸式体验，体验过程中测评数据实时上传平台，记录个人运动时长、得分、排名等信息，体验结束后生成一份完整的专属健康评估报告，帮助家长掌握孩子身心健康第一手资料。该中心为青少年体育兴趣培养、运动意识树立、国民健康素养提升探索出一条颇具实践价值的创新路径。

资料来源：《为了更好的下一代　青少年健康促进中心上海体验馆揭幕》，新华网，2023年7月10日；《积极融入"环上体运动健康创新带"，上海青少年健康促进中心加入杨浦区体育健康产业联盟》，中国网财经网站，2024年9月12日。

（三）网络辐射模式

网络辐射模式指以社区为支撑，吸纳周边多个机构向其延伸，形成主体共谋、资源共用、服务共创、成果共享的协同合作关系（见图3）。社区在为社区居民提供综合、便捷和持续的服务的同时，通过将基层公共卫生服务嵌入基层公共体育服务，在推进体卫融合发展中发挥着重要的载体作用。此外，社区对内联结消费端，即具有体卫融合服务需求的社区居民，对外联结由政府、社会组织、企业等多元主体组成的供给端，打破机构与社区服务的边界，在体卫融合发展中发挥纽带和枢纽作用。在实践中表现为"机构、社区、居民"三位一体，主要面向社区居民提供服务，以社区为依托、机构为补充，受到多部门的协同管理。目前，上海市杨浦区已经成为体卫融合网络辐射模式发展的范本，杨浦区下辖的殷行、长海、五角场、新江湾城、四平路等多个街道卫生服务中心展开了与卫生机构的长期合作，为市民提供"运动干预门诊"服务，开具科学的运动处方。此外，普陀区的长风社区卫生服务中心也是长风社区、普陀区体育局、第三方企业针对"运动干预老年人骨质疏松防治"的优秀典范。该项目于2023年4月启动实施，由普陀区体育局出资、家庭医生签约服务费及家庭医生课题费三块资金共同支持，由第三方企业负责运营管理，跟踪对象为普陀区患有骨质疏松的常住居民。

通过开具运动处方、指导员定期指导、患者上传视频反馈、持续跟踪患者状态，实现院内与院外相结合，形成运动干预互动闭环。

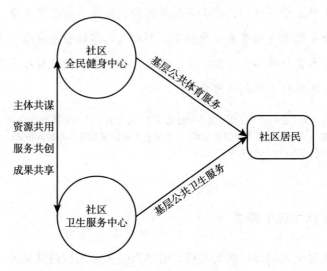

图3 体卫融合的网络辐射模式

资料来源：笔者自制。

专栏3 杨浦区殷行社区卫生服务中心"糖尿病运动干预门诊"

杨浦区医保局、区卫健委、区体育局与上海体育大学合作，印发了《关于开设糖尿病运动干预门诊的试点方案》，在杨浦区市东医院和殷行社区卫生服务中心开设糖尿病运动干预门诊，进行运动干预糖尿病诊治效果的探索研究。

该项目依托"区校合作"模式，成立了糖尿病运动干预工作小组，将上海体育大学的"社区（运动）健康师"服务纳入社区，融入医保、卫健、体育等工作，构建糖尿病运动干预体系。区医疗保障局负责统筹协调推进各部门工作，并做好相关数据采集与分析；区卫生健康委员会推进落实，做好实践落地的监督指导；区体育局提供体育运动技术和资源保障，推进项目宣传；上海体育大学落实糖尿病运动干预指导，与家庭医生制定糖尿病标准化运动处方，并做好相关培训及完成前后测分析与报告撰写；殷行社区卫生服务中心落实糖尿病健康筛查、医学指标采集、健康管理与健康宣教，协同制定糖尿病标准化运动处方。参与者可将设置在市民健康中心等地的运动场地作为运动锻炼的场所。

资料来源：《关于印发〈关于开设糖尿病运动干预门诊的试点方案〉的通知》，上海市杨浦区人民政府网站，2023 年 6 月 7 日；《杨浦"区校联动"体医融合，"糖友"们有了运动干预门诊》，上观网站，2023 年 6 月 21 日。

三　上海市体卫融合发展的难点堵点

（一）部门协作制度和实施标准待完善

上海市发布的体卫融合相关政策法规虽然日益完善，但在部门间协作沟通机制、项目实际落地效果等方面还有进一步提升的空间。一方面，体卫融合在基层落地实施通常涉及体育部门、卫生部门等多方主体，过程中存在沟通成本高、协调合作难的实践堵点。我国社区公共卫生服务与公共体育服务分属于不同的行政管理部门，公共卫生服务工作由国家和省（区、市）卫健委主管，公共体育服务工作由国家和省（区、市）体育局主管，两个管理部门在管理职能、运作机制、基层组织等方面的差异，导致"体管体、医管医"现象的存在。在部门间条块式的管理架构下，在体卫融合专项上缺乏有效的沟通媒介，造成实践中存在各部门职责边界不清、合作意向不足、缺乏长效合作联动机制等诸多问题。另一方面，上海市现阶段体卫融合的实践工作标准不够完善。虽然国家出台了许多提到体卫融合发展的政策文件，为推进全民健康服务指明了方向，但尚未在保障措施方面出台具体的实施细则，特别是针对体卫融合的人才培养、部门职权、组织协调机制、管理规章制度等工作的配套制度。这在一定程度上制约了体卫融合的工作实施，例如，针对慢性病健康管理工作的标准规范不够完善，其前期运动评估、中期处方制定、后期效果评估都难以找到能够参考的标准规范。此外，在具体

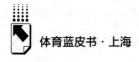

服务实施过程中，人员安全与硬件安全措施、应急处置举措等均缺乏统一明确的保障规范标准。

（二）专业人才培养体系需进一步健全

上海市体卫融合实践在总体上还缺乏大量的复合型专业人才。目前，上海市已就体卫复合型人才培养模式进行了积极探索，设立运动康复等专业的院校逐渐增多，专业设置也日益多元化，同时教育从学校专业教育逐渐延伸至社会机构的职业、技能培训。但同时存在课程设置与现实联系不紧密的情况，下沉到基层机构进行锻炼的相关人才更是少之又少。主要有以下几个方面的原因。其一，人才培养体系不健全。在教学培养上，医学与体育两类院校均注重各自领域技能的培养，缺乏对跨领域技能的重视，即医学类院校会重医学理论知识轻运动技能的培养，而体育类院校则会重运动技能轻医学知识的培养。在课程设置上，运动康复类课程地位薄弱，学时、学分设置差异大。多数高校将运动康复类的课程设定为选修课，该类课程的地位未能在培养体系的课程中得到体现；各高校在运动康复类课程学时设定上差异较大，最少的仅为 16 学时，最多的则为 60 学时；同时课程理论与实践分配差异大。其二，就业职业资格认证存在壁垒。目前，上海市就体卫融合人才的培养认证及社会实践需求进行了一定程度的改革探索，如上海市体育局、市卫健委共同组织"体医交叉培训"，在全国率先试点运动健康师。但目前我国社会体育指导员须通过国家体育总局制定的标准培训考核认证，社区卫生服务人员须通过国家卫生健康委组织的执业医师或护士资格考核认证，这两类人员资格认证体系相互独立。其三，尽管部分院校开设了运动人体科学、运动康复等专业，但由于这些专业人员获得的是理学或教育学学位，无法参加全国卫生专业技术资格考试，相关专业的毕业生就业受到很大的限制，职业资格认证与就业行业壁垒限制了体卫融合复合型人才的就业出路。

（三）配套设施和产业发展相对迟缓

首先，运动健康产业衍生相关用品发展较为迟缓。对实体产业而言，体卫融合发展尚处于起步阶段，其营利性与稳定性有待考量，加之国家侧重推崇其公益性（市场介入较少），致使配套的实体产业未能进行大规模的开发。此外，体卫融合属于一种开创主动健康服务的新型产业模式，在缺乏政府与市场引导的情况下，相关产业发展难免会出现"望而生畏"现象，导致体卫融合配套的实体产业发展缓慢。其次，硬件场地设备等基础设施分布不均与供给不足。从运动场地供给来看，拥有配套运动场地设施的多为高档小区，普通住宅小区的运动场地配给率较低。尤其是老旧小区体育活动场地供给不足现象尤为突出，运动空间的分层管理较为混乱，运动康复训练场地也较为有限。从医疗设备供给来看，可供选择的器材种类不多，以血压计、血糖仪等基本检查检验设备为主，诊疗服务设备与专业的检测仪器相对缺乏。从体育建设设施供给来看，公共体育健身器材老化、损坏较为严重，社区运动康复治疗的体育公共设施与高质量的健身器材较为稀少。而商业健身场所的价格较高，难以满足弱势人群的健康锻炼需求。最后，投入资金结构组成单一。现阶段，政府财政支持仍是体卫融合发展资金的主要来源。受体卫健康服务市场化程度低、投资回报慢等因素的影响，社会资本投资体卫融合服务的积极性不高，其他资金投入来源缺乏稳定性，导致体卫融合服务资金实际上投入不足与来源渠道单一并存的问题。

（四）市民运动促进健康观念有待更新

在体卫融合推进探索过程中，对体卫融合理念认知不足是我国存在的普遍情况。一是居民主动运动健康意识欠缺，自身观念淡薄。长期以来受传统固化思维影响，多数居民对体育的印象仍停留在竞技性比赛层面，依旧存在"重医轻体"的思想。尤其是老年群体"吃药打针"控制慢性病的观念牢固，考虑到担心发生运动风险，主动锻炼意识仍不够强烈，被动治疗疾病的理念仍占主导。二是科学体育锻炼宣传力度有待进一步加大。目前，意识到体育锻炼重要性、具有运动促进健康意识的居民越来越多，但他们可能并不清楚如何进行科学锻炼，应当如何判断运动项目与运动强度的合适性，导致盲目运动的情况较为常见。同时，在自媒体时代，内容信息的泛滥在一定程度上提高了人们接收正确信息的门槛，部分内容与科学锻炼理念可能存在偏差。三是医生对运动干预治疗不重视。大部分医生仍以开具药物等治疗为主，对体育促进健康理念的贯彻执行多为口头笼统提及，没有做出详细的运动处方治疗方案，这在一定程度上阻碍了患者对运动康复的认识和参与。

四 上海市体卫融合发展的对策建议

（一）加强多部门协同治理，构建服务标准体系

首先，在基层管理架构上，应成立以地方政府为主，协调体育、医疗、医保、民政等各部门的联络组织，比如组建体卫融合管理组织或成立体卫融合工作领导小组，专门负责体卫融合工作的统筹协调推进，促使各部门在分工中密切合作，破除各部门旧有的沟通障碍，构建多部门协同治理框架，形成长效合作工作机制。其次，目前上海市不同地区均在各自摸索体卫融合服务模式，缺乏明确完整的服务标准及实施流程细则，影响了体卫融合服务的普及推广。应从服务供给标准、服务保障标准等方面着手，建立完善的体卫融合服务标准体系，重点关注运动前健康筛查、运动处方制定与指导、运动干预效果评估等标准，以及服务场地安全、设备安全、人员安全、应急处置等保障标准的建立，引导上海市体卫融合服务的持续规范健康发展。

（二）完善人才培养体系，注重实践能力提升

首先，以实际需求为导向，完善体卫融合复合型人才培养体系，创新复合型人才培养模式。借助医学院校与体育高校各自的优势资源，积极引导两者联合办学或联合培养，形成"专业为主导，社会为补充"的多元化申城体卫融合人才队伍。其次，细化完善专业课程体系。借鉴国外实践经验，结合上海市实践发展具体情况，围绕在沪高校资源，联合医学专家、体育专家等制定体卫融合复合型人才课程体系，包括课程内容设置、课程时长分配等。再次，政府应建立统一的资格认证与行业准入制度，并采取提升薪酬福

利等激励措施。通过体卫融合专业学习或系统培训进行相关的资格证书授予发放，同时设置相关从业岗位，为相关专业学生到医疗卫生机构、健身俱乐部等机构场所工作创造条件，并加强体卫人才的薪酬福利等激励保障，提升其专业化水平，增强身份认同感。最后，为学生提供社会实践锻炼机会。高校与卫生服务中心等应加强合作，让学生不再局限于理论与实践课程学习，增加学生深入一线医疗卫生机构进行实践锻炼的机会。

（三）加强场地设施合理配置，拓宽多元投融资渠道

首先，加强运动健康场所的分类统计工作。在场地设施供给方面，政府应动态掌握各区健康服务需求及场地设备供给情况，加强各区街道场地设施的合理配置，并及时对老旧体育锻炼设施进行增添、更新及修缮，同时充分利用好闲置的公共体育场所、学校体育场所、社区周边安全空余场地、住宅楼宇等活动场地，如学校体育场地可分时段对外开放，附近居民可实行身份证或社保卡登记入校。其次，优化资金来源的组成结构。在筹资渠道来源方面，单靠政府资金投入的发展模式将会造成巨大的财政支出压力，不利于体卫融合的自主健康发展。在保障政府对社区体卫健康服务财政投入补偿力度的同时，通过项目合作、税收减免、贴息补助等多种政策支持，鼓励或引导社会力量（如企业、个人等）参与体卫健康服务投资建设。初期可以由政府拨款、街道补贴、个人捐款、税收减免等来支持运营，经营稳定后通过商业化运营来尽力实现自主经营、自负盈亏。

（四）多途径加大宣传力度，加快信息化服务平台建设

首先，多途径加大对体卫融合服务的宣传与教育力度。围绕社区、高校、卫生机构等定期开展体卫融合服务宣讲，收集整理居民对体卫融合服务的建议与意见等。同时借助短视频、公众号等新媒体介质加强对各类慢性病管理视频的宣传，充分利用电子屏幕、宣传栏等媒介，以视频或图片形式宣传运动促进健康的实践案例与重要性。此外，体卫融合教育内容方面注重持续连贯性与渐进科学性，可针对中小学开展运动防治疾病的知识讲解。其

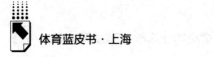

次，开发全市或全区统一的社区体卫融合服务管理平台。基于不同慢性病管理的差异化需求，实行分类管理模块，可以分为居民健康档案、体质检测、运动处方、疾病管理、健身指导、跟踪监督等多项服务，实现数据资源共享。居民可以通过平台软件便捷地获得相关服务（如健康咨询、健身指导、体育场所使用、个性化处方等），家庭医生与社会体育指导员可以通过管理平台统一端口对居民运动进行实时指导与监督，以及提供饮食指导与心理疏导等服务，形成双向良好沟通互动的响应机制。

参考文献

吕宗南等：《新时代新征程体卫融合健康服务的发展困境、理想形态与现实进路》，《沈阳体育学院学报》2023 年第 6 期。

肖海婷等：《体卫融合高质量发展的基本目标、现实困境及其纾解策略》，《武汉体育学院学报》2024 年第 4 期。

姜桂萍等：《我国体卫融合发展的历史脉络和现实困境及其疏解策略》，《体育学刊》2023 年第 1 期。

刘强、张庆如：《积极老龄化视域下老年群体体卫融合供需适配机制研究》，《体育与科学》2023 年第 6 期。

张玉华：《新发展阶段我国体卫融合养老服务模式构建与保障机制研究》，《沈阳体育学院学报》2023 年第 5 期。

刘宇泷、卢文云、陈佩杰：《我国地方政府体医融合创新发展研究》，《体育科学》2023 年第 9 期。

B.8

2023~2024年上海数字体育产业链发展报告

钱若冰　王函明　何劲松*

摘　要： 发展数字体育是数字时代构筑国家体育竞争新优势的有力支撑，正成为上海建设国际著名体育城市、推动上海体育高质量发展的重要引擎。本报告基于体育产业统计中的9个大类构建出数字体育产业链全景图谱，并在此基础上系统阐述和深入分析上海市数字体育产业链整体态势和重点领域发展成就。为进一步推动数字体育产业链高质量发展，上海还需进一步发挥数字经济发展优势，提升体育治理数字化水平，支持体育头部企业开辟数字化新赛道，"引培结合"提升产业竞争力，在重点领域突出发展示范效应，搭建产业链上下游、产学研协同平台。

关键词： 数字体育　产业链图谱　上海市

数字技术正以前所未有的速度和规模改变着人们的生活方式与生产方式，5G的商用进一步带动VR、物联网、区块链、人工智能、大数据等新一代信息技术的广泛应用。数字体育是数字经济背景下数字技术在体育领域不断深化应用的具体体现，是推动体育事业高质量发展的重要引擎。伴随数字中国、体育强国战略的深入实施，数字技术与体育业务（全民健身、运动训练、体育产业、体育文化、体育科教等）深度融合应用的趋势愈加明显，

---

* 钱若冰，上海体育大学上海运动与健康产业协同创新中心研究助理，主要研究方向为体育产业、体育消费；王函明，上海体育大学博士研究生，主要研究方向为体育产业管理；何劲松，上海体育大学博士研究生，主要研究方向为体育产业管理。

数字体育新产品、新应用、新场景不断涌现，有力推动了竞技体育、群众体育、体育产业等领域发展的质量、效率和动力变革。[①]

发展数字体育是数字时代构筑国家体育竞争新优势的有力支撑，运用数字技术推动体育高质量发展已经成为国内政策制定的一个重点。2019年9月国务院发布的《体育强国建设纲要》中明确指出"强化科技助力，全面加强科学训练，提升竞技体育综合实力""要运用物联网、云计算等新信息技术，推进全民健身智慧化发展""加快推动互联网、大数据、人工智能与体育实体经济深度融合，促进体育制造业转型升级、体育服务业提质增效"。2020年9月，国务院办公厅发布《关于以新业态新模式引领新型消费加快发展的意见》，指出"大力发展智能体育，培育在线健身等体育消费新业态"，肯定并鼓励前沿技术融合下的数字体育发展。2021年发布的《"十四五"体育发展规划》正式对数字体育进行了界定，提出了涵盖全民健身服务"一张网"、体育场地设施数字化改造等在内的数字体育建设工程。这意味着，新兴信息技术对体育的支撑已经上升为国家战略，对于建设体育强国具有至关重要的战略意义。

在上海建设全球著名体育城市的进程中，数字化成为推动上海体育高质量发展的重要引擎。上海市体育局2021年印发《上海体育数字化转型"十四五"规划》，2023年发布《市体育局2023年数字化转型工作安排和2022年度工作总结》，为推动全市体育数字化转型的顶层设计提供科学指引。当前，上海市正按照"整体性转变、全方位赋能、革命性重塑"的总体方针，紧紧围绕全民健身国家战略，以满足人民不断增长的体育新需求为立足点，加快推进数字体育产业链发展。本报告通过构建数字体育产业链全景图谱，全面阐述上海市数字体育发展现状，为上海市推进体育数字化转型、打造更多的数字化转型应用场景、推动数字体育服务提质增效、激活数字体育产业发展新动能提供科学支撑。

---

① 钟亚平、吴彰忠、陈佩杰：《数字体育学的构建基础、基本定位与体系设想》，《上海体育大学学报》2024年第1期。

一　数字体育产业链全景图谱的构建

（一）构建原则

在综合业界及学界通用的构建原则与上海市数字体育产业链发展现状的基础上，本报告采用产业链全景图谱的形式，以数字化为核心，以国家体育总局体育产业统计中的9个大类为应用场景（考虑到数字化应用程度和相关业态归集，将体育经纪与代理、广告与会展、表演与设计服务及体育传媒与信息服务两个业态合并，且未将体育场地设施建设列入其中），进行业态的归类和有序组织，通过体系化的组织结构来反映数字化在不同体育场景中的应用。

（二）图谱构建

数字体育产业链全景图谱是典型的数字化两端结构。前端（或可以称为基础）为体育数字化的发展支撑体系，即通用的数字化基础设施，既包括5G基站、光纤光缆、印制电路板等公共技术服务、公共基础设施，也包括5G、大数据、互联网、云存储、云计算、元器件、人工智能（芯片和摄像头、传感器等）等数字技术链和工具链。数字体育产业链全景图谱的后端（或可以称为应用端）是体育数字化的各个应用领域，既包括数字化对传统体育业态和场景的赋能，也包括体育运动在数字化平台或系统中呈现的全新形态。后端涵盖体育治理、体育竞赛表演、体育健身休闲、体育场馆管理、体育传媒与信息服务、体育教育培训、体育健康服务、体育装备与器材、体育用品销售等9个重点业态，以期全面反映体育产业的数字化进程和时代趋势。

二　上海市数字体育产业链发展概况

上海市数字经济发展动能强劲，不仅体现在数字经济核心产业的快速增长上，还体现在数字基础设施建设的不断完善上，这为数字体育产业链蓬勃发展提供了沃土。从数字经济核心产业来看，2022年以人工智能、新一代电子信息、数字创意等为代表的全市工业战略性新兴产业总产值达17406.86亿元，同比增长5.8%，占规模以上工业总产值的43.0%，比重比上年提高2.4个百分点，增加值达3741.92亿元，同比增长6.6%；信息传输、软件和信息技术服务业增加值达3788.56亿元，同比增长6.2%。① 这些数据的背后，是上海市在数字经济领域的持续投入和创新发展，为数字体育产业链的发展提供了强大的产业支撑和动力。从数字基础设施建设来看，网络基础设施、算力基础设施、融合基础设施等数字基础底座进一步夯实，为上海市数字体育产业链发展奠定坚实基础。截至2022年末，上海市累计建设超6.8万个5G室外基站、27万个室内小站，实现全市域5G网络基本覆盖。在智能制造、健康医疗、智慧教育等十大领域累计推进896项5G应用项目，② 为打破信息孤岛、促进信息交互、深化体育数字化转型、推动场景化应用奠定了技术基础。

在5G、人工智能、大数据、云计算、物联网和各种智能设备制造等技术和产业支撑以及新型数字基础设施建设水平不断提高的背景下，上海市数字体育沿着"数字技术+产业"和"传统产业+数字技术"的路径快速发展，体育治理、体育竞赛表演、体育健身休闲、体育健康服务、体育用品销售等重点领域数字化进程迅速，逐渐成为上海市体育产业的重要增长点。根据上海体育产业统计数据，2022年上海市体育500强企业中共有数字体育相关企业69家，占总体比重的13.8%，相关企业营业收入占体育500强企业总营业收入的14.6%。基于数字技术应用对运营效率、创新能力、决策质量的优化效应，相关企业表现出较强的盈利能力，利润总额占体育500强企业总利润的比重达26.8%。同时，头部企业成为数字体育产业链的重要一环，为推动市场发展提供重要力量。在上海市体育100强企业中，体

---

① 《2022年上海市国民经济和社会发展统计公报》，上海市统计局网站，2022年3月15日，https://tjj.sh.gov.cn/tjgb/20220314/e0dcefec098c47a8b345c996081b5c94.html。

② 吴传清主编《长江经济带高质量发展研究报告2022—2023》，中国社会科学出版社，2024。

育传媒与信息服务类企业从 2018 年的 12 家连年增长至 2022 年的 21 家,占比达到 21.0%,已经成为上海市头部体育企业的重要组成部分。此外,电子竞技是数字技术与体育结合中最具代表性的项目。上海市提出要打造"电竞生态的完善之地、电竞内容的创新之地、电竞企业的发展之地、电竞人才的汇聚之地、电竞标准的发源之地"。毕马威发布的《2023 年全球著名电竞城市产业发展指数排名报告》显示,全国 40%的电竞赛事在上海举办,45%的赛事收入和 54%的俱乐部收入来自上海,均居国内第一。[①]当前上海市在电竞技术研发、电竞文化打造、电竞赛事举办、电竞人才培养等方面形成了全产业链的优势,呈现虚实共"竞"、数体并"融"的业态新特征。

三 上海市数字体育产业链重点领域发展分析

(一)体育治理与公共服务数字化

数字体育赋能体育治理的内涵是利用数据信息和系统平台,协助各级体育政府部门建立体育"一站式"政务平台(包括体育赛事管理平台等)、体育领域数据收集与开发平台、全民体育公共服务平台等。《上海体育数字化转型"十四五"规划》提出构建"一朵云、两中台、六应用、三体系"的上海体育数字化转型总体架构(见图 1)。在此框架下,上海市体育治理与公共服务数字化取得了一系列工作成果。在打造数字体育综合体上,2023年徐家汇体育公园的功能升级已取得显著进展,通过数字化基础设施的新建设,利用物联网、大数据等先进技术,实现了场馆导航、餐饮服务、观赛体验、设备管理、安防系统和能源优化等应用的升级,显著提升了用户体验和场馆的运营能力,推出的数字营销平台集成了场馆服务、票务服务、赛事服务、体育培训和虚拟体育等多方资源,吸引超过 48 万人注册会员,并累计

---

① 毕马威:《2023 年全球著名电竞城市产业发展指数排名报告》,2023。

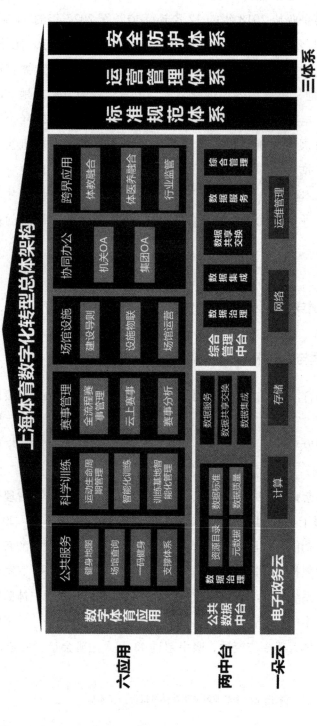

图 1　上海体育数字化转型总体架构

资料来源：《上海体育数字化转型"十四五"规划》。

处理订单近 23 万笔;① 在推进"运动健身随身伴"场景建设上，截至 2023 年 10 月底，"来沪动丨健身地图"通过优化原有线下场馆入驻签约流程，实现入驻审核流程与入驻协议签署的全程网办，服务已覆盖全市 16 个区各类体育场所近 2 万处，新增用户 110 万人。②

目前，上海市已基本建成包含上海市体育场馆管理系统、上海市公共体育设施管理系统、体育赛事与培训系统、体育服务人员管理系统、智慧健身管理系统等多个领域的智慧体育公共服务平台。随着数字技术与全民健身公共服务、体育产业发展、竞技体育的深度融合，数字技术赋能体育事业公共服务精准化、全民健身便利化、赛事活动服务管理精准化、场馆设施智能化、竞技体育数字化、监督管理网络化，逐渐成为上海市体育治理的新形式。

（二）体育竞赛表演数字化

体育赛事是建设全球著名体育城市的核心，赛事高质量发展的新动能源于创新之力。近年来，数字化在上海体育赛事中的应用广度和深度持续拓展。作为关键生产要素和核心驱动引擎的数字信息和数字技术，正深刻影响着体育赛事的供给质量。

《上海市体育赛事体系建设方案（2021—2025 年）》提出"顺应数字产业化和产业数字化发展趋势，聚焦智能技术典型场景应用，围绕办赛、参赛、观赛等重点环节，加强智能技术体验布局"。赛事数字化系统、5G 算力网络、AI 智能评分、运动数据集成显示等一系列数字创新成果正深度应用于体育赛事。上海马拉松的上马赛事 SaaS 系统基于多维度标签为跑者建立了个人画像，③ 为精准投放赛事活动信息、提供更精细化的上马服务、整合赛事数据赋能线下赛事运营提供了数据支撑。长三角健身气功·八段锦与太

---

① 《对市政协十四届二次会议第 0595 号提案的答复》，上海市体育局网站，2024 年 6 月 3 日，https://tyj.sh.gov.cn/jtbljg/20240712/02acd44f51864a9cada85eb55d557d67.html。

② 《对市政协十四届二次会议第 0595 号提案的答复》，上海市体育局网站，2024 年 6 月 3 日，https://tyj.sh.gov.cn/jtbljg/20240712/02acd44f51864a9cada85eb55d557d67.html。

③ 东浩兰生会展集团：《东浩兰生会展集团股份有限公司 2022 年年度报告》，2023。

极（八法五步）数字邀请赛是首个长三角全民健身的数字体育互联赛事，将数字云端作为比赛场地，赛事推出的"5G算力网络+AI智能评分"以体育数字融合体为抓手，依靠所收集的关键动作预设参数和整体套路参数，在视频获取、骨骼提取、关键动作识别、关键动作评价、整体套路评价等方面形成深度智能化学习评分参数，为线上赛事、线上培训智能评判云端化提供新内容、扩充数字体育新赛道、丰富5G应用新场景以及商业模式创新，为提升赛事能级以及核心竞争力提供强大动力。

此外，作为数字经济与体育赛事相互融合延伸的代表，数字体育赛事具有典型的链接现实与虚拟世界的"共生"特征。上海虚拟体育公开赛是国内首个虚拟体育综合性赛事，也是上海创办的一项城市自主品牌数字体育赛事。赛事以"运动+虚拟"为主题，将传统体育与数字生活相结合，集合了基于智能模拟设备和互联网竞赛平台的体育项目，拥有品牌赛事、俱乐部联赛和全民挑战赛三层赛事体系，包含了虚拟滑雪、虚拟自行车、虚拟赛车、虚拟赛艇、虚拟高尔夫、虚拟足球和动感单车七大项目，为上海建设国际消费中心城市、国际体育赛事之都按下数字科技的"加速键"。同时，线上赛事的规模正在迅速壮大，"线上+线下"相融合的新模式正在加速形成。2022年，全国体育系统举办全民健身线上运动会，参赛人数超1396万人，全网总曝光量超56.2亿次；2021年和2022年上海城市业余联赛线上赛事分别吸引了399万人次和468万人次参与。2023年上海马拉松设置"上马线上跑"赛事，并规定参与"上马线上跑"奖牌跑的选手中将有100人获得直通2024年上海马拉松赛事的资格，形成了线上与线下赛事的联动。

（三）体育健身休闲数字化

《2023年中国健身行业数据报告》显示，2023年全国商业健身房（含健身俱乐部和健身工作室）倒闭总数为8057家，倒闭率达9.46%。① 我国

---

① 《〈2023中国健身行业数据报告〉正式发布！首次公布健身会员体测数据》，新浪网，2024年4月15日，https://news.sina.com.cn/sx/2024-04-15/detail-inarwyiu3630414.shtml。

健身休闲行业正面临双重调整期，一方面，传统健身房所面临的生存挑战依然严峻，需要从"销售导向"的运营思路转向"用户导向"和平台化的全新行业模式；另一方面，消费者的健身消费也步入调整期，理性消费与消费分化占据主流。在此背景下，数字化转型成为健身休闲企业顺应当前行业发展环境与消费趋势、获取持续生命力的关键举措。

上海的健身休闲行业发展在国内处于领先位置，但近年来同样面临发展转型的问题，行业正在加速洗牌与分化。一是经营成本与生存压力正倒逼传统健身休闲企业加速数字化商业模式的重构。除借助数字化管理工具使内部沟通高效化和业务流程透明化、推进运营精细化外，部分健身休闲企业还加快进行营销以及器材设备的数字化改造，赋能产品与服务的融合升级，提高消费者的消费体验。二是互联网健身企业、共享健身房等具备数字属性的新型健身品牌、新零售模式更加符合当前体育健身休闲消费的新趋势，扩张态势不减，正加速抢占上海健身休闲市场，其与传统模式不同，具有"非接触性交互体验""独特沉浸式内容""交互式硬件物联网""适配用户的个性化体验"等数字特征，在一定程度上解决了传统健身房后续服务增值性差、用户留存率低等痛点。总体来看，基于数字化、智能化、个性化的模式创新已经成为体育健身休闲行业发展的必然趋势，当然在此基础上回归与聚焦用户的真实需求将会是未来上海市体育健身休闲企业实现可持续长久发展的关键所在。

（四）体育场馆管理数字化

体育场地设施作为体育事业和体育产业发展的重要物质承载空间，在设计、建造或改造和运营管理的过程中，引入并广泛应用数字信息技术，走数字化发展道路，已成为必然趋势。从国际来看，顶级体育场馆智慧化改造升级的成功案例大量涌现，以职业体育为代表的众多知名球场、球馆借助5G通信技术、人工智能技术、大数据，探索提高场馆运营管理效率和顾客服务质量的新模式，实现了场地设施效益的提高。《"十四五"体育发展规划》提出"加快体育场地设施数字化改造"。2022年4月国家体育总局信息中心发布的《体育场馆智慧化标准体系建设指南》明确提出，"以新一代信息化技术应用为核心，围绕体育场馆管理、服务、安全与运维三大智慧化应用，建设科学合理的体育场馆智慧化标准体系"，为行业智慧化建设发展提供了重要的指导。

近年来，上海市体育场馆运营与管理数字化转型主要集中在三个方面。一是在大型综合体育场馆的新、改建及日常经营中，借助5G、物联网、大数据和人工智能、园区数字平台、高品质万兆园区网络等数字技术的应用，赋能体育场馆的设计、建设、管理、营销、服务，实现安全保障、运营管理、通信保障、观赛体验、服务体验的全面升级。二是通过数字化转型和信息技术应用，推进上海市高危险性体育项目场所数据综合治理、安全预警场景应用、中枢管理平台、数字服务格局的打造，实现信息采集精准化、场所应用智能化、监督管理智慧化，切实为市民群众参与体育项目提供最大程度的安全保障，充分满足全市体育爱好者对更安全、更智能、更多元的体育公共服务的需求。三是推进智能体育场馆标准建设，按照分级分类原则，建立全市智能体育场馆建设导则和评价指标，推进公共体育场馆和体育公共设施的智能化管控和精细化管理，加强体育场馆在场地利用、预订支付、客流监测、安全预警等领域的信息技术应用，提升场馆的运营管理水平和服务质量。

专栏1　上海体育场：打造数字化智能化一体的智慧场馆

在国家体育场（鸟巢）建成之前，上海体育场是我国规模最大、功能最齐全、设施最先进的大型室外体育场，也是上海市标志性建筑之一。场馆建设需求的不断升级迭代，对赛事管理和运营管理提出了更高的要求，传统体育场馆网络覆盖信号差、网速慢、运营效率低、管理精细度不足等问题日益凸显。上海体育场2020年启动全面改造，围绕"以数字化提升核心竞争力，打造全球领先的智慧场馆"的目标，从数智交互、数智联接、数智中枢、数智应用四个维度赋能体育场馆数字化转型。

在数智交互方面，上海体育场依靠场馆内的实时巡检、建筑设备监测、电子标识标牌、建筑能效监测等设施，为上海体育场增加"五官"和"手脚"，让体育场馆拥有感知、执行等能力。

在数智联接方面，上海体育场网络基于功能分区，隔离为公众网（为观众移动终端提供接入服务，同时提供体育场馆视频分发服务）、办公网、赛事网、安防网、设备网5张独立网络，实现网络业务独立运行，为体育场馆构筑起坚实的网络基础，保证场馆内设备、观众等网络连接，最终实现无缝覆盖。

在数智中枢方面，上海体育场一方面依靠物联平台、GIS等为数字平台构建起体育场馆的智慧大脑，实现场馆智慧决策；另一方面依靠场馆云平台，实现计算资源池、存储资源池、数据湖等数据资源的统一调度。

在数智应用方面，上海体育场推出了便捷通行系统、久事通App、智慧导航等观赛体验类应用，同时还推出场馆排期系统、智慧运营系统、耗能管理系统、智慧设备管理系统等管理运营类应用。

（五）体育传媒与中介服务数字化

随着移动网络普及与新媒体数字平台发展，数字媒体凭借实时性、灵活性、个性化、易检索、多渠道等优势，在体育领域发展潜能突出。中国与英、法、德等欧洲主要国家的千禧一代将数字流媒体作为其观看体育内容的主要方式，中信证券研究部预测2024年中国体育流媒体市场规模为184亿元，[1] 并且随着数字化趋势的逐步加深，以观众需求为中心的多元化发展格局会持续构建。整体来看，为了满足人们越来越趋于线上化、多元化和碎片化的体育产品和服务需求，上海在赛事信息与大数据、体育互动社区/社交媒体、体育票务和体育经纪/营销/广告等领域的数字化发展将呈现加速发展的趋势。

---

[1] 《中信证券：体育流媒体时代来袭　建议关注腾讯体育等》，智通财经网，2024年9月17日，https：//m.zhitongcaijing.com/contentnew/appcontentdetail.html？content_id=237682。

一方面，随着时代的发展，广大用户对光影效果的刺激阈值越来越高，这对赛事制作和转播提出了一系列新要求，包括全面而直接地传递竞技细节，追求极致的沉浸感。数字技术将体育赛事的转播带入了 5G 时代，5G 具有高速率与低延迟性，在赛事转播方面利用 5G 可以做到在最低延迟的情况下输出 4K 超清赛事内容，数字技术在赛事直播领域拥有更宽广的应用空间，上海的各类赛事如上海马拉松、上海超级杯、F1 中国大奖赛等都利用了先进的数字技术进行高效转播。另一方面，上海集聚大量头部数字经济企业、互联网企业为体育传媒传播服务搭建了更加宽广的平台，各类平台为体育各类视频、新闻、文化等内容开辟高速传播通道，而大数据等数字技术则可以帮助各类体育媒体主体实现更加精准化与个性化的供给，可以依照用户偏好进行内容推送，使得体育传媒与信息服务业在数字化转型之中更加多样化。此外，随着数字技术以及互联网发展日渐成熟，体育媒体社区平台的商业模式已经迈入了一个崭新的阶段。在这一新阶段中，数字技术不仅为体育媒体社区平台提供了更为丰富的表现形式和传播渠道，还推动了体育媒体社区平台从单纯的体育咨询垂类向基于共同价值观念聚合构成的"虚拟共同体"转变，盈利模式也从依赖广告变现向拓展电商、线下赛事等复合多元的盈利体系转变。

（六）运动健康服务数字化

作为国民健康的重要组成部分，运动健康行业在数字化、人工智能的赋能下开辟出了全新的发展道路。《上海市运动促进健康三年行动计划（2024—2026 年）》提出"推进数字健康社区、健康园区、健康城区建设，鼓励使用大数据、人工智能、可穿戴设备、体质分析与运动能力评估等设备，为不同年龄段人群提供精准的科学健身服务，充分发挥科学运动在增强体质、预防疾病、促进康复等方面的作用"。杨浦区社区运动健康中心以"智能+""互联网+"为两个基础支撑，着力搭建社区运动健康中心运动促进健康数字化平台、智能化运动健康设施设备，集成场馆运营管理系统、运动处方系统、健康档案管理、物联网系统、运动心率监测系统、数据库、智

能化器材等，为居民提供运动风险筛查、体质及基础健康监测评估、健康档
案建档、科学健身指导、器材锻炼、运动记录、结果反馈、效果评价、风险
管理等数智化服务，实现数据可追踪、过程可监管、效果可评价，运动科学
化、效果可视化、风险可控化，通过数据分析、挖掘与应用，形成不同人
群、不同慢性病的运动处方库，提高社区居民运动效率和效益，促进运动健
康效益最大化。

此外，运动康复数字化代表产品是运动康复机器人。运动康复机器人可
以提供有效的辅助训练、减少人员陪护、缓解康复医疗资源的供需矛盾，具
有市场刚需性。从产业基础来看，上海市运动康复机器人行业规模与载体领
先，头部企业已经走在行业前列，形成了包括张江机器人谷在内的多个产业
集聚高地。其中，张江机器人谷以高端医疗机器人为核心，以特色工业机器
人、智能服务机器人为重点，以机器人关键零部件、机器人关键控制软件为
支撑，已经集聚傅利叶智能等一批运动康复机器人优质企业，在多机协同、
数据互联、智能化管理等方面取得了显著成果。

专栏2 张江机器人谷："链"就运动康复产业全生态

张江机器人谷位于上海浦东新区，地处张江科学城核心区域，总规划面
积为4.2平方公里，是上海市首批特色产业园区之一。当前，张江机器人谷
正全力推动机器人产业"链式发展"，布局开源创新生态、搭建关键环节功
能平台、加快产业链核心技术攻关，集聚高能级项目，打造世界级机器人产
业集群、构建全球领先的机器人产业生态和创新生态。

政策引领龙头企业布局张江机器人谷。上海市政府高度重视张江机器人
谷的发展，出台了一系列优惠政策。比如设立机器人产业发展基金，支持重
点企业和项目的研发创新；鼓励机器人核心零部件及关键技术的国产化，促
进产业链条的完善。此外，还为入驻企业提供税收优惠、用地支持等措施，
为创新企业营造良好的发展环境。

创新平台赋能创新生态形成。园区内有上海机器人产业技术研究院创新
中心、ABB机器人赋能中心等功能创新平台。以此为依托，张江机器人谷

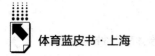

逐步构建起覆盖产业链各环节的创新生态。同时，园区内的企业基于创新平台积极开展产学研协同，推动前沿技术向产业应用转化。

创新联盟放大产业集聚效能。张江机器人谷积极引导行业协同创新。2023年3月，园区联合27家机器人企业成立了"张江机器人产业联盟"，旨在促进上下游企业的深度合作，推动产业链条的协同发展。

（七）体育装备与器材数字化

未来相当长的一段时间内，推进制造数字化，要立足制造本质，紧扣智能特征，以工艺、装备为核心，以数据为基础，依托制造单元、车间、工厂、供应链等载体，构建虚实融合、知识驱动、动态优化、安全高效、绿色低碳的智能制造系统，推动制造业实现数字化转型、网络化协同、智能化变革。实现我国体育用品制造业的数智化，就是采用新一代信息技术，将数字化、自动化和信息化不断融合，实现体育用品从"中国制造"到"中国智造"的过程。

现如今，上海市体育用品制造业的数字化水平不断提高，在生产过程、生产成果等方面表现出数字化、智能化升级的趋势。在生产环节，面向日趋多元化、个性化的市场需求，部分体育用品制造企业通过采用以工业互联网平台为代表的新一代信息技术，建立和发展一系列平台以快速重组企业内外部资源，变革组织形态，形成了需求驱动的模块化供应链网络式流程。在产品方面，依托数字技术和信息技术，我国智能体育用品的供给体系不断完善。近年来，不同类型的数字和智能体育产品、智慧体育场馆解决方案、智能户外运动设施解决方案、运动健身App及平台等可供消费者选择的"上海产品"不断涌现，体现了较强的示范性、创新性和可推广性，更助推了体育产品形态、服务方式、消费形态和营销模式的智能化革新。

（八）体育用品销售数字化

近年来，随着大数据、物联网等信息技术日益成熟，消费者对购物场景产生更多的需求，驱动各大品牌实现数字化转型，并主要围绕体育电商平台和数字销售管理两个层面进行数字化升级。在电商平台层面，企业端通过持续布局线上电商平台，引流线下消费群体，推进线上线下深度融合，实现线上线下在价格、产品、销售等方面的统一。同时销售端口联合大数据分析端口，通过智能化大数据，准确定位体育细分市场，深挖消费者偏好，掌握体育市场需求变化，精准匹配体育供给与需求，以达到优化库存管理、降低体育市场运行成本、提升经营效益的目的。上海识装信息科技、上海识巧信息科技等上海企业是主营体育零售电商平台的重要链主企业，注重将前沿科技转化成用户能感知的产品和服务体验，并与行业内的合作伙伴共同推动产业数字化，为构建全国一体化大数据中心协同创新体系做出更多贡献，比如，建立商品模型数据库，打造"潮流商品数据大脑"以及 AI 人工智能鉴别系统，不仅提升了年轻用户的购物"愉悦感"，也助推了新消费的升级以及消费活力的释放。

在数字销售管理层面，一方面是数字化消费场景的塑造，部分硬科技企业基于自身拥有的供应链优势、本土优势探索运用 VR、AR、人工智能等信息技术，打造特定的运动场景，实现体验式消费，通过深挖消费者需求，致力于提供定制化产品和个性化服务。另一方面是客户关系管理的数字化升级，其本质是对企业潜在客户和已有客户的基本信息、来往历史、订单信息以及其他所有相关客户服务问题的数字化。部分企业借助数据管理中心系统，对货品建立唯一的数字身份标识，进行实时定位追踪、快速感应采集等，在物流、仓储、经销、消费者服务等全流程实现"一物一码"高效管控，达成了对货品全生命周期的有效管理，进而显著提升了全链条业务效率和供应链管理能力。

四 下一阶段上海市数字体育产业链发展方向

（一）进一步发挥上海数字经济发展优势

近年来，上海市聚焦高端产业引领功能，以数字经济为核心主导，全力构建以"六大重点工业行业、九大战略性新兴产业、六大未来产业"为主体的产业格局，以促进上海市发展格局的重塑和整体优化。根据《中国城市数字竞争力指数报告（2023）》，上海以89.17的总得分排名第一，与北京、深圳、广州、重庆、杭州等共同组成中国城市数字化转型的"引领梯队"。[①] 美团、字节跳动、哔哩哔哩、小红书等在线新经济头部企业陆续扎根在区域内连点成片，拥有强大的技术和人才资源，为数字体育产业发展提供了绝佳的产业生态和发展环境。特别是美团、大众点评、抖音、哔哩哔哩和小红书等已经完成了体育产品与服务的覆盖和革新，现已成为居民体育消费、体育视频内容观赏、体育在线社交的重要载体，未来在体育产业领域的拓展路径明朗，前景广阔。

下一阶段，一方面，要加快拓展上海市数字体育"产学研用"联盟"朋友圈"，以徐家汇体育公园、五角场—新江湾地区、上海体育国家大学科技园、浦东前滩体育总部集聚区等产业集聚区为载体，鼓励头部企业牵头实现跨行业合作，建立数字经济头部企业与体育产业市场主体间多层次的合作关系，通过一系列协同项目壮大上海市数字体育产业生态圈。另一方面，要研究制定相关政策支持数字经济头部企业加大体育领域的关键核心技术研发力度，鼓励相关企业加强体育新业态、新模式、新领域布局。

（二）提升体育治理数字化水平

目前，上海市体育局正持续推进"一网通办"改革，推动涉及个人和法人主体的共16个事项实现了在线办理；"来沪动丨健身地图"等全民健身综合服务平台建设取得一定成效，同时完善"来沪动丨健身地图"信息化服务平台，组织开展体育消费券配送，接入更多体育场馆设施，提高体育数字化管理服务水平。下一阶段，一是要深入推进上海市体育数字化转型的整体工作部署，在公共体育服务、体育综合管理特别是体育市场监管、赛事监管等领域打造更多的数字化转型应用场景，探索通过互联网舆情监测、体

[①] 中国经济信息社：《中国城市数字竞争力指数报告（2023）》，2023。

育服务商户评分及评价监测等手段，开展体育健身休闲行业的数字化监管。二是要通过数字化手段提升体育赛事活动发展能级，加强体育赛事相关信息、数据收集与利用，支持体育赛事管理、体育赛事传媒、虚拟体育赛事等重点领域的数字企业发展。三是要进一步完善"来沪动 | 健身地图"平台功能，汇集更多体育服务主体，扩大用户量和消费规模。

（三）支持体育头部企业开辟数字化新赛道

下一阶段，传统体育企业在经历激烈的市场竞争的背景下，面临通过数字化转型提升企业未来竞争力的新环境。一方面，要支持传统体育头部企业开辟数字化新赛道，利用耐克中国运动研究实验室、上体—回力运动健康联合研究中心等机构的建设契机，加强体育服装鞋帽产品科技创新，鼓励相关企业发展包括购物、娱乐、社交、指导在内的数字平台，迎接电商直播购物浪潮，并以科技手段推动环保产品制造；支持传统健身休闲和教育培训服务机构借助数字技术，实现运营降本增效、用户体验提升。另一方面，要鼓励传统体育企业与科技企业建立直接合作关系，通过业务创新、并购、投资等方式实现企业资源和优势的发挥，加速补齐短板，抢占新的竞争机会。

（四）"引培结合"提升产业竞争力

目前，体育竞赛表演、体育场馆管理、体育教育培训、体育传媒与信息服务、体育健康服务、体育装备与器材、体育用品销售等领域是数字体育产业发展的风口赛道，上海市数字体育产业链在竞技运动表现提升、赛事辅助与管理、互联网健身服务、休闲虚拟体育运动、青少年体质健康与体育教育数字化、智能体育装备和器材研发等板块还存在发展短板。

下一阶段，一方面应围绕目前上海市数字体育产业发展的短板领域，配合科技型企业招引工作，加大体育领域相关企业支持政策宣传力度，通过引进一批位居产业链高端、价值链核心的企业和项目，为区域内数字体育企业创造发展机遇；加强与全国乃至全球知名体育科技企业的交流合作，吸引其在上海设立研发、品牌总部,增强上海对数字体育产业资源的凝聚能力和配置能力。另一方面应聚焦数字体育产业细分领域和关键环节,对标国家智能体育典型案例,积极培育和壮大相关市场主体,鼓励体育企业积极申请参评国家科技型中小企业、申报国家高新技术企业,增强产业内生动力;加强上海体育产业投资基金、上海市体育产业联合会等平台的资源赋能、要素支撑和交流合作等功能,推动大、中、小体育企业在上海市有机协同发展。同时,依托高校科研优势,联合开展数字体育创新创业项目和企业孵化,营造数字体育产业发展"大众创业、万众创新"的良好环境。

(五)在重点领域突出发展示范效应

目前,上海市涌现出长者运动健康之家、乐动力智慧体育场馆、得物App、"我要运动"平台等一批国内典型的体育数字化、智慧化案例,未来应进一步提升优势领域企业和项目的竞争力、影响力,在运动促进健康、体育场馆管理、体育用品销售、运动科技研发等领域的数字化转型方面形成发展示范。

下一阶段,一方面应持续扩大上海市运动促进健康领域发展优势,依托在体质与运动能力评估、科学运动指导、亚健康与慢性病运动处方、运动健康数据、体医融合孵化等方面的资源,围绕长者运动健康之家、社区(运动)健康师、运动健康促进中心等具体项目,在运动健康全流程服务数据关联、运动处方、用户身心监测等数据库建设板块深入探索,利用数字技术分析和评估运动处方、运动干预对群众健康的长期影响。另一方面应聚焦体育消费新空间和新场景,以体育数字消费、智慧健身场景等为主体,将体育数字消费融入智慧商圈建设,培育在线体育消费与线下消费场景互动互联新模式。此外,助推电子竞技与虚拟体育运动相关产业发展壮大,依托完美世界电竞、哔哩哔哩电竞等头部企业,加快打造以头部开发为前端的电竞产业集聚区、以专业场馆和高校为承载的电竞赛事举办地、以产教协同创新为基础的电竞人才培养地和以营商服务为保障的电竞宜业成功地。

（六）搭建产业链上下游、产学研协同平台

长期以来，上海市坚持围绕本市"2+2"+"3+6"+"4+5"现代化产业体系和重点领域产出高质量科研成果，在畅通成果转化路径、加速推进应用研究、着力优化产学研生态圈等方面取得了突出成就，"政产学研用"的紧密结合与协同发展也为上海市体育产业高质量发展，特别是体育前沿科技进步提供了重要的支撑。

下一阶段，一方面应建立高校与数字体育骨干企业、中小微创新型企业紧密协同的创新生态，积极了解企业创新需求，发挥科技型体育企业技术创新主体地位作用，打通基础研究、应用开发、成果转移与产业化链条，努力形成"市场需求—科学研发—产品投入"的创新链产业链闭环。另一方面应通过落地实验室、公共研发平台等具体项目，打造全国著名的运动健康科技成果研发转化平台、人才产教融合培养基地、创新创业孵化和集聚区。此外，应构建多层次的数字体育人才引进、培育、服务体系，联合数字经济头部企业、数字体育头部企业和区域高校，加强电子竞技、体育大数据、体育领域软件开发与运营、体育装备器材设计与研发等重点领域的人才培养，构筑数字体育产业发展的关键基础。

参考文献

钟亚平、吴彰忠、陈佩杰：《数字体育学的构建基础、基本定位与体系设想》，《上海体育大学学报》2024年第1期。

《2022年上海市国民经济和社会发展统计公报》，上海市统计局网站，2023年3月22日，https://tjj.sh.gov.cn/tjgb/20230317/6bb2cf0811ab41eb8ae397c8f8577e00.html。

吴传清主编《长江经济带高质量发展研究报告2022—2023》，中国社会科学出版社，2024。

《对市政协十四届二次会议第0595号提案的答复》，上海市体育局网站，2024年6月3日，https://tyj.sh.gov.cn/jtbljg/20240712/02acd44f51864a9cada85eb55d557d67.html。

东浩兰生会展集团：《东浩兰生会展集团股份有限公司2022年年度报告》，2023。

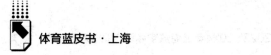

毕马威：《2023 年全球著名电竞城市产业发展指数排名报告》，2023。

《中信证券：体育流媒体时代来袭 建议关注腾讯体育等》，智通财经网，2024 年 9 月 17 日，https：//m. zhitongcaijing. com/contentnew/appcontentdetail. html？content_ id=237682。

荣泰健康：《上海荣泰健康科技股份有限公司 2023 年年度报告》，2024。

中国连锁经营协会供应链专业委员会：《2024 年度零售业供应链最佳案例集》，2024。

区报告

B.9

2023～2024年杨浦区体育健康产业发展报告

邰 荀 曹晖*

摘 要： 发展体育健康产业是助力经济转型升级、服务社会民生的有效手段，在健康促进、社会治理和健康中国建设中具有重要意义。本报告基于对杨浦区体育健康产业发展实践的专题分析，系统阐述与深入总结杨浦区体育健康产业发展的总体现状、突出特点和发展问题。为进一步发挥体育健康产业在稳增长促发展、推动消费升级、提高人民健康水平中的重要作用，增强体育健康领域市场主体发展活力，本报告结合体育健康产业与金融资本融合创新、体育健康产业高质量发展，提出杨浦区体育健康产业发展的有益思路，以期为体育健康产业发展提供参考。

关键词： 体育健康 运动促进健康 杨浦区

* 邰荀，杨浦区政协主席，主要研究方向为公共政策；曹晖，杨浦区政协专职常委、经济委员会主任，主要研究方向为新兴产业。

党的十九大报告将"健康中国战略"纳入国家发展基本方略。2024 年 8 月,上海市出台《上海市运动促进健康三年行动计划(2024—2026 年)》,提出建立和完善运动促进健康新模式,推动全民健身与全民健康深度融合。杨浦区 2024 年国民经济和社会发展计划中提出聚力经济稳增长、聚力创新发展再出发等"六个聚力"发展任务,并谋划实施重点产业链链长制,体育健康产业作为幸福产业的重要组成部分,也是本年度杨浦区重点推进的十二条细分产业链之一。推动体育健康产业发展,成为促进消费和投资,催生健康新产业、新业态、新模式,解决当前城市发展面临的公共健康问题,持续推进健康中国建设的有效手段。

一 杨浦区体育健康产业发展现状

体育健康产业作为幸福产业的重要组成部分,不仅是拉动经济增长、促进消费升级的重要力量,也是满足人民美好生活需要的重要内容。杨浦区体育健康产业发展基础扎实,既拥有五角场国家体育产业示范基地、巅峰健康等一批国家体育总局认定的全国体育产业示范基地/项目/单位,也吸引了耐克、橙狮体育等产业巨头,培育了回力等老字号新国潮品牌,集聚了尚体健康、跃动等一批体育健康领头羊企业。

从市场主体发展来看,2023 年杨浦区共有主营体育健康产业单位 1761 家,相较 2022 年的 1665 家增长 5.8%。从产业发展资源来看,在杨浦区建设"四高城区"和"1+2+3+4"创新型现代化产业体系的背景下,聚焦科技革命和产业变革前沿,以科技创新推动产业创新,加快产业智能化、绿色化、融合化发展,为体育健康产业发展集聚了丰富的创新、资本、人才、技术要素。特别是在数字经济发展领域,2023 年杨浦区以数字经济为核心的软件和信息服务业营收超过 2600 亿元,占全区企业营收总额的 40% 以上,拥有得物等一批与体育健康服务息息相关的头部数字经济企业,为体育健康产业数字化转型发展提供了坚实的基础。

通过根据国家统计局发布的《体育产业统计分类(2019)》进行归类

和有序组织，本研究构建了包括基础层、核心层、衍生层 3 个层级 27 个具体业态的体育健康产业链。整体来看，杨浦区体育健康产业链相对完整，特别是在体育及相关用品制造，体育赛事运营管理，健身休闲设施管理和运营，互联网体育服务，运动健康服务，体育培训，体育传媒，体育用品及相关产品销售、贸易等领域均拥有链主企业。但一方面受产业转型影响，杨浦区以建筑业、制造业为代表的体育健康产业链基础层发展规模较小，另一方面由于体育赛事、会展等资源的相对不足，杨浦区体育经纪代理、体育会展、体育保险、体育彩票、体育金融等业态缺乏具有代表性和竞争力的典型企业。

二 杨浦区体育健康产业的突出特点

（一）充分发挥产学研协同的基础性创新性作用

产学研一体化是杨浦区体育健康产业的发展基石，杨浦区拥有国家"双一流"建设高校上海体育大学、中国体育领域唯一的国家级大学科技园上海体育国家大学科技园等体育健康领域的头部资源，也在推进校、园区、社区"三区联动"，产城、学城、创城"三城融合"中形成了领先的科技成果转化、科技创业孵化和创新人才培养机制。在加快推进杨浦区科创中心重要承载区建设的过程中，上海体育国家大学科技园、上海运动与健康产业协同创新中心、久事体育、耐克总部、阿里体育、区体育局等共同发起创建了"杨浦区体育产学研联盟"，形成了大学生体育产业创新创业比赛、运动与健康研究中心、尚体康复学院和产品研发中心、久事体育教学实践基地和久事体育产业智库等一批产学研联动发展成果。2021 年，杨浦区在"杨浦区体育产学研联盟"的基础上，增补完美世界、回力鞋业、小沃科技、美团等新成员，2024 年增加中国太平洋保险、上海瑞桥、金数浦数据、莱伽文化等 4 家企业，并更名为"杨浦区体育健康产业联盟"，进一步扩大产业集聚影响力，拓展联动合作渠道，促成了基于人工智能的青少年乒乓球启蒙课程开发、中体产业智能运动消费新场景和场馆科技服务新模式开发、共

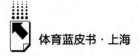

建"上体—回力运动健康联合研究中心"等一批协作项目,进一步提升了杨浦区体育健康领域产学研协同创新发展质效。

(二)依托"环上体运动健康创新带"带动产业集聚

近年来,"环上体运动健康创新带"建设步入关键时期,作为中坚环节的上海体育国家大学科技园取得突出成果。其依托上海体育大学学科优势、园区产业结构基础及产业发展趋势,以智慧体育、运动健康、体育新空间和体育专业服务等4个细分赛道为主导产业,重点孵化体育人工智能、体育大数据、体育培训、大众健身、运动康复、运动干预、体育空间运营、赛事评估等领域的企业。截至2024年,科技园可自主支配办公孵化面积共计16358.2平方米,分别为杨浦区恒仁路350号园区、交流中心园区和海尚园区。2021~2022年园区内新注册企业数分别达到87家和56家,截至2023年9月园区总在孵企业数达到995家。科技园围绕大学科技园功能要求和企业孵化需求,打造了"创业苗圃—众创空间—孵化器"三梯度的空间载体体系。

(三)积极开拓运动促进健康新领域

近年来,杨浦区依托上海体育大学学科建设和人才培养优势,以及上海体育国家大学科技园产业转化能力,陆续培育出"运动健康师试点""运动健康促进中心""社区运动健康服务平台""长三角运动促进健康研讨会"等一批品牌项目,与中国太平洋保险建立了战略合作关系,共建上海体育学院上海运动健康促进现代产业学院和上海青少年健康促进中心。特别是2020年杨浦区全面启动基于健康医保理念的社区(运动)健康师项目,依托"区校合作"机制,聚焦糖尿病早期、运动损伤、大学生心理减压等8类人群,提供了科学、系统的运动干预,并获得第五届"上海十大医改创新举措"第一名,入围"全国防控重大慢病创新融合试点高质量健康管理区域"。截至2024年,杨浦区中心医院、市东医院2家区域医疗中心,12家社区卫生服务中心和60多个社区卫生服务站均已开设运动干预门诊,可为患者提供便捷、专业的服务。此外，截至 2023 年底，由区内体育健康领域头部企业尚体健康运营的"长者运动健康之家"在全市已累计建成 136 家，为约 2 万名老年人建立了运动健康电子档案，参加锻炼的老年人医保支出下降 15% 左右。

（四）利用龙头企业示范效应提升产业竞争力

杨浦区体育健康产业龙头企业云集，截至 2024 年 7 月，杨浦区累计获评 1 个国家体育产业示范单位，4 个国家体育产业示范项目，2 个工业和信息化部、国家体育总局智能体育典型案例，6 个上海市体育产业示范单位、8 个上海市体育产业示范项目（见表 1），全市排名第一。在运动健康领域，尚体健康旗下尚体乐活空间项目为国家级服务业标准化试点项目和上海市标准化试点项目，被评选为智能养老应用场景案例。巅峰减重是中国运动与健康减重的头部品牌，截至 2024 年，全国有超 60 个训练营基地和超 60 个青少年减肥夏令营基地，先后获得国家体育产业示范单位、体重控制国家标准制定单位等数十项荣誉称号。

表 1 五角场区域内国家级和市级体育产业示范基地、单位、项目清单

编号	名称（所属企业）	认定情况（认定时间）
1	上海市杨浦区五角场地区	国家体育产业示范基地（2017） 上海市体育产业示范基地（2017）
2	上海巅峰健康科技股份有限公司	国家体育产业示范单位（2020）
3	"我要运动"智慧体育服务平台 （上海天健体育科技发展有限公司）	国家体育产业示范项目（2020） 上海市体育产业示范项目（2019）
4	人工智能围棋互联网平台 （上海弈客信息技术有限公司）	国家体育产业示范项目（2020） 上海市体育产业示范项目（2019）
5	跃动跳绳体育培训 （上海跃动文化传播有限公司）	国家体育产业示范项目（2018） 上海市体育产业示范项目（2018）
6	尚体乐活空间 [尚体健康科技（上海）股份有限公司]	国家体育产业示范项目（2018） 上海市体育产业示范项目（2018）
7	长者运动健康之家 [尚体健康科技（上海）有限公司]	工业和信息化部、国家体育总局智能体育典型案例（2022）

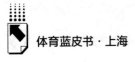
续表

编号	名称(所属企业)	认定情况(认定时间)
8	"来沪动健身地图"智慧体育云平台 (上海天健体育科技发展有限公司)	工业和信息化部、国家体育总局智能体育 典型案例(2022)
9	小沃科技有限公司	上海市体育产业示范单位(2023)
10	橙狮体育有限公司	上海市体育产业示范单位(2022)
11	上海回力鞋业有限公司	上海市体育产业示范单位(2021)
12	上海巅峰体育管理有限公司	上海市体育产业示范单位(2018)
13	上海天健体育科技发展有限公司	上海市体育产业示范单位(2020)
14	尚体健康科技(上海)股份有限公司	上海市体育产业示范单位(2020)
15	上海体育国家大学科技园 (上海体院科技发展有限公司)	上海市体育产业示范项目(2022)
16	北极星团建 (上海勇盛体育管理有限公司)	上海市体育产业示范项目(2022)
17	黑桃户外一站式运动平台 (上海墨韵体育策划有限公司)	上海市体育产业示范项目(2022)
18	上海捷希青少年足球培育计划 (上海捷希青少年足球俱乐部有限公司)	上海市体育产业示范项目(2020)

资料来源：杨浦区体育局。

（五）在体育健康消费试点中形成新模式

在体育健康服务和消费数字化转型领域，杨浦区推出的"韵动杨浦"全民健身电子地图，成为杨浦区集全民健身信息发布、体育场馆智能化服务、体育消费配送服务等多功能于一体的信息化综合服务平台，一方面实现场地预订、健身优惠补贴领取、在线申办全民健身卡、刷脸或扫码验证入场等多种功能；另一方面则通过运动积分系统，鼓励居民参加各类体育活动和任务产生运动积分并形成个人"运动账户"，实现积分兑换实物或虚拟商品，打造了良好的体育消费者社区和消费内容闭环。此外，杨浦区联合上海体育大学和美团共同研发了体育消费指数，发布"城市体育消费数字体征（杨浦首发版）"，为助力城市体育消费行业的高质量发展提供参考和依据。

在体育消费新场景领域，杨浦区打造"韵动杨浦·秀出来"全民健身系列赛事活动体系，做到月月有比赛、周周有展示、天天有活动，年均举办400余场赛事活动，吸引20余万人次参与。培育了长三角青少年足球邀请赛、新江湾城国际半程马拉松、杨浦足球超级联赛等自主品牌赛，推出全市首届长三角共青森林体育嘉年华2023易跑·森林越野半程马拉松活动。同时，在合生汇、太平洋森活天地、五角场下沉式广场等重点商业载体的夜生活节中，融入夜间经济整体布局，发挥家庭式、青年式等兴趣人群的消费优势，打造体育消费产品，开发深受亲子家庭和青年人欢迎的亲子类、时尚潮流类夜间体育赛事，融入夜游、夜秀、夜市等专题活动，打造商业、娱乐和体育联动发展的繁荣夜间经济消费业态。

三 杨浦区体育健康产业及市场主体的发展问题

（一）产业土地供给不足和现有空间利用不充分

根据上海市体育场地统计调查数据公报，杨浦区人均体育场地面积仅为1.39平方米，在市中心城区中仅高于普陀、虹口和静安，体育场地设施总量不足，制约了健身休闲、体育培训等体育健康行业的发展。《上海市体育发展条例》指明"在确保建筑安全和消防安全的前提下，可以利用高架桥下空间、闲置地、楼顶空间等场地资源，暂不变更土地性质或者临时改变建筑使用功能，建设公共体育设施"。调研发现，社会力量投资兴办足球场地、体育场馆、体育综合体等体育产业基础设施面临较多困难，很多好项目较难落地；同时乐动力杨浦滨江运动公园刚投入运营，杨浦滨江体育内容开发尚不完全，与黄浦滨江、徐汇滨江、浦东滨江的体育休闲氛围相比还有差距。此外，江湾体育场等区内体育场馆受体育用地属性限制及验收影响，商业业态空间小、受限多，项目整体经济效益受到影响；而杨浦体育活动中心、中原体育场、新江湾体育中心、黄兴全民体育公园等场馆亟须新一轮提升改造，实现智能化、场景化的体育健身空间革新；同时杨浦众多高校体育

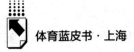

场馆在寒暑假、节假日等周期，如何在保证安全的前提下向社会开放，也是需要破解的问题之一。

（二）体育健康产业与金融资本缺乏有效对接

杨浦区体育健康产业的经营主体仍然以中小微企业为主，由于没有完善的资产评估方法，融资难、融资贵的问题较为普遍。运动促进健康服务机构、新型健身工作室、新型运动项目培训机构等急需融资的创新导向型中小企业，天然具有周期跨度长、收益不确定和潜在风险高的特征，影响了金融资本进入的便利性与可操作性。同时，面对中小型体育健康企业资金紧缺、融资困难的问题，许多投资机构看好体育健康产业，却难以找到合适、优秀的投资标的，双方对接渠道不通畅。此外，体育健康产业不同于传统产业，其核心资产通常是比赛版权、赛事转播权、场馆运营权等无形资产，目前尚未有专业的评估机构对相关的门票收入、赞助收入、运营成本、运营风险等进行评估，限制了体育健康企业获得融资的可能性。

（三）体育健身行业商业模式转型亟待突破

近年来，在大量中小健身工作室不断出清、户外运动等新兴运动对健身行业产生分流的整体行业背景压力之下，传统健身门店在管理、运营、模式、产品等方面的短板愈加明显，这也导致杨浦区部分品牌健身门店（如一兆韦德、舒适堡等）陷入经营困难，影响了消费者对健身行业整体的信任度。在健身行业"深度洗牌"、各家商业健身俱乐部积极寻求转型之路的背景下，一方面迫切需要支持和推广具有新经营模式的健身行业市场主体，如DP潜能挖掘、尚体健身等本区健身行业新品牌发展；另一方面应加强与市场监管部门、文化市场执法机构的合作，警惕与预防健身行业虚假宣传和虚假广告等不正当竞争行为，充分落实《上海市单用途预付消费卡管理实施办法》。

（四）体育健康人才供给与企业发展需求不匹配

首先是复合型经营型人才不足，体育健康企业创新发展需要建立新的商业模式、服务方式，对人才复合型要求较高。目前，体育健康产业既缺乏"懂体育、善经营、会管理"的复合型经营管理人才，也缺乏运动医学、赛事运作、场馆运营、体育经纪、体育培训、体育装备研发等领域高素质的专业人才。其次是专业教练员、退役运动员等优质人才资源在体育健康企业发展中没有发挥充分的作用。足球、篮球等运动项目业余比赛教练员、裁判员的市场需求大，健身教练、运动康复师等人才缺口较大，优秀的后备运动员队伍以及专业水平较高的领军型教练员尤其缺乏。

四　推动杨浦区体育健康产业高质量发展的建议

（一）以释放赛事综合效应为核心加强政策支持

梳理杨浦区未来周期办赛清单，以加快打造杨浦区体育赛事品牌为目标，研究包括赛事专项扶持或补贴、赛事赞助、资源倾斜、绩效奖励等在内的支持路径，鼓励市场化、社会化办赛。创新杨浦区赛事无形资产开发的形式，鼓励各方企业通过赞助赛事提高品牌影响力。持续打造长三角青少年足球邀请赛、杨浦足球超级联赛等品牌赛事和"韵动杨浦·秀出来"全民健身杨浦赛事名片，有针对性地举办一批以足球赛事、电子竞技赛事、都市户外运动赛事和极限运动嘉年华等为代表的、有利于提升杨浦城市影响力的国内外体育大赛和活动，加强在五角场商圈、产业园区、杨浦滨江、共青森林公园、新江湾城等区域的赛事供给，推动赛事进公园、进街区、进商圈，提升赛事关注度、专业度和贡献度。丰富节假日体育赛事供给，优化参赛体验，培育长期赛事品牌，激发大众体育消费需求。

（二）推动杨浦体育健康产业链现代化

面对产业总部经济效益尚未充分释放的现状，提前谋划杨浦区"十五五"体育健康产业发展规划，围绕杨浦区体育健康产业链，培育体育健康产业链链主企业及壮大链上企业，促进体育资源的有效重新配置。围绕目前杨浦区体育健康产业发展的短板领域，配合企业招引工作，加大体育健康领域相关企业支持政策宣传力度，通过引进一批位居产业链高端、价值链核心的企业和项目，增强杨浦对体育健康产业资源的凝聚能力和配置能力。发挥好杨浦区体育健康产业联盟和"环上体运动健康创新带"功能，吸引更多优质企业和项目落户，形成集聚效应和规模效应，推动体育健康产业向更高层次、更高水平发展。依托杨浦区体育健康产业联盟等平台开展产业链上下游、大中小体育健康企业融通对接活动，帮助中小体育健康企业融入龙头企业供应链，推动上下游资源共享，提升体育产业链现代化水平。进一步引导和支持运动健康、体育数字化、体育竞赛表演、体育健身休闲、体育传媒信息、运动健康等重点板块的企业、项目在产业联盟和产学研平台集聚。联合高校、科技园区等平台，激发各类创新资源活力，缩短创新进程，提高创新效率。同时，通过上海体育国家大学科技园海尚园区的体育产业城市会客厅，建立杨浦区体育健康产业空间布局、赛事、品牌等宣传展示馆。

（三）打造杨浦高品质城市运动空间

全面梳理并公开区内可用于体育健康产业的土地、闲置商铺等信息，明确可供社会力量建设运营的体育用地和非体育用地，突出面向不同消费者群体的体育新空间划分，研究通过闲置商业空间为体育健康业态提供优惠招商政策。联合区政府各部门，共同开展体育运动场地进园区、进社区、进公园等活动。结合共青森林公园、杨浦滨江、新江湾城水道等资源，丰富户外运动空间载体，发展城市和近郊露营、自行车骑行、路跑、水上等都市时尚户外运动项目。推动户外运动项目形成集聚，与旅游部门共同打造精品都市轻户外运动路线。积极推进现有体育场馆、体育公园的提质升级，谋划上海电气都市工业园区等片区的体育内容开发，打造更多功能完善、富有特色、市民满意的都市运动中心试点项目。配合"上海之夏"国际消费季主题活动，在合生汇、太平洋森活天地、五角场下沉式广场等重点商业载体的夜生活节期间，打造体育消费产品，开发亲子类、时尚潮流类夜间体育赛事，融入夜游、夜秀、夜市等专题活动，发展商业、娱乐和体育联动发展的繁荣夜间经济消费业态。举办一批"体育夜市""夜间运动汇"等体育专场活动，引导企业主体和社会组织在体育场馆、公园、广场、商业街区开展三人篮球、笼式足球、街舞、轮滑、滑板等特色突出、观赏性强的夜间群众体育活动，形成一批夜间体育消费"打卡地"。在补充居民身边的体育场地设施方面，杨浦区高校集聚，且目前大部分高校校园已实现对外开放，未来可以在"韵动杨浦"全民健身电子地图的基础上，研究推动杨浦区内高校运动场馆在寒暑假、节假日等周期的社会开放事宜，满足居民就近健身运动需求。同时，鼓励高校校友会、商学院等平台组织开展团体趣味运动会，以及足球、篮球、羽毛球等赛事，引导成员深入了解体育健康产业，为产业发展提供更多机会。

（四）加快探索体育健康产业与金融资本的融合创新

探索"点心贷"联合贷款产品在体育健康产业的应用。"点心贷"是由工行、农行、中行、建行、交行五家上海科创金融联盟成员单位面向具有"硬科技"核心技术的初创期科创企业推出的联合贷款产品，以集体审议和风险共担为合作原则，由五家银行按照审议一致的贷款条件共同向企业发放相同金额的贷款。体育健康企业应加快建立健全企业信息披露制度、征信体系和信用法律体系，确保企业信息的公开和透明，为银行发放信用贷款和资本进入提供基础保障。而金融联盟或者银行团体则可针对体育健康企业经营特点和资金需求，提供短期流动性贷款、前期贷、项目贷、供应链融资等多样化信贷产品，全方位支持体育健康企业。同时，研究实施体育健康企业银企直通工程，主动深入体育健康企业，对行业准入、担保方式、利率优惠、操作流程等方面进行简化；并组建面向体育健康企业的信贷团队、配置专职审批人员，建立体育健康企业信贷专用通道，提高信贷服务效率。在具体实施过程中，可以探索以上海体育大学科技园为联络主体和高质量孵化器，对外联系国有商业银行与投行，对内梳理企业融资贷款需求和发展信息，引入第三方专业服务机构作为评估方，探索体育健康领域的无形资产、应收账款、知识产权等内容评估，并最终组建体育健康产业领域金融联盟或银行团体，提供"股贷债保担"等全方位金融支持。

（五）进一步深化运动促进健康新模式创新

以运动促进健康新模式作为摆脱传统健身行业发展困境的切入点，支持长者运动健康之家、社区智能健身馆、定制化和个性化新型健身服务模式发展。持续深化社区（运动）健康师项目，扩大社区（运动）健康师与社会体育指导员对接试点，推动社会体育指导员更深层次、更广领域地参与赛事策划、组织、评估等工作，更好地服务居民科学健身。积极参与国家运动健康师人才体系建设，主导设计运动健康师资质认证规范。加强体卫融合创新研究，在具备条件的体育场馆开设体医融合项目，成立运动处方实验室，集聚体育科学、运动医学、流行病学、预防医学和临床医学等专家，开展常见慢性病运动干预研究，研究构建全人群运动处方库，推动研究成果的转化和应用。以国家兴奋剂检测上海实验室为平台，共同加强与国际高水平大学、国际体育组织的合作，建立国际体卫融合合作创新平台，形成全国著名的运动健康科技成果研发转化平台、人才产教融合培养基地、创新创业孵化和集聚区。

（六）以产学研协同构建育人和实践平台

建立高校与体育健康产业骨干企业、中小微创新型企业紧密协同的创新生态，积极了解企业创新需求，打通基础研究、应用开发、成果转移与产业化链条，努力形成"市场需求—科学研发—产品投入"的创新链产业链闭环。加快落实杨浦区与上海体育大学签署的《共建国家体育消费试点城市战略合作框架协议》，通过落地实验室、公共研发平台等具体项目，打造全国著名的运动健康科技成果研发转化平台、人才产教融合培养基地、创新创业孵化和集聚区。此外，应用好杨浦高校资源，构建多层次的体育健康领域人才引进、培育、服务体系，联合行业头部企业和各大高校，加强体育商业、体育金融、体育投资与管理、体育法律、运动健康、体育大数据、体育领域软件开发与运营、体育装备器材设计与研发等重点领域的人才培养。依托国家体育大学科技园海尚园区启动并持续做好"建设体育消费活力城市，构建体育产业新发展格局"系列活动，创新创客沙龙、体育产业交流会、体育创业人才培训、体育产业创新创业比赛等活动形式，提升活动质效，发挥龙头企业、大学、区域联动作用。以政府购买服务形式，发挥区体育总会、市/区体育单项协会、市/区体育社会服务机构推广运动项目、服务群众、传播体育文化、开展行业研究、促进交流合作等工作对杨浦区体育健康产业高质量发展的支持作用。

（七）提升杨浦在数字体育健康赛道的竞争力

以五角场—新江湾地区、杨浦滨江、互联宝地、上海体育国家大学科技园海尚园区等产业集聚区为载体，鼓励优刻得、美团、字节跳动、哔哩哔哩、得物、小红书等互联网数字经济头部企业牵头实现跨行业合作，建立数字经济头部企业与体育健康产业市场主体间多层次的合作关系，发挥杨浦区优势，进一步推动杨浦区体育健康数据、体育消费数据、体育产业数据等的开发利用。同时，要特别注重通过字节跳动、哔哩哔哩等平台加强杨浦体育健康企业、产品、品牌的宣传，通过一系列协同项目壮大杨浦区数字体育产业生态圈。要加强相关企业走访调研，研究制定相关政策支持数字经济头部企业加强体育领域的关键核心技术研发，鼓励相关企业加强体育新业态、新模式、新领域布局。利用耐克中国运动研究实验室、上体—回力运动健康联合研究中心等机构的建设契机，加强体育服装鞋帽产品科技创新，鼓励相关企业发展包含购物、娱乐、社交、指导在内的数字平台，迎接电商直播购物浪潮，并以科技手段推动环保产品制造。支持传统健身休闲和教育培训服务机构借助数字技术，实现运营降本增效、用户体验提升。

（八）打造杨浦体育健康消费品牌

发挥杨浦区体育科技创新优势，推动体育产品制造业态升级，鼓励开发功能多样、科技含量高、附加值高的智能化体育装备器材、体育文创产品。依托耐克、回力等时尚体育品牌影响力，开展国际品牌和民族品牌"同频共进"的时尚休闲文化活动，进一步释放品牌效应。发展"体育+生态+消费"新模式，携手长三角体育精英、互联网龙头企业以及杨浦区优秀体育健康企业，开展嘉年华活动，实现体育赛事、户外游憩、微度假、休闲餐饮、非遗展示等多业态叠加，助力商业引流，挖掘体育消费潜力，着力打造体育嘉年华与绿色空间融合发展的先行示范杨浦案例。同时，关注新江湾城体育休闲消费新场景，加强与相关运动项目协会、企业的交流合作，依托新江湾城公园水域推广桨板、皮划艇等运动项目，围绕沿线安徒生童话乐园、红杉林等景观，打造城市绿色生态运动线路；依托新江湾城滑板公园，完善滑板、自由式小轮车等奥运新兴项目休闲、观赛、体验、购物、教培等多元融合的消费场景，引入极限运动嘉年华活动，打造属于杨浦的国际极限运动赛事和时尚消费名片。创新体育领域消费者权益保护的手段，研究巡回法庭等工作模式的应用，为依法解决体育消费领域纠纷提供有效、快捷的途径。

B.10
2022年徐汇区居民体育消费研究报告

黄海燕*

摘　要： 体育消费是体育产业高质量发展的基石。徐汇区居民体育消费不断提质升级，在消费数额、消费规模、消费结构、居民消费意识、消费活力等方面均实现明显提升或优化。本报告总结徐汇区居民体育消费建立政策新体系、构建发展新格局、打造服务新生态、探索产业新实践的经验，展望未来徐汇区体育政策消费措施不断完善、惠民范围持续扩大、产品供给全面优化、消费场景开拓创新的工作部署，以期为推动体育消费市场提质扩容提供参考。

关键词： 体育消费　国家体育消费试点城市　徐汇区

体育消费是新兴消费、健康消费，是体育产业高质量发展的基石，也是体育产业成为国民经济支柱性产业的重要原动力。徐汇区自2020年8月获评国家体育消费试点城市以来，扎实推进国家体育消费试点城市建设，进一步丰富优化体育产品和服务供给，积极探索体育消费新路径，为全区经济社会发展做出了积极贡献。本报告系统梳理了徐汇区居民体育消费的发展概况，进一步分析其分层特征，并以此为基础提出了区域促进体育消费的经验，提出未来发展方向，以期为力争创建国家体育消费示范城市奠定基础，同时为进一步扩大体育消费规模、提升消费质量提供科学的决策依据。本报告采用问卷调查方法，调查对象为上海市徐汇区常住居民。调查问卷的设计

---

* 黄海燕，博士，教授，博士生导师，北京体育大学管理学院院长，主要研究方向为体育产业、体育赛事、体育旅游等。

和发放原则严格按照国家体育总局下发的《国家体育消费试点城市居民体育消费调查工作手册（试行）》，采用线下"分层随机抽样"的方式，共回收纸质问卷及线下扫码电子问卷 5758 份，有效问卷为 4814 份，有效率为 83.6%。

一 徐汇区居民体育消费的发展概况

（一）居民体育消费整体情况分析

从徐汇区居民体育消费的总体情况来看，2022 年徐汇区居民人均体育消费达到 4266.07 元，较 2021 年增长了约 0.26%，2020~2022 年徐汇区居民人均体育消费年均增长率为 2.95%。体育消费占上海市居民人均可支配收入和人均消费总支出比重分别稳定在 5.3%~5.6% 与 8.7%~9.5% 的合理区间（见图 1）。与 2020~2022 年全国其他城市（区）居民体育消费比较，徐汇区居民体育消费位居全国前列（见表 1）。

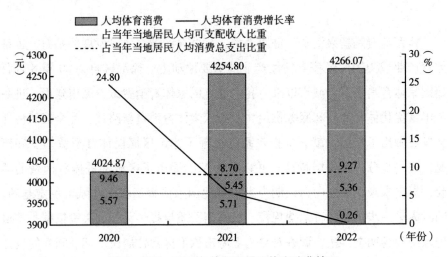

图 1　2020~2022 年徐汇区居民体育消费情况

资料来源：徐汇区体育局。

表1 2020~2022年全国部分城市（区）居民体育消费情况

单位：元，%

城市(区)名称	年份	人均体育消费	占当地居民人均可支配收入比重	占当地居民人均消费总支出比重
上海市徐汇区	2020	4024.9	5.6	9.5
	2021	4254.8	5.5	8.7
	2022	4266.1	5.4	9.3
深圳市	2020	3175.4	4.9	7.8
	2021	3492.2	4.9	7.5
上海市杨浦区	2020	3046.4	4.2	7.2
	2021	3336.1	4.3	6.8
	2022	3411.3	4.3	7.4
成都市	2020	2298.1	5.5	8.0
	2021	2518.6	5.5	8.8
	2022	2730.2	5.7	9.4
南京市	2020	3080.0	5.1	4.6
	2021	3064.0	4.6	7.8
苏州市	2020	3077.0	4.9	6.0
	2021	3038.8	4.5	7.2
常州市	2020	3053.2	5.9	10.8
宁波市	2020	2684.3	4.5	7.8
	2021	3006.0	4.6	7.4
绍兴市	2020	2574.9	5.0	8.2
	2021	2859.4	4.6	7.6
金华市	2020	2802.0	5.5	9.1
	2021	3096.9	5.5	8.5
合肥市	2020	2275.6	5.5	9.4
	2021	2531.0	5.2	9.0
黄山市	2020	2043.5	7.3	11.9
厦门市	2020	2241.0	3.9	6.1
	2021	2537.3	3.9	6.1
三亚市	2020	1958.4	5.7	—
青岛市	2020	2885.4	6.1	9.5
	2021	3027.0	5.9	9.2

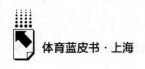

续表

城市(区)名称	年份	人均体育消费	占当地居民人均可支配收入比重	占当地居民人均消费总支出比重
日照市	2020	1941.1	6.8	11.8
	2021	2179.2	7.0	12.1
西安市	2020	2167.8	6.1	9.8
渭南市	2020	1479.6	6.6	10.2
	2021	1731.7	6.1	9.3
大连市	2021	2554.9	5.1	8.6
秦皇岛市	2020	2294.8	8.1	10.8
	2021	2167.0	7.0	10.2

注：此处仅对比公布了相关居民体育消费数据的城市（区）。
资料来源：徐汇区体育局。

　　从徐汇区居民体育消费的细项数据来看，一是体育用品消费情况。2022年徐汇区体育用品消费总规模达到24.04亿元，居民运动服装和鞋帽的消费支出始终在体育用品消费中占比最高，包括运动手环、体脂仪等在内的智能体育设备和户外运动装备三个类别体育用品的消费在3年间均实现持续增长，体现出居民健身休闲消费习惯的变化。二是健身休闲消费情况。2022年徐汇区健身休闲消费总规模达10.29亿元，占体育消费总支出的比重由上年的37.9%下降至21.6%。但整体上，徐汇区居民健身休闲消费总规模保持增长态势，由2020年的3.52亿元增长至2022年的10.29亿元，年均增长率达到70.98%。三是体育观赛消费情况。2022年，上海市多项国际重大赛事和各类体育赛事未能如期举办，徐汇区居民用于购买赛事现场门票的人均支出为5.84元，较上年下滑明显，降幅达到93.08%。2022年徐汇区居民购买线上赛事节目直播/录播及体育文化传媒产品的人均消费为24.36元，较上年减少31.38%。四是体育培训消费情况。2022年徐汇区体育培训消费总规模为3.87亿元，总规模较上年下降74.8%（见图2），占体育消费总支出的比重下降了30.21个百分点。从有体育培训消费的人群来看，徐汇区居民为自身或子女选择的培训项目丰富多元，羽毛球、足球、篮球、游泳、乒乓球等是热门培训项目

（见表2）。五是体育旅游与其他体育消费情况。2022年徐汇区体育旅游与其他体育消费总规模出现下滑，较2021年降低38.2%，但相比2020年保持低位增长。其中，2022年徐汇区居民人均体育旅游消费（用于到外地观看比赛或参加体育运动而产生的交通费、住宿费、餐饮费以及由之而带动产生的旅游、休闲娱乐等其他费用的支出额）为201.64元，占体育消费总支出的比重为4.73%，同期徐汇区体育旅游消费总规模为22478.8万元。

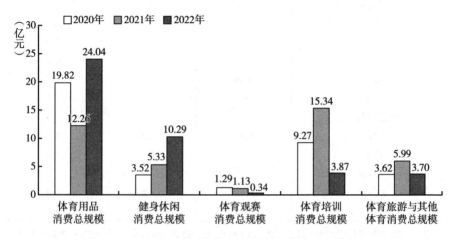

图2　2020~2022年徐汇区体育消费细项数据

资料来源：徐汇区体育局。

表2　2020~2022年徐汇区参加体育培训人群的项目选择情况

单位：%

运动项目	2020年	2021年	2022年
羽毛球	19.33	30.85	45.2
足球	8.51	7.02	28.5
篮球	10.94	10.65	32.5
网球	5.66	6.51	16.1
游泳	20.45	28.57	24.4
潜水	20.45*	3.30	5.8
乒乓球	12.43	15.05	16.6
瑜伽	8.95	16.65	7.5
轮滑、滑板、平衡车	9.20	3.13	3.7

续表

运动项目	2020 年	2021 年	2022 年
滑冰、滑雪	3.29	6.00	2.4
跆拳道、空手道、拳击	2.24	6.68	3.2
棋牌	3.67	4.90	3.2
帆船、皮划艇	1.49	2.62	1.2
街舞、热舞操	5.66	7.44	4.1
广场舞	—	—	4.0
飞盘	—	—	0.9
攀岩	—	—	2.0
橄榄球	—	—	0.9
高尔夫球	0.44	2.79	1.2
马术	—	—	1.1
射击、射箭	—	—	1.6
击剑	1.62	1.35	0.8
棒球	—	—	0.4
体适能	—	—	1.8
自行车	9.20*	15.81	4.4
其他	5.59	22.23	0.6

注：在 2020 年统计题项中，游泳、潜水为同一选项，轮滑、自行车为同一选项。表格中数据为每个项目的个案占比。若总量与分量合计尾数不等，是数值修约误差所致。

资料来源：徐汇区体育局。

（二）居民体育消费人群分析

从体育消费人群的年龄分层来看，徐汇区居民体育消费均值较上年有所下降，但在个别群体中呈现上涨趋势。2022 年 35~59 岁居民人均体育消费均值较 2021 年有所下降，但 2020~2022 年徐汇区 18 岁及以上各年龄段人群体育消费整体上均实现增长。其中，18~34 岁年龄段人群体育消费均值保持增长态势，年均增长率达到 7.9%（见图 3）。从体育消费人群的收入来看，中高等收入群体逐渐成为徐汇区体育消费的主力军（见图 4）。年收入在 20 万元及以上的人群成为人均体育消费额最高的群体，个人收入与体育消费水平之间总体上呈正相关，中高等收入群体体育消费主力军的地位愈加凸显。从体育消费人群的性别来看，徐汇区男性人均体育消费总额均高于女性，从各消费细项来看，男性在购买赛事现场门票，体育赛事节目，体育纪念商品、文化创意和体育收藏品，线上健身指导和咨询，场地和相关器材用品租金，体育旅游，运动代餐、补剂、饮品等方面的消费高于女性，而在以运动服装和鞋帽为主的体育用品，与健身相关的健身会费及指导费等方面，女性消费意愿更强。从体育消费人群的学历来看，高学历人群的未来体育消

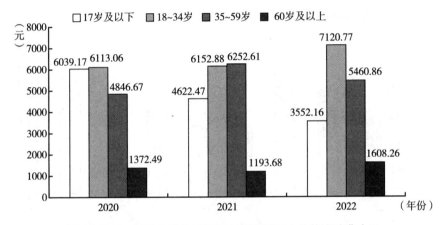

图3 2020~2022年徐汇区不同年龄段居民人均体育消费水平

资料来源：徐汇区体育局。

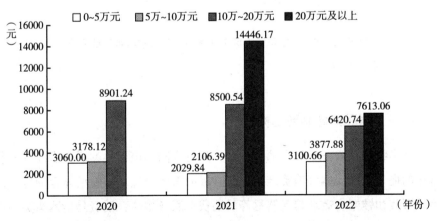

图4 2020~2022年徐汇区不同收入人群人均体育消费额

资料来源：徐汇区体育局。

费意愿相对强烈，且金额在 5000 元以上的消费意愿表现尤为明显。整体上看，2020~2022 年，徐汇区居民的未来体育消费意愿与其学历水平呈正相关。在未来愿意体育消费 5000 元以上方面，高中及以下学历人群的意愿选择占比由 2020 年的 14.3%持续下降至 2022 年的 4.6%；而大学本科（含专科）与研究生及以上学历人群的意愿选择占比则分别上涨 4.9 个和 22.3 个百分点（见图 5）。

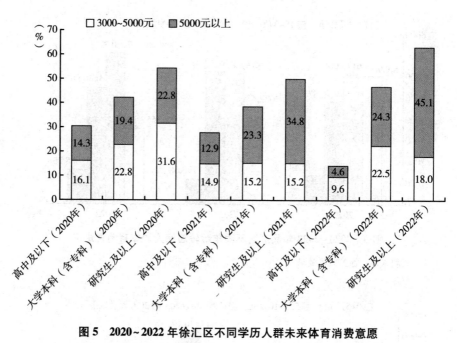

图 5　2020~2022 年徐汇区不同学历人群未来体育消费意愿

资料来源：徐汇区体育局。

（三）居民体育消费结构分析

从实物型和服务型体育消费来看，具有高附加值属性的服务型体育消费占比的提升是推动体育消费结构优化升级的重要力量。实物型体育消费是指运动服装和鞋帽、运动装备器材等的消费；服务型体育消费是指购买赛事现场门票、体育培训和教育、场地和相关器材用品租金等。2022 年徐汇区居民体育消费结构有所优化（见图 6），实物型体育消费占比提升并占据主导地位，与此同时，徐汇区居民体育消费支出意愿也在持续提升（见表3、图6）。从线上和线下消费来看，在互联网技术的影响下，徐汇区居民在体育健身、体育培训等消费上有从线下向线上转化的趋势特征。统计结果显示，有42.1%的徐汇区居民在2022年使用过互联网健身App，其中Keep的使用率最高，占比达到30.9%。同时，分别有9.3%和26.1%的居民认为其在2022年的体育服务消费较2021年大幅增加和有所增加。总体来看，2020~2022年徐汇区居民人均体育消费额依然实现了正向增长，表明徐汇区居民在疫情后仍然保持高涨的消费热情，体育消费将持续保持强劲的发展势头，逐步成为居民休闲娱乐消费的重要板块。

表3 2020~2022年徐汇区体育消费人均各项支出明细

单位：元，%

消费类别	消费细项	金额			年均增长率	占比		
		2020年	2021年	2022年		2020年	2021年	2022年
实物型	运动服装和鞋帽	986.45	580.9	1201.63	10.37	24.5	13.7	28.2
	运动装备器材	315.88	373.9	381.35	9.88	7.9	8.8	8.9
	智能体育设备	198.57	248.8	263.08	15.10	4.9	5.8	6.2
	户外运动装备	186.77	267.0	310.43	28.92	4.6	6.3	7.2
	运动代餐、补剂、饮品等	—	—	119.27	—	—	—	2.8
	体育纪念商品、文化创意和体育收藏品	—	63.7	74.57	—	—	1.5	1.8
服务型	购买赛事现场门票	68.28	84.4	5.84	-70.75	1.7	2.0	0.1
	购买赛事节目	70.25	35.5	24.36	-41.11	1.8	0.8	0.6
	健身会费及指导费	573.10	1047.1	496.75	-6.90	14.2	24.6	11.6
	线上健身指导和咨询	—	36.1	29.50	—	—	0.8	0.7
	打赏线上健身主播、跟练视频等	—	—	18.52	—	—	—	0.4
	运动保健康复	102.82	215.5	99.87	-1.44	2.6	5.1	2.3
	体育培训和教育	421.52	582.8	346.80	-9.30	10.5	13.7	8.1
	参赛费和报名费	146.38	169.6	97.57	-18.36	3.6	4.0	2.3
	场地和相关器材用品租金	128.10	181.4	280.31	47.93	3.2	4.3	6.6
	订购线上电竞服务、虚拟电竞衍生品	—	—	10.72	—	—	—	0.3

续表

消费类别	消费细项	金额			年均增长率	占比		
		2020年	2021年	2022年		2020年	2021年	2022年
体育旅游、体育彩票及其他	体育旅游	186.75	311.3	201.64	3.91	4.6	7.3	4.7
	体育彩票	—	46.9	173.16	—	—	1.1	4.1
	其他与体育相关	201.37	99.3	130.70	-19.44	5.0	2.3	3.1

资料来源：徐汇区体育局。

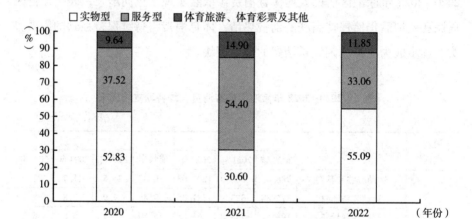

图6 2020~2022年徐汇区居民体育消费结构

资料来源：徐汇区体育局。

二 徐汇区居民体育消费的发展特征

（一）消费整体结构趋于优化

从目前体育消费呈现内容和形态看，实物型体育消费和服务型体育消费同时构成体育消费的主体。体育消费在本体服务消费逻辑下，存在部分相应的实物产品消费，本身即具有一定的内在结构性，因此，体育消费增长的内部结构调整特性较为突出。根本上，体育产业自身综合性项目产业属性决定了其多层次多样化消费需求特征。在具体层次方面，体育消费横贯传统、中高端、新兴市场，各具特色和定位的运动项目产业链及相关需求供给，自然形成多元化多样性体育消费产品及其目标人群。从徐汇区体育消费调查对体育消费内容的基本分类情况来看，购买运动服装和鞋帽、运动装备器材、体育纪念商品等实物型体育消费，租场地、购买赛事现场门票、体育旅游消费等，在消费形态、焦点人群、人均花费上均存在一定的差异。从外部结构视角来看，目前徐汇区体育消费处于整体消费需求结构较高层次，占总消费支出比重及可支配收入比重依旧有较大的上升空间。

（二）消费转型升级愈加明显

体育消费本质属于典型精神文化消费范畴，代表着消费结构升级重要方向，并体现对需求层次变迁与结构优化的有效引领。从具体消费形态来看，服务型体育消费所占比重不断提高，包括健身培训、赛事观赏、体育旅游等。针对徐汇区居民的体育消费调查显示，健身消费在成年人群中日趋流行，中青年人群商业健身办卡率保持较高水平；儿童青少年花钱参加的体育培训项目覆盖越发广泛。在赛事消费方面，为鼓励举办优秀的体育赛事活动，支持区体育企业和体育组织，徐汇区从文化发展专项资金中专门设立了"加快体育产业发展资金"，一批高质量的体育赛事活动陆续落户徐汇区。未来，随着徐汇区赛事活动的日益丰富、赛事体系的逐步完善，徐汇区居民体育赛事消费发展动力将持续增强。

（三）运动服装和鞋帽、运动装备器材等实物型体育消费提档升级

运动服装和鞋帽、运动装备器材等体育企业是体育产业爆发、大众体育人口扩张之后实物型体育消费中最大的受益者，基于新技术应用、明星及品牌效应等，专业化、定制化运动服装和鞋帽及运动装备器材需求不断增长。各类智能运动装备、可穿戴式运动设备等层出不穷，技术创新应用正在从供给端推动体育消费质量提升。在此基础上，以突破传统运动空间，基于物联网、云计算、大数据、虚拟现实等技术应用为标志的智能体育发展，将体育消费的受众人群范围持续扩大。徐汇区居民运动服装和鞋帽的消费支出实现

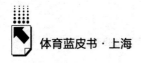

整体增长，同时运动装备器材，包括运动手环、体脂仪等在内的智能体育设备和户外运动装备等体育用品的消费支出均有所增长，体现出居家健身热潮兴起后居民健身休闲消费习惯的变化。

（四）女性体育消费潜力较大

女性在参与健身休闲活动、参加职业和业余比赛、观看体育赛事中逐渐占有重要地位。当前，我国已进入新发展阶段，体育消费也处于大有可为的战略机遇期。尽管目前女性体育人口在总数上少于男性，参加的体育运动项目也不如男性丰富，但作为体育消费的生力军，女性群体的消费潜力巨大。为了满足自身对健康、美丽、社交、减压等方面的需求，许多女性投身体育锻炼或休闲体育运动，还有不少女性已把体育消费当作时尚生活的享受。从具体的消费业态上来看，徐汇区 18~59 岁的女性在运动服装和鞋帽、运动装备器材、健身会费及指导费、运动保健康复等方面的消费均高于男性。面对体育"她经济"的蓬勃发展，随着促进体育消费政策不断健全、产品供给日益丰富、消费场景不断创新、市场环境逐步优化、消费基础日益夯实，徐汇区女性体育消费规模将持续扩大。

三　徐汇区居民体育消费的发展经验

（一）聚焦顶层设计，建立产业政策新体系

一是体育政策精准发力。徐汇区为深化落实 2020 年发布的《关于推动徐汇区体育产业高质量发展的实施意见》，落实打造体育服务综合体、培育体育产业特色品牌、增强体育产业集群优势、打造体育产业智慧高地、优化产业发展营商环境 5 个方面的 15 项任务。近年来，徐汇区发布了《徐汇区体育发展"十四五"规划》《徐汇区关于推进全民健身工程加强体育场地设施建设的实施意见》《徐汇区健身设施补短板五年行动计划（2021—2025年）》《徐汇区全民健身实施计划（2021—2025 年）》等一系列政策文件，完善全民健身公共服务体系、夯实体育事业发展基础，为推动体育产业持续

发展、促进体育消费稳步提升提供政策支撑。二是配套扶持保障有力。发布《徐汇区文化发展专项资金加快体育产业发展资金申报指南》，从文化创意产业扶持资金中安排专项资金，支持社会力量举办各级各类赛事活动，基于申报主体的投入成本、项目成效、纳税贡献、引领作用等标准综合考量，给予不同比例的资金扶持。这一政策与实施意见相辅相成，为推动体育产业高质量发展明确了方向和路径。三是产业发展跨部门协作高效。徐汇区构建了以联席会议为框架、产业联盟和体育总会为依托的实体化运作机制。2016年建立的徐汇区体育产业发展联席会议制度，由分管区领导任召集人，20个相关部门和重点企业为成员单位，统筹全区体育产业各项工作，研究产业政策、完善规划布局、打造服务平台、推动项目落地，形成上下联动、平行互动、合力推动的跨部门协作机制，共同推进体育消费试点城市建设。2020年建立的区体育产业联盟影响力不断扩大，拓展政产学研多方交流的平台。如今，多家产业机构加入联盟，完成区体育总会换届，大幅提高体育产业机构会员比例，连续举办的"智汇体谈"区体育产业发展研讨会，聚焦环徐家汇体育公园产业带能级提升，推动体育行业人才、信息、资源共通和共享。通过树立开放办体育、共享谋发展、创新促繁荣、服务创佳绩的理念，徐汇区依托区体育产业联盟、区体育总会的平台，让区域内体育企业和社会组织的资源、技术、人才通过平台整合起来、流动起来，实现价值倍增，为区域体育发展集聚力量。

（二）聚焦战略布局，构建开放发展新格局

一是空间布局脉络清晰。徐汇区根据"十四五"时期徐汇城区"两级三区"的发展格局，结合体育特点不断优化空间布局。徐家汇体育公园活力核，打造体育氛围浓厚、赛事举办一流、群众体育活跃、绿化空间宜人的城市体育服务综合体。徐汇滨江高品质文体休闲带，打造"水岸汇"品牌，融入产业和文化，成为魔都最具人气和活力的全民健身空间之一。与西部漕河泾开发区白领体育示范区、中部科体融合体验区、南部健康徐汇战略拓展区共同形成"一核、一带、三片区"发展格局。二是战略合作双向赋能。

徐汇区启动打造全球著名体育城市徐汇战略，依托区域内徐家汇体育公园、上海体育学院（徐汇校区）等资源优势，推动与上海久事集团、上海体育学院战略合作，促进场馆、赛事、人才等体育要素资源集合、服务集成、主体集聚，以文为本、以商增值、以旅聚人、以体造势，推动商旅文体展融合发展。与上海久事集团合作，推动徐家汇体育公园升级改造、重大体育赛事活动举办，形成巨大的虹吸效应，为带动区域服务经济及相关产业发展提供有力支撑。与上海体育学院合作，共建综合性体育大学高品质校区，探索政府、高校、企业协同创新机制，着力培养具有国际视野的体育经济、体育管理、体育传媒、体育旅游等复合型创新人才。

（三）聚焦夯实基础，打造公共服务新生态

一是场地建设精品呈现。徐汇区贯彻落实《关于构建更高水平的全民健身公共服务体系的意见》，结合"三旧"变"三新"，推广功能复合、立体开发的集约紧凑型健身设施发展模式。依托全民健身联席会议机制，专题研究15分钟社区生活圈提升计划等民生实事，逐年推进区级体育中心、体育公园、都市运动中心、社区市民健身中心布局建设，2022年建成3条健身步道、3个健身驿站、50个健身苑点。依托片区一体化治理，升级邻里汇服务体系，长桥街道智慧阳光康健苑、康健社区长者运动健康之家、华泾社区职工健身驿站等精品项目，获得央视新闻联播等媒体关注报道。二是赛事活动精心组织。徐汇区加快发展以自主品牌为核心、以市场化为依托的赛事体系，全年举办赛事活动超过700场次，近40万人次参与。2021年，"六六夜生活节"体育主题"夜动"主会场落地徐汇区，徐汇区体育消费嘉年华惊艳亮相；2022年，徐汇体育消费季应运而生，有力地推动了区内体育消费升级和体育产业发展。此外，徐汇区还成功举办了复兴之路·薪火驿传百公里接力赛、中国坐标·上海城市定向户外挑战赛等重大赛事；培育和引进了中国高校百英里接力赛（已通过"上海赛事"品牌认定）、NBA 3X三人篮球挑战赛、阿迪达斯城市跑、企业精英跑接力赛等区级特色赛事，开展IP创意形象征集、体育百公益项目和线上运动会等活动。

（四）聚焦提质创新，探索产业发展新实践

一是消费活力全面激发。近年来，徐汇区举办上海运动之夜暨徐汇区体育消费嘉年华活动，融入上海"五五购物节""六六夜生活节"总体安排，推出3个知名品牌新品首发，20余家知名体育企业带来品牌展示、培训推介和项目体验，辐射公众120万人次，打响城市消费节庆品牌。同时，徐汇区招募28家定点场馆参与"你运动、我补贴"上海体育消费券配送，释放居民消费潜力。二是营商服务优质高效。徐汇区一直以创新服务为理念，营造利企便民和优质高效的一流营商环境。徐汇区先后引入上海久事男篮、东浩兰生赛事、澳大利亚橄榄球联盟中国区总部等产业机构落户。结合"促发展、保安全"大走访、大排查，常态化走访服务体育企业。主动对接徐家汇体育公园试运营，牵头区相关部门召开协调会，共同做好行业指导、日常监管和服务保障。扎实开展居民体育消费调查及全区体育产业数据统计，为体育产业发展提供数据支撑和决策支持。与此同时，阿迪达斯、哥伦比亚、露露乐蒙、斯伯丁等跨国公司地区总部先后落户徐汇区。每步科技（上海）有限公司被认定为国家体育产业示范单位，徐家汇街道被命名为首批上海市体育产业集聚区。区体育产业联盟影响力不断扩大，吸引各类产业机构申请加入，逐步成为推动体育消费试点城市建设的核心力量。

四　徐汇区居民体育消费的未来展望

（一）完善体育消费政策措施

一是明确未来发展总体目标，对标上海建设国际消费中心城市总体目标，徐汇区提出到2025年实现区域商品销售总额突破万亿元大关、区域社会消费品零售总额冲击1500亿元的总体目标。体育产业基本形成与全球著名体育城市相匹配的发展框架，总规模达到400亿元，人均体育消费支出超

过 5000 元。为此，徐汇区将不断提升区域产业发展能级，探索体育场馆综合利用、体育项目协作开发，构建体育产业生态新模式。助力徐汇滨江卓越水岸建设，结合市划船俱乐部和区体育公园整体规划，布局水上、冰上项目，打造"西岸热力场"城市体育新地标。服务漕开发拓展功能区城市更新整体规划，在乔高国际邻里中心及周边区域布局都市运动中心等体育设施，打造产城融合新标杆。二是完善产业发展政策措施。研究制定体育消费试点城市建设指导意见，发挥体育产业发展资金引领作用和体育产业联盟支点作用，用好体育消费券等政策。修订完善体育产业发展资金扶持办法，结合区"十四五"产业政策契机，扩大资金规模、拓展使用范围，支持具有核心竞争力和发展潜力的体育企业做大做强，推动体育产业逐步成为国民经济支柱性产业。为此，徐汇区将不断完善推动文旅发展，推进环徐家汇体育公园产业带、漕河泾开发区、徐汇滨江等产业高地能级提升。整合区域内文体场馆、会展场馆、商圈景点等的重大赛事活动信息，完善活动宣传、项目联动等配套方案，打造吃、住、行、游、购、娱深度融合的消费场景。逐步构建以重大赛事为引领、体育服务业为重点、体育智能制造为突破、商旅文体展融合发展为延伸的产业框架体系。三是融入长三角区域联动发展。徐汇区在未来将充分融入长三角地区体育一体化协作，积极落实《长三角地区体育一体化高质量发展的若干意见》《长三角地区体育产业一体化发展规划（2021—2025 年）》等政策文件。深化长三角体育产业联盟建设，鼓励徐汇区内体育协会、体育企业、产学研机构等开展多领域跨区域合作。对接长三角地区国家体育消费试点城市、体育产业发展特色区域，打造城市间沟通合作平台。通过整合长三角城市特色体育资源，围绕高端体育消费构建完整的产业生态。

（二）扩大体育消费惠民范围

徐汇区居民的体育消费将迎来更加多元化、个性化的发展。一是集聚时尚体育消费项目，满足年轻消费者需求。随着消费理念的改变，年轻一代对健康与时尚的结合有了更高的追求。他们不仅具备较强的消费能力，而且对创新、独特的体育项目抱有极大的兴趣。以西部漕河泾开发区白领体育示范区为典型，计划支持发展击剑、飞镖、极限运动等时尚潮流体育项目。同时，充分利用徐汇区如阿迪达斯、露露乐蒙、哥伦比亚等知名运动装备品牌总部云集的优势，积极举办体育装备新品首发首秀活动。通过这些活动，徐汇区不仅能够增强时尚体育消费氛围，还将进一步巩固其在国际体育消费市场中的地位。这样一来，徐汇区不仅成为年轻人热衷的时尚体育消费集聚地，还能有效激发年轻人对体育消费的热情。二是在推进高端体育消费发展的同时，积极关注中低收入人群体育消费需求。中低收入人群价格敏感度较高，价廉物美、性价比高的体育消费产品对其具有较高的吸引力，因此合理降低中低收入人群体育成本，在价格上对消费者让利，是促进中低收入人群进行体育消费的重要手段。为了更好地支持中低收入群体的体育消费，徐汇区近年来大力推动上海体育消费券的发放与使用工作。截至 2024 年，已有超过 20 家体育场馆支持使用体育消费券，涵盖了多种运动项目和设施。后续徐汇区还将进一步扩大体育消费券使用范围，通过让利促使更多中低收入人群进行体育消费。此外，徐汇区体育局还将继续对现有各类体育场馆进行梳理排摸，加强定点场馆的资质审核，不断招募新的体育场馆。同时，有效发挥区级体育场馆带头作用，加强对定点场馆的指导服务与日常监管，让更多市民有机会参与体育运动，持续扩大受益面和覆盖面，达到市民群众与体育场馆双赢的效果。徐汇区未来的体育消费发展将呈现高端与普惠并举、时尚与传统共存的多元化格局。年轻消费者将在充满潮流感的体育项目中找到归属感，而中低收入群体也将享受到更具性价比的体育消费，不仅能够满足不同层次消费者的需求，还将推动全民健身事业的蓬勃发展，形成体育消费的良性循环。

（三）全方位优化体育消费供给

为了打造更具活力的体育产业生态体系和更加丰富的体育消费场景，徐汇区需进一步优化辖区内的体育消费供给。一是优化体育基础设施供给，厚植体育消费根基。徐汇区将充分利用现有的城市空间资源，营造具有吸引力的体育消费环境。活化利用白猫地块东侧公共绿地、上粮六库工业遗存，激活徐浦大桥下未利用空间，推动划船俱乐部规划建设和产业集聚，推进环城绿带建设，营造一批沉浸式、互动式、体验式商旅文体展有机融合的消费新场景和新体验，打造集都市运动、文创产业、休闲生活于一体的"热力场"。在这些场景中，体育、文化、休闲、商业活动将有机融合，为市民提供多样化的体验，让体育消费不再局限于传统的健身或比赛，而成为一种更丰富、更具互动性的生活方式。二是优化体育产品与服务供给，培育体育消费品牌。优化体育赛事的产品供给，打造以高端体育赛事为引领，集观赛服务、运动社交、纪念品售卖、粉丝俱乐部活动等于一体的复合型消费场景，促进赛事流量加速向经济增量转化。不仅为体育产业带来更大的经济效益，也为消费者提供更全面的体育体验。以足球、篮球等职业联赛球队主场入驻徐汇区为契机，打造集职业球队、青训学校、球迷消费、运动项目文化于一体的职业联赛生态圈。三是加快培育市场主体新动能。鼓励体育领域"三类企业"发展。强化分类指导、梯次培育和因企施策，逐步形成企业全生命周期服务体系，培育一批专精特新"独角兽"、"瞪羚"和"隐形冠军"企业。为"三类企业"营造宽松、有序、有利的政策环境，释放"三类企业"的创新活力。强化体育"专、精、特、新"方向人才培育，依托区域内高校、科研机构和"三类企业"的优势资源，建立复合型体育人才孵化培养机制，为企业精准输送高质量人才。总体来看，徐汇区未来的体育消费发展将呈现多维度的优化路径。通过基础设施的活化和新场景的打造，居民将拥有更多参与体育活动的机会。通过高端赛事的引领和职业联赛生态圈的建设，体育消费品牌将得到进一步巩固。而通过对体育市场主体的扶持和体育人才的培育，体育产业的创新活力也将不断增强。

（四）持续创新体育消费新场景

　　未来，徐汇区居民的体育消费将围绕空间转型、节庆活动及夜间体育消费三个主要方面进行全方位的升级与发展。一是推动体育新空间转型升级。徐家汇体育公园及周边地区体育发展活力核，作为提升徐汇体育能级、展现城市活力的重要抓手，以足球、篮球、网球等群众基础较好的运动项目为基础，积极布局攀岩、赛车模拟器等新兴项目，以冠名活动、专营合作等方式打造一批体育消费新场景，不断为市民提供类型丰富、选择多样、更具针对性、更加个性化的体育服务。二是打造体育消费节庆活动。作为国家体育消费试点城市，徐汇区在 2023 年率先启动了新一年的体育消费季活动，成为全市范围内最早启动体育消费主题活动的城区。将特色赛事、体验互动、商圈消费深度融合，成为体育与商圈互融、体育带动消费的典型范例。除此之外，徐汇区以"一区一品""一街一品""一居一品"为引领，不断提升"徐汇市民体育节"品牌活动影响力，培育了一批有徐汇特色的群众体育品牌活动。下一步，徐汇区将会持续推出"消费专场活动"，做到月月有活动、季季有亮点，促进体育消费潜力的持续释放。三是激发夜间体育消费新活力。"夜间经济"是城市活力的风向标，作为国家级夜间文化和旅游消费集聚区之一，徐家汇商圈不仅有缤纷多彩的夜间文娱消费，还积极推动体育与商圈互融，让传统商业中心徐家汇商圈变身"运动版"商业中心，为消费者提供多元化、精准化消费新形式。徐汇区为首批上海市体育产业集聚区之一，"2023 徐汇区体育消费嘉年华活动"于 6 月在徐家汇商圈举办，共有 30 多家著名体育品牌、上海市体育头部企业和特色体育机构入围活动。下一步，徐汇区将充分发挥夜间经济发展优势，丰富夜间体育赛事，优化观赛配套服务，进一步打造"国际范""时尚潮"的夜间体育赛事消费空间。综上所述，徐汇区未来的体育消费将通过新空间的转型升级、节庆活动的打造以及夜间体育消费新活力的激发，逐步构建起一个多层次、多元化的体育消费体系。在这个体系中，市民不仅能够参与丰富多彩的体育活动，还将享受到体育与其他生活方式相融合所带来的全新体验，进而推动徐汇区在上海乃至全国的体育消费中占据更加重要的地位。

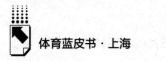

参考文献

黄海燕等：《中国体育消费发展：现状特征与未来展望》，《体育科学》2019 年第 10 期。

王乔君等：《长三角城市居民体育消费结构研究》，《体育科学》2013 年第 10 期。

B.11

2023~2024年上海市黄浦区体育
数字化发展报告

由会贞*

摘　要:　　体育数字化是现阶段体育发展的重要趋势,是实现体育高质量发展的关键路径。本报告通过对上海市黄浦区体育数字化转型的现实发展情况进行调查总结,归纳得出黄浦区在球场智能化改造、健身驿站智慧化升级、构建体育共享发展空间、优化线上体育数字平台以及云端办赛等方面的体育数字化转型实践发展经验,并进一步对数字化在体育场地设施管理、体育社会组织运作、体育赛事规模扩大、科学健身指导落实、全民健身宣传阵地打造等方面的价值体现做重点阐述,提出持续推进体育基础设施升级、完善市民公共信息系统、优化体育数字平台功能、加强线上线下赛事融合互补、赋能健身指导水平提升、培育共建共享体育文化,以及围绕重点人群体育活动开展提供便利的建议。

关键词:　　体育数字化　数字化转型　黄浦区

数字经济时代,数字技术应用与体育的融合发展已是大势所趋。随着云计算、大数据、物联网、人工智能(AI)、虚拟现实、区块链、3D打印等数字技术的进步,体育与数字技术的融合日渐深化,形成了体育数字化转型的时代发展趋势,成为体育高质量发展的重要推动力。当前,上海基本建成与经济社会发展水平、人口状况、市民体育需求相匹配的体育供给体系,进

---

* 由会贞,上海体育大学博士,主要研究方向为体育赛事。

入了体育高质量发展阶段，数字化转型成为新时期体育事业发展的主旋律。黄浦区作为上海的"心脏、窗口、名片"，体育发展整体水平一直位于全市各区前列，也是上海体育事业创新发展的试验田。在数字化时代以及上海整体体育发展战略部署下，黄浦区势必要发挥中心城市核心区的示范带动作用，打造成为体育数字化转型发展的标杆城区，为加快全球著名体育城市和具有世界影响力的社会主义现代化国际大都市核心引领区建设做出突出贡献。

一 黄浦区体育数字化转型的实践经验

"十四五"以来，黄浦区出台了《黄浦区体育发展"十四五"规划》推动体育事业发展，对体育数字化转型做出了重要指示。该规划提出，在促进公共体育服务提升方面，打造市民健身的掌上通，形成"一机在手，服务直通"的一站式、一条龙的服务模式；发挥网络平台作用，全面提升公共体育服务配送的预约、供给效率，坚持把体育服务延伸到城区的每一个角落，通过发挥互联网科技优势，促进内容、方式和载体创新，全面提高全民健身活动数字化服务水平。在体育文化打造方面，深入挖掘体育人物、体育赛事、健身项目、健身活动及体育建筑的丰富内涵，从数字化、产业化、生活化等六个方面着力创新和建设体育文化。

（一）推行市民球场智能化、无人化运营

利用数字技术赋能市民球场，实现场地设施的无人化运行，不仅可以节省人力资源成本，更能够为使用者带来运动体验的提升。市民球场智能化管理，相比人工管理更加便捷省时，还可以引导市民合理安排锻炼时段，科学地控制球场人流密度，能够有效提高场地使用率。《黄浦区体育发展"十四五"规划中期评估报告》显示，黄浦区在完成了1个市民球场新建的同时，完成了2个智慧市民球场和1个多功能市民球场的改造工作。可见，黄浦区体育局等有关职能部门在持续规划新建球场以满足市民日益增长的体育需求

的同时，对旧有球场实施改造升级，在以数字技术赋能智能服务方面也进行了有益探索，并形成了面向未来的球场发展趋势。[1] 2022 年，黄浦区积极落实市体育局《关于推进本市公共体育场馆在线预订等工作的通知》，整合各类公共体育资源，逐步推进在线预订、"一码健身"服务，通过引入专业化的社会运营团队，为市民球场提供数字化的管理服务模式。该模式通过搭载无人值守系统（闸机、监控、广播、对讲等智能硬件设备及微信小程序）来实现球场管理全流程智能化，使用者可以通过微信小程序，即时获得各球场的名称、地址、开放时间、收费标准以及当前在场人数等信息，并根据自身使用需求完成线上预订。2 个区级公共体育场馆主动对接市级"一网通办"数据平台，改善市民预约场馆体验。卢湾体育中心根据使用实际反馈，对已有场地管理系统不断进行优化升级，实现场馆预订、闸机出入、数据分析功能合一，在充分调研市民群众对场地管理系统满意度及意见建议后，实现系统在线预订功能。外滩金融都市运动中心在设计、施工阶段，抓住城市数字化转型机遇，不断完善场馆智慧化管理体系，精准匹配市民健身需求，提供精细化全民健身服务。

（二）建设智慧化、信息化市民健身驿站

智慧化健身驿站在满足市民基本运动需求的同时，可通过智能健身终端生成个性化的健身档案，为体育爱好者提供科学的健身指导。现阶段，黄浦区社区市民健身中心街道覆盖率达到 30%。豫园街道、淮海中路街道、小东门街道、小东门社区、老西门社区、五里桥社区、瑞金社区等地的市民健身驿站已完成建设；南京东路、打浦桥和半淞园路街道社区市民健身中心已纳入规划建设，外滩已落实场地资源，均可在 2025 年底前完成立项建设。[2]

---

① 《黄浦区体育发展"十四五"规划中期评估报告》，黄浦区体育局网站，2024 年 3 月 4 日，https://www.shhuangpu.gov.cn/zw/009001/009001005/009001005006/20240304/76c75169 - 9f6b-4cf3-ae57-70d6b13f11aa.html。

② 《运动好去处！来这些"接地气"的健身驿站重启活力吧》，腾讯网，2024 年 10 月 8 日，https://new.qq.com/rain/a/20241008A071AA00。

虽然健身驿站数量稳定增多，但受制于规划用地资源紧张及建设标准要求（建筑面积在1200平方米以上），黄浦区社区公共体育场地设施供给整体仍存在不足，拓展各街道全民健身活动空间、打造全民共享的社区市民健身中心是"十四五"中后期工作的重中之重。健身驿站与市民球场、健身苑点、社区市民健身房、楼宇市民健身房、市民健身步道等共同构成了黄浦区体育场地网络。同其他类型的体育场地相比，健身驿站的特点在于其与数字技术的密切结合与智能化的体育服务。健身驿站数量的稳步提升，也象征着黄浦区体育数字化转型不断迈上新台阶。健身驿站与数字技术的结合应用主要体现在体育设施的数字化、管理模式的数字化与拓展服务的数字化等3个方面。首先，健身驿站由百姓健身房进行智慧化改造而来，配置了带有智能化健身终端（心率计、血压测量器、体能测试器、身体成分检测仪器等）的跑步机、椭圆机，定位于提供个性化科学健身指导的智慧运动馆。其次，市民健身驿站委托社会专业机构实施管理，通过智能化管理手段和工作平台，实现精准的决策支持和高效的资源配置，以提高管理效率。最后，以"互联网+健康"的创新思路，实现驿站各服务终端网络连接，为每一位社区居民建立健康和健身数据档案，按个人数据结果生成运动处方，实现训练效果实时记录和查询、各终端锻炼人群实时统计等服务功能。据此，市民健身驿站可以构建全年龄段人群健康改善服务模式，优化完善体育服务健康的闭环管理体系，为更多市民提供运动促进健康的新体验。

（三）打造共享化、集约化体育社会组织空间

体育社会组织通过政策和机制上的创新，搭建起了以"合作、交流、分享、共赢"为理念的"体育社会组织多功能共享空间"服务平台，创新打造具有黄浦特色的公共体育共享空间服务体系，标志着黄浦区体育社会组织率先进入数字化、网络化管理的新阶段。利用数字技术赋能，打造体育社会组织共享空间，是黄浦区体育社会组织数量增多的必然需求。"十四五"期间，黄浦区内新成立体育社会组织9家，具有法人资格的体

育社会组织共 73 家，建有 8 个活动型党支部、9 个活动型联合党支部，[1] 相关机构组织数量的增加，对能够容纳不同体育团体开展合作的场地资源提出了要求。"体育社会组织多功能共享空间"服务平台运用信息化管理方法和手段，建立了科学、高效、便捷、顺畅的用户交互、信息共享的信息化服务体系，集成了用户管理、公共服务管理、讲座培训、赛事活动、创优评选等多项"一站式"应用功能，并同上海社会组织公共服务平台、上海社区体育、黄浦运动派实现了互联。社会组织服务中心成立"体育社会组织调研工作组"，调研体育社会组织发展问题与需求，推出了线上办公工位预订、线上体育政策咨询、财务代记账等服务。社会组织服务中心提供的体育社会组织的办公工位预订、共享操房预订、会议（培训室）预订服务等可实现前端用户体育需求与体育公共服务"零距离"，还可以为体育社会组织的筹备申请和成立、变更、年检、换届、注销登记等工作提供线上政策咨询和指导服务。黄浦区体育社会组织多功能共享空间自正式启用以来，累计开放 1052 场次，累计服务时间 4281 小时，累计服务 24671 人次，服务效能愈加显现。[2]

（四）开发一体化、新颖化市民运动数字平台

"黄浦·我来赛"数字平台的开发应用，增加了线上参赛新途径，扩大了黄浦区体育赛事参与人群的覆盖面，极大地提升了黄浦区体育赛事发展的风险应对能力。"黄浦·我来赛"数字平台以黄浦区打造的"黄浦·我来赛"系列全民体育赛事活动为基础，借助微信小程序作为媒介应用数字技术开发而成。"黄浦·我来赛"小程序包含系列赛事的新闻资讯、赛事活动、健身培训、快讯公告、体质监测、体育服务、积分商城等板块，实现信息发布、赛事报名、新闻展示、体育服务配送、市民体质测试、参

---

[1] 《黄浦区体育发展"十四五"规划中期评估报告》，黄浦区体育局网站，2024 年 3 月 4 日，https：//www.shhuangpu.gov.cn/zw/009002/009002020/009002020003/009002020003001/20240304/76c75169-9f6b-4cf3-ae57-70d6b13f11aa.html。

[2] 《黄浦区体育发展"十四五"规划中期评估报告》，黄浦区体育局网站，2024 年 3 月 4 日，https：//www.shhuangpu.gov.cn/zw/009002/009002020/009002020003/009002020003001/20240304/76c75169-9f6b-4cf3-ae57-70d6b13f11aa.html。

赛积分管理等平台化功能。该平台在发布体育公益配送清单，倡导市民居家健身，为市民报名、查询和互动体验提供便捷途径的同时，更实现了"一机在手、服务直通"，市民能够随时掌握区内各类健身信息，直接报名参与或进行需求反馈，甚至可在该平台上传观看运动视频与赛事花絮。此外，市民可按流程进入"培训健身"板块，获取"点对点"的社区体育服务配送。黄浦区现已实现所有全民健身赛事上平台、所有报名走平台，平台数据的积累沉淀为未来全民健身赛事活动的设计、管理提供了更多依据。"黄浦·我来赛"数字平台不仅让市民体育赛事实现了线上线下的融合，也开拓了不一样的全民体育赛事玩法，对上海未来的体育发展新模式进行了积极探索。

专栏1 上海"黄浦·我来赛"

"黄浦·我来赛"小程序是黄浦区公共体育数字化服务的重要组成部分，该典型案例充分体现了体育数字化转型的必要性。"黄浦·我来赛"小程序集赛事管理、训练健身、身体状态监测、新闻资讯、运动社交、健康数据追踪、积分管理等功能于一体，让市民在运动时获得便捷、直接的体验，成为市民健身的首选工具。作为公共体育数字化服务的重要体现，自"十四五"以来，小程序在原有"行动"功能的基础上不断拓展，推出"云动"系列线上赛事。此外，小程序还创新性地实现了社会体育指导员认证的线上化，2113名指导员中已有1500人通过认证，认证率达71%。极大地提升了教练值班率，加速了体育行政流程数字化转型。此外，小程序优化了用户界面，重新排列新闻资讯内容顺序，新增赛事集锦板块，注重用户体验。

在转型过程中，保持创新的思维，将数字化服务提升与居民不断变化的体育需求相结合，以提供便捷服务为核心目标。随着功能的不断扩展和完善，小程序已成为体育部门向居民提供优质全民健身公共服务的重要渠道。

资料来源：《黄浦区体育发展"十四五"规划中期评估报告》，黄浦区体育局网站，2024年3月4日。

（五）创新多样化、趣味化线上赛事模式

"云动系列"线上竞赛模式创造性地把竞技场景由线下搬到线上，既满足了市民日益增长的健身需求，也让市民享受了体育同数字技术结合的趣味性和科技感。"云动系列"赛事活动在全民夜间赛事活动"星动系列"赛事的基础上整合升级而来。与"星动系列"赛事根据上班族的工作特点，采用"体育+夜间"的模式为黄浦市民提供优质的夜间体育活动不同，"云动系列"赛事更强调运用科技助力云端运动，通过打破地理空间隔阂，使体育运动者享受无处不在、无时不有的体育运动服务。此外，"云动系列"线上赛事在内容方面进行了拓展创新，赛事中融入了创新元素，增加了科技和健身赛事板块，举办格斗机器人、机甲对抗、无人机等一系列科技比赛，竞赛覆盖球类、路跑类、智力竞技类、户外运动类、电子竞技类、操舞类等多元项目，人群运动会包括老年人运动会、学生运动会、楼宇和园区运动会等多项赛事，让体育赛事逐渐走向居家运动领域，引领体育数字新风潮。线上赛事的举办弥补了线下赛事的弊端与不足，使市民随时随地可参与体育赛事，使远程网络竞赛的成绩捕捉与记录成为可能。同时，参加线上赛事具有低成本、零门槛、灵活方便、提供交流平台等好处，越来越多的人通过线上赛事开始主动体验体育竞赛的乐趣。2023年黄浦区以"黄浦·我来赛"为落脚点，全年开展"线上+线下"赛事活动共190余场次，总参与人次超25万。线上赛事同线下赛事形成了良好的补充互动效应，黄浦区创新打造的"云动系列"赛事为上海乃至全国提供了全民线上体育赛事活动举办的成功案例。

二 黄浦区体育数字化转型的价值体现

（一）智能管理赋能体育场地设施降本增效

体育场地设施是市民进行体育运动的主要载体，体育场地设施的数字化转型将更好地满足新时期体育爱好者日益多元的运动需求。黄浦区体育场地

设施管理运行的智能化，有效降低了场地经营成本、提升了管理经营效率和资源利用效率。首先，智慧管理系统能够通过人脸识别、身份卡识别等方式实现体育爱好者出入体育场馆的自动化，进入场馆后按购买服务自主进行体育锻炼，管理者可以通过场地内的摄像头等监控设备实现远程的场馆维护管理。该模式利用智能化管理，降低了场地管理人员的数量要求，为管理人员实现一对多的体育场地设施管理创造了条件。其次，体育场地设施的智能化促进了管理方式的升级，带动了管理效率提升。智慧管理系统能够实现人流量、订单量的精细化统计，从而实现财务管理的公开透明化，提升了体育场地设施成本利润核算的效率。最后，通过数字技术实现 24 小时体育场地全天候值守，延长了体育场地的开放时间，为体育爱好者提供了友好的时间选择；线上预约系统能够有效减少使用者多于体育设施的人员过密的情况，以及由信息传递不及时导致的体育场地设施闲置等问题，优化了体育场地的资源配置。

（二）共享空间赋能体育社会组织高效运作

黄浦区体育数字化转型为区内各体育社会组织提供了智能化的综合办公场景，智能管理系统和数字设备为各组织机构工作的高效开展提供了助力。一方面，数字技术赋能办公场景，保障了各体育社会组织的规范运行。如针对部分体育社会组织没有专门的财务人员、有些体育社会组织财务管理不规范的情况，共享空间出台了财务代记账扶持政策，并以第三方委托代理方式提供服务。此外，共享空间的数字空间为体育社会组织开展培训、训练、讲座、指导、小型赛事等活动提供了便利，有利于体育团体服务的高效开展。另一方面，数字技术的应用普及能够促进体育社会组织工作效果释放。例如，黄浦区社会体育指导员协会充分利用共享空间等场地的数字设备，开展社会体育指导员培训活动，有效扩大了社会体育指导员队伍。

（三）"云端"办赛赋能赛事规模稳步扩大

移动互联网将赛事场景由纯线下转变为线上线下相结合。同传统线下赛事相比，线上系列赛事的打造丰富了赛事内容，完善了黄浦区的办赛体系，同时降低了体育赛事的参与门槛，扩大了受众人群。首先，黄浦区的全民体育赛事呈现不断完善的趋势，由最初的单一日间体育赛事体系演变为日间、夜间相互结合、互为补充的赛事体系，同区内上班族的生活工作作息与夜间经济达成统一。在此之后，"云动系列"赛事的推出进一步实现了现实与虚拟的联合办赛，形成了"日间+夜间+云端"的全民赛事格局。其次，线上赛事更加凸显体育赛事的娱乐性与趣味性，减弱了赛事的竞技性和严肃性，降低了赛事的参与门槛，且借助数字技术等新兴技术云端办赛呈现了时尚的赛事意向，从而受到了更多高校学生、女性等新客群的青睐，扩大了参赛的人群规模。如南京路马路运动会、"八一"军民健身长跑赛、"魅力进博璀璨黄浦"、"科技京城杯"外企高管和国际友人健康跑、楼宇运动会、园区运动会、九子大赛等赛事突破地理局限，覆盖社区、楼宇两大板块，面向青少年、老年人、国际友人等多元人群。

（四）线上平台赋能科学健身指导惠及市民

数字技术助力全民健身指导服务进一步惠及市民，表现在数字技术赋能健身指导人才规范管理、体育服务配送途径不断开拓、体质监测服务量级提升等方面。首先，黄浦区健身指导人才队伍建设过程中，借助微信小程序开展社会体育指导员线上认证，在2113名指导员中有1500人已完成认证，认证率达71%，线上认证行动的实施有效提高了指导员的上岗服务率。[①] 其次，"黄浦·我来赛"官方抖音号开通，以直播的形式拓宽培训途径，向市民配送太极拳、街舞、健身讲座、广播操、线上电子竞技（王者荣耀）等项目，线上参与人数达百万人次，自媒体平台极大提升了体育配送服务的人群覆盖率与送达效率。最后，智慧健康驿站等社区市民体质监测站点为居民提供健康自检、自我健康管理以及获得健康指导与针对性运动干预的一站式

---

① 《黄浦区体育发展"十四五"规划中期评估报告》，黄浦区体育局网站，2024年3月4日，https：//www.shhuangpu.gov.cn/zw/009002/009002020/009002020003/009002020003001/20240304/76c75169-9f6b-4cf3-ae57-70d6b13f11aa.html。

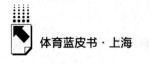

服务，并配有相应的专业测试人员。充分发挥市民体质监测指导中心作用，做好日常体质监测和科学健身指导，惠及广大市民群众。

（五）数字媒体赋能全民健身宣传阵地夯实

数字技术改变了大众获取信息的方式，将短视频、微信公众号、微博等媒体作为黄浦区体育文化宣传的主阵地是应然之举。一方面，黄浦区体育局开发数字平台作为全民体育赛事宣传的阵地。黄浦区体育局通过量身定制"黄浦运动派""黄浦·我来赛"小程序，以及黄浦区各体育社团微信公众号、健身小程序、体育社会组织信息管理系统等40个互联网平台为黄浦区体育运动文化宣传助力，做到体育运动相关信息的最大化传播。另一方面，充分利用公众号推文、网络新闻、自媒体视频等网络宣传媒介，对黄浦区全民体育运动新闻做二次传播发酵。如各类媒体会围绕"星动系列""云动系列"等全民体育赛事的竞赛结果与周边看点进行充分挖掘，对体育故事、参赛明星、健身达人、赛事趣闻和体育话题等内容进行深度采访和专题报道，随后这些内容会流向不同的数字信息平台供大众查阅，实现体育内容本身的传播影响力提升。

三 黄浦区体育数字化转型的路径探索

（一）持续推进体育基础设施智慧化升级

一是加快市民球场的智能化、共享化改建进程。搭建统一的市民球场云端管理系统，对区内的球场实行统一线上远程管理和智能化运营；推广共享公共运动场模式，将公共运动场向市民开放，通过共享理念落实市民体育运动参与"最后一公里"问题，推进社区体育设施"二维码"全覆盖，推广普及"一键预约"，实现无人化管理，提高使用效率，提高公共运动场的利用效率。二是持续推进市民健身房智慧升级改造。根据群众不断迭代升级的健身需求，将"一场多能"、均衡布局和智慧化作为导向，在村居、园区、楼宇等处建设一批以公益、智慧、共享为特色的市民健身驿站，并加强无障碍设施、休闲驿站、智慧信息服务等配套设施设置，持续优化体质监测站和智慧健康驿站构建的体质健康服务网络。三是推进大中型体育场馆的综合升级改造。以卢湾体育中心、黄浦体育馆为重点，对现有管理系统持续进行优化升级，推进公共体育场馆无线局域网质量提升，加强体育场馆在场地利用、预订支付、客流监测、安全预警等领域的信息技术应用，提升体育场馆的综合服务利民质量。

（二）构建完善市民运动数据信息系统

一是探索构建涵盖运动场地、体质测评、赛事活动、体育社会组织、社会体育指导员的基础数据库，对各类体育运动场地、体育社会组织机构、体育运动参与者信息进行分类统计归档，重点建设市民运动健康数据库，设置数据库与体育运动场地、体育运动设施数字终端的相互联通机制、保证数据定期更新，为实现创新应用、共享开放、决策监管提供科学有效的数据支撑。二是加强体育社会组织信息管理系统建设，应用数字技术打造智能化、标准化的管理服务体系。发挥网络平台作用，进一步提升体育社会组织服务中心的服务能级，优化体育社会组织的孵化中心、众创空间。创新提升体育社会组织多功能共享空间建设，构建向各类体育社会组织提供办公场地、会议场地、活动场地等综合服务的自助共享模式。三是针对市民体育诉求，通过"黄浦·我来赛"数字平台统筹体育场馆设施、体育赛事活动、体育教育培训、体育知识科普、体育志愿服务、体质评估检测等资源，提供运动设施查询、运动场地预订、体育培训报名、科学健身指导、线上赛事活动等服务，让体育活动公共服务管理更科学、市民参与运动更方便。

（三）进一步优化"黄浦·我来赛"数字平台

一是通过丰富完善"黄浦·我来赛"小程序内容等方法来提升"黄浦·我来赛"小程序的智能化应用水平，深化"'黄浦·我来赛'小程序+公共服务"全链式共享，进一步优化小程序的界面布局，确保重点信息的

体育蓝皮书·上海

优先展示逻辑，提高信息传达的有效性和效率，提高用户使用体验，让全民健身公共服务有效供给"活"起来，让更多的市民爱上运动、参与运动、主动健康。二是全面提升公共体育服务配送的预约、供给效率，通过服务配送底层逻辑的优化改变，提升公共体育服务送达率。创新科学健身线下与线上指导相结合的模式，通过实现小程序内健身指导视频的精确推送，提升视频类体育内容的清晰度，为市民提供优质的公共体育服务，扩大体育培训配送服务覆盖人群，引导市民养成居家健身的良好习惯。三是加强小程序的媒体传播功能，进一步放大新闻板块及赛事集锦板块的宣传作用，提高内容的数量与质量，尝试开放市民自主上传内容的功能，提高全民健身活动宣传度，以丰富的相关体育内容报道增强运动参与的趣味性和市民健身的体验感。四是推进"黄浦·我来赛"小程序网上系统链接市民体质监测情况，实现运动健康体质监测预约、查询、复核、更新一体化的功能聚合，让市民能做到线下测试、线上预约查阅，以及接受体质提升运动计划，充分利用小程序实现体质监测智能化能级提升，增强市民科学健身指导水平。

（四）构建线上线下相结合的赛事活动体系

一是加强赛事活动的顶层设计，开发多样化的线上赛事玩法，搭建贯穿街道、区、市、长三角等多层级，且囊括单项赛事、人群运动会、科学健身指导等项目的线上赛事体系，形成线上与线下相结合，覆盖白天与黑夜、工作日与周末的线上赛事活动体系。线上赛事以凸显趣味性为基础，适当朝专业性、竞技性方向转型。开发结合数字技术的特有竞赛规则与玩法，打造具有自身特色的原创线上赛事活动。二是加强线上线下赛事的进一步融合互动。一方面，结合线上体育赛事主打娱乐性、线下体育赛事主打竞技性的特点，形成体育赛事"线上赛阶段+线下赛阶段"相结合的办赛模式，线上赛事起到扩大受众面积、筛选参与者的功能，线下赛事则集聚水平较高的参与者进行同场竞技，实现高质量角逐。另一方面，线上赛事同线下赛事形成体育运动项目的互补，线上赛事可重点开发电子竞技、虚拟现实类、非对抗类的运动项目，线下赛事则主要面向观赏类、对抗类以及对场地要求较高的运

214

动项目。三是打造黄浦区体育赛事品牌。以"黄浦·我来赛"品牌为中心，以细分体育运动赛事品牌为矩阵，形成为人熟知的黄浦区全民体育赛事品牌。通过品牌吉祥物设计、品牌周边产品、品牌文化打造、品牌理念宣传，形成立体化、黄浦区全民所有的赛事品牌。

（五）促进科学健身指导服务水平提升

一是结合 5G、互联网、大数据等新一代信息技术，开展科学健身"云指导"，总结推广简便易行、科学有效、方便掌握的健身方法，引导市民科学健身。黄浦区社会体育指导员协会组织开展医师指导员、体育教师指导员培训，全面开展指导员科学健身指导技能提升培训，培养一批能够指导市民科学健身的复合型运动健康专业人才。制作科学健身宣传小视频及图文信息，在相关微信公众号等平台发布，宣传运动促进健康基本知识、运动方法与技能，让更多市民掌握科学健身方法，提高健身科学性。二是搭建社会体育指导员参加社区体育服务的平台，为社区居民提供全民健身活动、健身指导等服务。推动体卫融合服务机构向基层覆盖延伸，鼓励社康机构和健康管理机构配备智能化体质测定设施设备，开展对市民的体质测评及运动干预等健康服务。引导运动健康企业应用移动互联网、大数据、云计算、AR/VR等高新技术，创新发展数字健身服务、"智能健身器材+运动健康服务"等项目。

（六）培育市民共建共享的体育文化

一是打造黄浦区市民共建共享的体育文化。通过讲出运动达人故事、发扬优秀赛事精神文化、发掘动人奋发的团队优秀故事，将体育文化同区品牌、区理念融合，形成独属于黄浦区的市民体育运动文化。二是将体育文化融入全民健身的全周期和全过程，提升全民健身的文化内涵，把体育健身素养作为个人全面发展和适应社会的重要方面加以宣传引导，形成以参与体育健身、拥有强健体魄为荣的个人发展理念和社会舆论氛围。三是构建全民健身文化宣传长效机制，在广播、电视、报纸、互联网、自媒体等上开辟全民健身专栏,大力宣传普及科学健身知识,加大公益广告创作和投放力度,大力弘扬体育精神,讲好黄浦体育故事。打造"Talk体育人""黄浦体育会客厅"等体育文化品牌项目,弘扬健身达人、基层健身组织的正能量事迹。探索建立科学运动积分体系,强化体育运动参与激励。

(七)降低重点人群的体育活动参与门槛

一是持续丰富适合各类人群的体育运动基础设施。丰富青少年体育活动功能区,增加老年人专用健身器材数量,引进更具专业品质的户外健身器械、新一代健身路径以及儿童游乐场,融入数字科技健身内容,有条件的地方升级改建多项组合的多功能运动场。构建青少年身体活动和风险行为监测系统,用数字技术让体育活动重新拥抱青少年,丰富青少年线上体育赛事活动内容和类型,支持开展智能健身、云赛事、虚拟体育运动等新兴运动。二是充分利用全市首家市民健身驿站、南东长者运动健康之家的引领作用,提高健身设施适老化程度,改善老年人健身条件,推广适合老年人的体育休闲项目。为老年人进出体育场馆、使用健身器材提供必要的信息引导和人工帮助,解决老年人运用体育智能技术存在困难的问题。健全完善社区老年人健身组织,推广太极、八段锦等传统体育项目,开展形式多样的养生健身活动。利用人工智能、无线传感等数字技术完善公共健身设施无障碍环境,推动公共体育场馆和场地设施就近就便服务残疾人。

参考文献

黎镇鹏、任波:《新时代数字体育赛事的应用场景与发展策略》,《天津体育学院学报》2024年第2期。

钟亚平、吴彰忠、陈佩杰:《数字体育学的构建基础、基本定位与体系设想》,《上海体育大学学报》2024年第1期。

杨海东等:《中国式现代化视域下数字体育伦理的现实考量及规范方略》,《沈阳体育学院学报》2024年第1期。

鲁志琴、陈林祥、沈玲丽：《中国体育产业数字化发展的趋势、挑战与应对》，《成都体育学院学报》2023 年第 3 期。

蒋亚斌等：《加快体育强国建设中我国体育治理的数字化转型：机理、难点与突破》，《体育科学》2023 年第 11 期。

Abstract

In recent years, the Shanghai Municipal Sports Bureau has fully implemented the decisions of the Central Committee of the Communist Party of China, the State Council, and the Shanghai Municipal Committee and Municipal Government, taking sports as an important part of the city's soft power and the construction of a healthy Shanghai. In November 2020, Shanghai issued the "Outline for the Construction of a World-Famous Sports City in Shanghai" (hereinafter referred to as the "Outline"), proposing to basically complete the construction of a world-famous sports city by 2025, reach a higher level of a world-famous sports city by 2035, and fully build a world-famous sports city by 2050, forming a development pattern of "one city, one capital, and four centers".

Since the release of the "Outline", Shanghai has been fully promoting the construction of a world-famous sports city. In terms of building a dynamic city where everyone exercises and everyone is healthy, the proportion of people in the city who regularly participate in sports exercises has reached 50.5%, and a modern and healthy lifestyle has been basically formed. In terms of building a world-class international sports event capital, top international events such as Shanghai ATP 1000, the F1 Chinese Grand Prix, and Olympic qualification series · Shanghai have been successfully held, and the "3 + 3 + 3 + X" self-owned brand event development matrix has been continuously upgraded and improved, with the event management system constantly being refined. In terms of building a global sports resource allocation center, Shanghai has not only innovatively established the Shanghai Sports Industry Federation but also jointly set up the Cultural, Sports and Tourism Resources Trading Platform and the Yangtze River Delta Sports Resources Trading Platform with the property rights exchange. In terms of building a world-leading sports science and technology innovation center, advanced technologies such as the Internet of Things, big data, and digitalization have been deeply applied in the sports field, and Shanghai has 7 listed sports enterprises and 5 national-level sports specialized and new enterprises. In terms of building an internationally renowned sports consumption center, in 2023, the per capita sports consumption of Shanghai residents reached 4100.6 yuan, maintaining a leading position among all cities in China. In terms of building a sports culture center with greater global influence, local self-owned brand events have become an important carrier for spreading Shanghai sports culture. Landmark sports cultural facilities such as the Shanghai Sports Museum and the International Table Tennis Federation Museum have emerged one after another, and Shanghai sports cultural brands such as "Sports in Shanghai" have been continuously developed.

In addition, the "Shanghai Sports Development Regulations" officially came into effect on January 1, 2024. As the first comprehensive and fundamental local regulation in the field of sports in Shanghai, its content not only connects with the "Sports Law of the People's Republic of China" but also reflects Shanghai's characteristics, providing a solid legal guarantee for accelerating the construction of a world-famous sports city.

The "Shanghai Sports Industry Development Report (2023 – 2024)" is an annual report on the development of the sports industry in Shanghai, jointly compiled by the Shanghai Municipal Sports Bureau and the Yangtze River Delta Sports Integration Research Center of Shanghai University of Sport. The book is mainly divided into three parts. The first part is the general report, which comprehensively reviews the overall achievements and benefits of the development of the sports industry in Shanghai in recent years, focusing on analyzing the development highlights and achievements of urban sports projects, urban sports events, urban sports industries, urban sports public services, and urban sports culture, and proposing the main tasks for accelerating the formation of an industrial development pattern that matches a world-famous sports city. The second part is the topical reports, which conduct in-depth studies on key areas such as the fitness and leisure industry, sports events, sports consumption, and sports enterprise, and summarize and analyze the current situation, characteristics, experiences, problems, and paths of multiple hot areas such as the Shanghai sports parks, the sports and health integration, and the digital sports industry chain. The third part is the district reports, which deeply analyzes typical cases, key measures, and achievements in areas such as the sports and health industry in Yangpu District, sports consumption of residents in Xuhui District, and sports digitalization in Huangpu District, in order to better grasp the reality of the development of the sports industry in Shanghai and further promote the city's accelerated construction as a world-famous sports city.

Keywords: Sports Industry; Shanghai Sports; Sports City; World-famous Sports City

Contents

I General Report

Abstract: The development of the sports industry is an important boost to Shanghai's construction of the "Five Centers" and a socialist modern international metropolis with global influence. The general report is based on the practice of Shanghai's sports industry development and analyzes the development highlights and achievements of Shanghai's urban sports projects, urban sports events, urban sports industries, urban sports public services and urban sports culture from the perspective of the construction of an urban sports development system. In order to accelerate the formation of an industrial development pattern that matches the world's famous sports cities, Shanghai must seize development opportunities such as event economic development, new quality productivity cultivation, regional integration, high-quality development, and urban sports industry building, vigorously promote the linkage of business, travel, culture, sports and exhibitions, accelerate the construction of a modern sports industry system, build a world-renowned sports city in all directions, coordinate and promote the integrated high-quality development of the Yangtze River Delta sports industry, further optimize the spatial layout of the sports industry, and continue to explore the accelerated upgrading path of Shanghai's sports industry in depth, so as to make positive

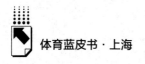
contributions to Shanghai's construction of the "Five Centers" and a socialist modern international metropolis with global influence.

Keywords: Sports Industry; Urban Sports; New Productivity; Business Travel, Cultural and Sports Exhibition

Ⅱ Topical Reports

B.2 Development Report on Shanghai Fitness and Leisure

Industry in 2023~2024　　　　　*Yang Qian*, *Li Hai* / 026

Abstract: Vigorously developing the fitness and leisure industry is not only an important measure to expand the overall scale of Shanghai's sports industry, but also an important way to enhance the city's vitality and satisfy the good life of Shanghai citizens. This report comprehensively analyzes the overall situation and development achievements of Shanghai's fitness and leisure industry, indicating that Shanghai's fitness and leisure industry has a good development prospect in terms of industry scale, industry proportion, industry foundation, market main body and industry policy environment. Through in-depth research on the current situation of the industry, the actual development level in terms of the number of participants, consumption status, venue distribution, project layout and other aspects is summarized. At present, Shanghai's fitness and leisure industry benefits from the sustained economic growth, the accelerated cultivation of new kinetic energy, the solid support of the residents' consumption base, and the promotion of sports events, and has a favorable socio-economic environment. However, the development of the industry is also facing some problems, such as increased competition within the industry, difficulties in enterprise transformation, and uneven regional distribution of venues. Based on this, the report puts forward targeted development suggestions in terms of management mechanism, program cultivation, and environment creation to help Shanghai's fitness and leisure industry achieve healthier and sustainable development.

Keywords: Fitness and Leisure; Sports and Leisure; Fitness Industry

B.3　Development Report on Shanghai Sports Events in 2023

Huang Haiyan / 049

Abstract: As an important force in promoting urban transformation and upgrading, sports events play a unique role in shaping the city's image and boosting economic output, and have become an important indicator for building a world-renowned sports city. This report evaluates the influence of international and domestic sports events held in Shanghai in 2023 from three aspects: attention, professionalism, and contribution. At present, Shanghai's hosting of events is characterized by the leadership of green event hosting concepts, the rise of online event hosting models, the emphasis on the creation of landscape sports events, the focus on the linkage of business, travel, culture, sports and exhibitions, and the promotion of Shanghai-style culture. In line with Shanghai's goal of becoming a world-renowned sports city, countermeasures and suggestions are proposed, such as improving the layout of sports events, creating high-quality event consumption scenes, creating sports events with Shanghai's Shanghai-style culture, and improving event-related supporting services.

Keywords: Sports Events; Comprehensive Benefits of Events; Independent Brand Events

B.4　Development Report on Sports Consumption in Shanghai

in 2023　　　　　　*Luo Zhehui, Xu Xicheng and Si Yehui* / 075

Abstract: Accelerating the development of sports consumption is not only an important way to meet the multi-level and diversified needs of residents, but also a key link in Shanghai's efforts to strengthen the basic role of consumption and implement the strategy of expanding domestic demand. Based on the 2023 Shanghai Sports Consumption Survey, this report sorts out and analyzes the development status and main characteristics of Shanghai's sports consumption. It is believed that

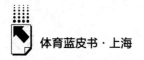

the overall trend of Shanghai's sports consumption is positive, showing the characteristics of great potential for emerging sports consumption, strong pull of sports events consumption, new trends in nighttime sports consumption, and dominance of minors. However, there are contradictions and problems in the potential of sports consumption demand, sports consumption supply, and the implementation of sports consumption policies. We should further focus on the sports consumption policy system, event consumption potential, key consumer groups, traditional space transformation, consumption model innovation, and market entity cultivation.

Keywords: Sports Consumption; Consumption Structure; Consumption Survey

B . 5   Development Report on Shanghai Sports Enterprise in 2023

Zhang He / 095

Abstract: Sports enterprises are the micro-foundation and power carrier for the development of sports economy, and are an important support for Shanghai to build a modern sports industry system. At present, Shanghai's sports enterprises as a whole show a good trend of rapid expansion in scale and quantity, obvious results in transformation and upgrading, strong leadership of leading enterprises, and increasing core competitiveness; although there are short-term fluctuations in the number of sports enterprises included in the statistics, the long-term steady upward trend is evident; highly competitive enterprises show the characteristics of stabilizing and recovering in the total situation, stable operation of sports service enterprises, distinctive regional pattern characteristics, and increasing industrial contribution. In order to further meet the development demands of Shanghai's sports enterprises, it is necessary to promote the modernization of the sports industry chain, build a cultivation pool of sports enterprises above designated size, strengthen the effectiveness of sports industry investment funds, reduce the cost of sports enterprises to organize competitions, improve the support policies for the sports venue management industry, and introduce and cultivate sports intermediary agency service enterprises, etc. , to further activate the vitality and efficiency of sports enterprises and continuously enhance core competitiveness.

Keywords: Sports Enterprises; Enterprise Competitiveness; Shanghai

B. 6   Development Report on the Construction of
Shanghai Sports Parks in 2023

Lin Zhanglin, Feng Shujie / 113

Abstract: Sports parks are an important part of Shanghai's in-depth implementation of the important concept of a people's city, deepening the institutional mechanism of sports and green integration, coordinating the increase of ecological green and national fitness space, and promoting the improvement of people's quality of life. This report focuses on the current development status of Shanghai Sports Park from the supply side and the demand side, comprehensively analyzes the development characteristics of Shanghai Sports Park in terms of multi-subject participation mechanism, existing space renovation, characteristic construction, and technology facility empowerment, and deeply explores the current development bottlenecks of the park in terms of planning, construction, management, and publicity. It also proposes specific strategic suggestions for the future development of Shanghai Sports Park, such as innovating park land use models, enriching park facilities and projects, strengthening multi-subject collaborative governance, and innovating diversified activity experiences.

Keywords: Sports Park; Venue Facilities; National Fitness

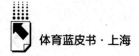

B.7 Research Report on Shanghai Sports and Health Integration in 2023－2024

Lu Wenyun, Chang Fangjin / 134

Abstract: The integration of sports and health is an important part of building a healthy China and a strong sports nation. According to the development practice of the integration of sports and health in Shanghai, the integration of sports and health in Shanghai is divided into three main development modes: institutional embedding, agreement cooperation and network radiation. In view of the development bottlenecks in the management system and mechanism, talent team training, supporting facilities construction, and citizen health awareness in the practice of the integration of sports and health in Shanghai, development suggestions such as strengthening multi-department collaborative governance, improving the talent training system, strengthening the reasonable allocation of venues and facilities, and promoting concepts through multiple channels are proposed to provide a reference for further promoting the development of the integration of sports and health in Shanghai.

Keywords: Integration of Sports and Health ; Health Management; Aging

B.8 Development Report on Shanghai Digital Sports Industry Chain in 2023－2024

Qian Ruobing, Wang Hanming and He Jinsong / 149

Abstract: The development of digital sports is a strong support for building new national sports competitive advantages in the digital era, and is becoming an important engine for Shanghai to build an internationally renowned sports city and promote the high-quality development of Shanghai sports. This report constructs a panoramic map of the digital sports industry chain based on 9 major categories in sports industry statistics, and on this basis systematically expounds and deeply analyzes the overall situation of Shanghai's digital sports industry chain and the development achievements in key areas. In order to further promote the high-quality development of the digital sports industry chain, Shanghai needs to further leverage Shanghai's advantages in the development of the digital economy, improve the level of digitalization of sports governance, support leading sports companies to open up new digital tracks, "combine introduction and training" to enhance the competitiveness of the industry, highlight the development of demonstration effects in key areas, and build a collaborative platform for upstream and downstream of the industry chain and industry-university-research cooperation.

Keywords: Digital Sports; Industry Chain Map; Shanghai

Ⅲ   District Reports

Abstract: The sports and health industry is an effective means to help economic transformation and upgrading and serve the people's livelihood. It is of great significance in health promotion, social governance and the construction of a healthy China. Based on a special analysis of the development practices of the sports and health industry in Yangpu District, this report systematically expounds and deeply summarizes the overall status, prominent characteristics and development problems of the sports and health industry in Yangpu District. In order to further play the important role of the sports and health industry in stabilizing growth and promoting development, promoting consumption upgrades, and improving people's health levels, and to enhance the development vitality of market entities in the sports and health field, the report combines the integration and innovation of the sports and health industry with financial capital and the high-quality development of the sports and health industry, and puts forward useful ideas for the development of the sports and health industry in Yangpu District, in order to

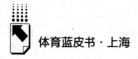

provide a reference for the development of the sports and health industry.

Keywords: Sports and Health; Exercise for Health; Yangpu District

B.10 Research Report on Sports Consumption of Residents in

Xuhui District in 2022 *Huang Haiyan* / 183

Abstract: Sports consumption is the cornerstone of the high-quality development of the sports industry. The sports consumption of residents in Xuhui District has been continuously upgraded in terms of consumption amount, scale, structure, awareness, and vitality. This report summarizes the development experience of Xuhui District in establishing a new policy system, building a new development pattern, creating a new service ecosystem, and exploring new industrial practices for residents' sports consumption. It also summarizes and looks forward to the future work arrangements of Xuhui District in continuously improving sports consumption policies and measures, expanding the scope of benefiting the people, comprehensively optimizing product supply, and innovating consumption scenarios, with the aim of providing references for promoting the quality improvement and capacity expansion of the sports consumption market.

Keywords: Sports Consumption; National Sports Consumption Pilot City; Xuhui District

B.11 Development Report on Sports Digitalization in Huangpu

District, Shanghai in 2023-2024 *You Huizhen* / 203

Abstract: Sports digitalization is an important trend in the current development of sports and a key path to achieve high-quality development of sports. Through an investigation and summary of the actual development of sports digitalization transformation in Huangpu District, Shanghai, the practical development experience of sports digitalization transformation in Huangpu District in terms of intelligent transformation of stadiums, intelligent upgrading of fitness stations, construction of sports shared development space, optimization of online sports digital platforms, and cloud-based competitions is summarized. The value of digitalization in sports venue facility management, sports social organization operation, expansion of sports events, implementation of scientific fitness guidance, and creation of national fitness propaganda positions are further emphasized. Suggested measures are proposed to continuously promote the upgrading of sports infrastructure, improve the public information system for citizens, optimize the functions of sports digital platforms, strengthen the integration and complementarity of online and offline events, enable the improvement of fitness guidance level, cultivate a co-construction and sharing sports culture, and provide convenience for the development of sports activities for key groups.

Keywords: Sports Digitalization; Digital Transformation; Huangpu District

皮书网

（网址：www.pishu.cn）

发布皮书研创资讯，传播皮书精彩内容
引领皮书出版潮流，打造皮书服务平台

栏目设置

◆ 关于皮书

何谓皮书、皮书分类、皮书大事记、
皮书荣誉、皮书出版第一人、皮书编辑部

◆ 最新资讯

通知公告、新闻动态、媒体聚焦、
网站专题、视频直播、下载专区

◆ 皮书研创

皮书规范、皮书出版、
皮书研究、研创团队

◆ 皮书评奖评价

指标体系、皮书评价、皮书评奖

所获荣誉

◆ 2008 年、2011 年、2014 年，皮书网均
在全国新闻出版业网站荣誉评选中获得
"最具商业价值网站"称号；
◆ 2012 年，获得"出版业网站百强"称号。

网库合一

2014年，皮书网与皮书数据库端口合
一，实现资源共享，搭建智库成果融合创
新平台。

皮书网

"皮书说"
微信公众号

S 基本子库
SUB DATABASE

中国社会发展数据库（下设 12 个专题子库）

紧扣人口、政治、外交、法律、教育、医疗卫生、资源环境等 12 个社会发展领域的前沿和热点，全面整合专业著作、智库报告、学术资讯、调研数据等类型资源，帮助用户追踪中国社会发展动态、研究社会发展战略与政策、了解社会热点问题、分析社会发展趋势。

中国经济发展数据库（下设 12 专题子库）

内容涵盖宏观经济、产业经济、工业经济、农业经济、财政金融、房地产经济、城市经济、商业贸易等 12 个重点经济领域，为把握经济运行态势、洞察经济发展规律、研判经济发展趋势、进行经济调控决策提供参考和依据。

中国行业发展数据库（下设 17 个专题子库）

以中国国民经济行业分类为依据，覆盖金融业、旅游业、交通运输业、能源矿产业、制造业等 100 多个行业，跟踪分析国民经济相关行业市场运行状况和政策导向，汇集行业发展前沿资讯，为投资、从业及各种经济决策提供理论支撑和实践指导。

中国区域发展数据库（下设 4 个专题子库）

对中国特定区域内的经济、社会、文化等领域现状与发展情况进行深度分析和预测，涉及省级行政区、城市群、城市、农村等不同维度，研究层级至县及县以下行政区，为学者研究地方经济社会宏观态势、经验模式、发展案例提供支撑，为地方政府决策提供参考。

中国文化传媒数据库（下设 18 个专题子库）

内容覆盖文化产业、新闻传播、电影娱乐、文学艺术、群众文化、图书情报等 18 个重点研究领域，聚焦文化传媒领域发展前沿、热点话题、行业实践，服务用户的教学科研、文化投资、企业规划等需要。

世界经济与国际关系数据库（下设 6 个专题子库）

整合世界经济、国际政治、世界文化与科技、全球性问题、国际组织与国际法、区域研究 6 大领域研究成果，对世界经济形势、国际形势进行连续性深度分析，对年度热点问题进行专题解读，为研判全球发展趋势提供事实和数据支持。

法律声明

皮 书

智库成果出版与传播平台

✦ 皮书定义 ✦

皮书是对中国与世界发展状况和热点问题进行年度监测，以专业的角度、专家的视野和实证研究方法，针对某一领域或区域现状与发展态势展开分析和预测，具备前沿性、原创性、实证性、连续性、时效性等特点的公开出版物，由一系列权威研究报告组成。

✦ 皮书作者 ✦

皮书系列报告作者以国内外一流研究机构、知名高校等重点智库的研究人员为主，多为相关领域一流专家学者，他们的观点代表了当下学界对中国与世界的现实和未来最高水平的解读与分析。

✦ 皮书荣誉 ✦

皮书作为中国社会科学院基础理论研究与应用对策研究融合发展的代表性成果，不仅是哲学社会科学工作者服务中国特色社会主义现代化建设的重要成果，更是助力中国特色新型智库建设、构建中国特色哲学社会科学"三大体系"的重要平台。皮书系列先后被列入"十二五""十三五""十四五"时期国家重点出版物出版专项规划项目；自 2013 年起，重点皮书被列入中国社会科学院国家哲学社会科学创新工程项目。